2007
中国上市公司治理评价研究报告

The Research Report of Corporate Governance Evaluation of Chinese Listed Companies

南开大学公司治理研究中心公司治理评价课题组 著

2014年·北京

图书在版编目(CIP)数据

中国上市公司治理评价研究报告.2007/南开大学公司治理研究中心公司治理评价课题组著.—北京：商务印书馆,2014
ISBN 978-7-100-10419-7

Ⅰ.①中⋯ Ⅱ.①南⋯ Ⅲ.①上市公司—企业管理—研究报告—中国—2007 Ⅳ.①F279.246

中国版本图书馆 CIP 数据核字(2013)第 272890 号

所有权利保留。
未经许可，不得以任何方式使用。

2007
中国上市公司治理评价研究报告
南开大学公司治理研究中心
公司治理评价课题组　著

商　务　印　书　馆　出　版
(北京王府井大街36号　邮政编码 100710)
商　务　印　书　馆　发　行
北　京　瑞　古　冠　中　印　刷　厂　印　刷
ISBN 978-7-100-10419-7

| 2014 年 3 月第 1 版 | 开本 787×1092　1/16 |
| 2014 年 3 月北京第 1 次印刷 | 印张 15½ |

定价：38.00 元

国家社科重大项目（10ZD&035）
教育部长江学者特聘教授奖励计划
国家自然科学基金重点项目（71132001）
国家自然科学基金项目（71072095,70771048）
教育部人文社会科学重点研究基地
——公司治理研究中心重大研究项目
高等学校优秀青年教师教学科研奖励基金项目
南开大学"985"项目、"211 工程"的研究成果

南开大学公司治理评价课题组

课题组负责人　李维安
课题组协调人　程新生
课题组成员　郝　臣　李晓义　张耀伟　周婷婷　董　飞
　　　　　　　张国萍　谭有超　席　宁　刘建梅

目 录

前言 ··· i

第1章 中国上市公司治理评价概述 ·· 1
1.1 中国公司治理评价的意义 ··· 1
1.2 国内外公司治理评价研究现状及其分析 ··· 4
1.3 中国公司治理评价系统设计与优化 ··· 5
1.4 中国公司治理指数模型与指数等级 ··· 9

第2章 中国上市公司总体治理状况评价 ·· 11
2.1 中国上市公司治理状况概述 ··· 11
2.2 中国上市公司分行业治理评价 ·· 14
2.3 中国上市公司分大股东性质治理评价 ·· 17
2.4 中国上市公司分地区治理评价 ·· 19
2.5 中国上市公司治理100佳 ·· 22
2.6 公司治理评价案例分析 ·· 26
结论与建议 ·· 28
附表 中国上市公司治理100佳 ··· 30

第3章 股东治理评价 ·· 32
3.1 中国上市公司股东治理评价指标体系 ·· 32
3.2 中国上市公司股东治理状况分析 ·· 34
3.3 中国上市公司股东治理评价100佳 ··· 48
3.4 股东治理评价案例分析 ·· 52
结论与建议 ·· 55
附表 中国上市公司股东治理评价100佳 ·· 57

第4章 董事会治理评价 ··· 59
4.1 中国上市公司董事会治理评价系统建立 ·· 59

4.2 中国上市公司董事会治理描述性统计 ·· 61
4.3 中国上市公司董事会治理100佳分析 ·· 89
4.4 董事会治理评价案例分析 ·· 94
结论与建议 ··· 102
附表 中国上市公司董事会治理100佳 ··· 106

第5章 监事会治理评价 ·· 108

5.1 中国上市公司监事会治理评价指标体系 ·· 108
5.2 中国上市公司监事会治理状况 ··· 112
5.3 中国上市公司监事会治理100佳分析 ·· 122
5.4 监事会治理评价案例分析 ·· 126
结论与建议 ··· 129
附表 中国上市公司监事会治理100佳 ··· 130

第6章 经理层治理评价 ·· 132

6.1 中国上市公司经理层治理评价指标体系 ·· 132
6.2 中国上市公司经理层治理状况 ··· 133
6.3 中国上市公司经理层治理评价100佳分析 ··· 157
6.4 经理层治理评价案例分析 ·· 161
结论与建议 ··· 164
附表 中国上市公司经理层治理100佳 ··· 166

第7章 信息披露评价 ·· 168

7.1 中国上市公司信息披露评价指标体系 ··· 168
7.2 中国上市公司信息披露评价描述性统计 ·· 170
7.3 中国上市公司信息披露100佳分析 ·· 194
7.4 信息披露评价案例分析 ··· 197
结论与建议 ··· 198
附表 中国上市公司信息披露100佳 ··· 200

第8章 利益相关者治理评价 ··· 202

8.1 中国上市公司利益相关者治理评价指标体系 ····································· 202
8.2 中国上市公司利益相关者治理状况 ··· 207
8.3 中国上市公司利益相关者治理100佳分析 ··· 223
8.4 利益相关者治理评价案例分析 ··· 228

结论与建议 ·· 234
附表　中国上市公司利益相关者治理 100 佳 ······························ 236

前　　言

公司治理改革已经成为全球性的焦点问题。近20年来,公司治理研究从以美国为主到英、美、日、德等主要发达国家,进一步扩展到转轨时期的新兴市场经济国家。研究内容从治理结构与治理机制扩展到治理模式与治理原则。当前,公司治理质量与治理环境备受关注,研究重心也逐渐转移到公司治理评价。中国公司治理研究大致经历了这几个阶段,即公司治理理念的导入,从法人治理结构到公司治理机制,从单个公司治理到企业集团治理,从国内公司治理到跨国公司治理,从传统企业治理到网络组织治理等理论研究。有代表性的研究成果和法规文件包括《中国公司治理原则》(2000年11月)、《独立董事制度指导意见》(2001年8月)、《中国上市公司治理准则》(2002年1月)、《关于上市公司股权分置改革的指导意见》(2005年8月)、中国公司治理评价系统(2003年4月)、中国公司治理指数($CCGI^{NK}$,2004年2月)等,标志着中国公司治理进入新的历史时期。

随着公司治理实践的深入,要求以法律的形式对出现的新情况加以规范和指导。新《公司法》(2005年10月)和新《证券法》(2005年10月)的出台以及国务院批转证监会《关于提高上市公司质量的意见》(2005年11月)的发布,标志着中国企业改革已经从搞改革——绕过计划经济的框框、突破计划经济束缚的"违规"阶段,进入到公司治理改革的新阶段——合规阶段。这里"违规"之所以加引号,因为指的是广义的"违规",就是我们绕过计划经济那一套。中国企业改革最早走的多是广义的"违规"的路子。从这个意义来说,经过多年的建设,我们要突破这些"违规",也就是说,通过破而立的制度出现了,制度建设与企业改革经过了独特的由破到立的过程。

公司治理指数是将公司治理评价与数理方法相结合,以指数(定量)的方式对公司治理状况所做的描述。南开大学公司治理研究中心在四届公司治理国际研讨会(2001、2003、2005、2007年)上,讨论了公司治理前沿课题,并在2003年调查数据评价的基础上,推出了2007年年度公司治理指数。在中国公司治理理论与实践发展中,从理论研究、公司治理实践到公司治理评价和指数研究,经历了十余年的探索,起到了引领作用。

经过多年公司治理理论与实务研究的积累,在理论上构筑了以公司治理边界为核心范畴的公司治理理论体系,并进一步拓展了公司治理的研究领域。2001年率先推出的《中国公司治理原则》,被中国证监会与原国家经贸委联合推出的《中国上市公司治理准则》和PECC(太平洋经济合作理事会)制定的《东亚地区治理原则》所吸收借鉴,同时该成果为建立公司治理评价指标体系提供了参考性标准。

在坚持国际标准并结合中国实际的思想指导下,于2003年4月成功构建并推出"中国公司治理评价指标体系",这是中国第一个公司治理评价系统。"中国上市公司治理评价指标体系"从"股东权益"、"董事会"、"监事会"、"经理层"、"信息披露"、"利益相关者"六个维度,构建了包括6个一级指标、19个二级指标的评价体系。

基于评价指标体系与评价标准,构建中国公司治理指数($CCGI^{NK}$),并于2004年2月在人民大会堂正式推出《中国公司治理评价报告》,第一次对中国上市公司进行大样本(931家公司)全面量化评价分析。在2004—2006年,将中国公司治理评价系统应用于CCTV最具价值上市公司评选。

在教育部人文社会科学重点研究基地重大研究课题、国家自然科学基金重点课题等项目支持下,南开大学公司治理研究团队对2003—2007年1000多家上市公司进行了全面量化评价分析。研究发现,中国公司治理总体上有所改善,但中国资本市场一系列的投资者权益保护等问题反映了中国公司治理面临着挑战。

本研究报告中大量翔实的数据信息及其研究结论,是国内外从事经济学、管理学教学与研究的学者以及研究生了解中国上市公司治理状况的参考;同时也可以作为政府监管部门掌握监管对象的治理质量以及监管政策、制度执行情况的依据;机构投资者、证券交易所以及上市公司可以通过本报告了解中国上市公司治理的质量及公司的潜在投资价值。

本研究报告于2007年在南开大学召开的第四届公司治理国际研讨会进行公开发布后,社会各界给予了高度评价。我们广泛征求社会各界的意见,并采纳了国内外知名学者、研究机构、企业界的建议,对研究报告加以修改和完善。由于我们的水平与精力所限,难免存在缺憾,敬请尊敬的读者给我们提出宝贵的意见,以便使我国的公司治理评价逐步走向成熟与完善。

第 1 章　中国上市公司治理评价概述

为了适应公司治理实践的需要,公司治理的研究领域在不断扩大,由最初对企业性质、委托代理理论、交易成本、所有权与控制以及公司治理概念等公司治理基础理论的探索发展为对公司治理的结构与运作、跨国公司治理以及网络治理等公司治理应用层面的研究。20 世纪 80 年代后,众多学者将对公司治理的研究由应用研究扩展到公司治理与公司绩效关系的实证分析,试图探索公司治理结构与公司治理机制对公司绩效的影响,以通过提升公司治理质量来提高公司绩效或公司价值,如股权结构、董事会特征、CEO 报酬等与公司业绩的关系、治理结构与信息披露的关系等。近年来各国公司治理实务的发展,使得无论是投资者、政府监管部门还是上市公司自身,都产生了对公司治理状况进行评价的客观要求。

1.1　中国公司治理评价的意义

从公司治理现实需求的角度出发,将公司治理理论与数理方法相结合,以规范研究与实证研究的成果为依据,建立中国公司治理的评价指标体系,观察与评价公司治理质量、公司治理成本、公司治理风险以及公司治理绩效,并以中国公司治理调查的结果为依据,对公司治理的状况进行评价、公司治理的风险进行预警、公司治理的成本进行测评,同时对公司治理的绩效进行评价。结合与公司治理关系密切的中国文化、制度、法律等,提出提高中国公司治理有效性的政策建议。考虑到公司治理是一个复杂的系统,因此,对公司治理评价指数的设计、公司治理风险的衡量与预警、公司治理成本的测评、公司治理绩效的评价及对公司治理的实证分析,不仅考虑了公司治理内部各要素相互作用的机理,而且还注重与公司治理密切相关的各外部要素的影响。公司治理评价的理论价值在于,以公司治理理论、企业理论以及社会资本理论为理论指导,以权变理论、系统理论、多目标规划等为方法论指导,结合我国公司在转轨经济时期的特点,设计与优化公司治理环境、公司治理质量、公司治理风险预警以及公司治理成本与公司治理绩效评价系统,研究公司治理质量测评这一科学问题。

1.1.1 有利于政府监管,促进资本市场发展与完善

反映公司质量的公司治理指数的编制及其定期公布,使公司监管部门得以及时掌握其监管对象的公司治理结构与治理机制的运行状况,从信息反馈方面确保其监管有的放矢。有利于证券监管部门及时掌握中国公司治理状况以及有关的准则、制度等的执行情况。利用该系统,证券监管部门可以及时了解其监管对象在控股股东行为、董事会、监事会、高管人员的任选与激励约束机制、信息披露与内部控制等方面的建立与完善程度以及可能存在的公司治理风险等,有利于有效发挥监管部门对公司的监管作用。例如利用该评价系统,可以检查中国证监会于 2001 年 8 月颁布的《关于在上市公司建立独立董事制度的指导意见》以及 2002 年 1 月颁布的《中国上市公司治理准则》的执行情况。

1.1.2 为投资者投资提供鉴别工具并指导投资

及时量化的公司治理指数、公司治理风险预警以及公司治理绩效披露,使投资者能够对不同公司的治理水平与风险进行比较,掌握拟投资对象在公司治理方面的现状与可能存在的风险。同时根据公司治理指数、风险预警与公司治理成本以及公司治理绩效的动态数列,可以判断投资对象公司治理状况与风险的走势及其潜在投资价值,进而提高决策水平。传统上投资者主要分析投资对象的财务指标,但财务指标具有局限性。建立并定期公布公司治理指数,将促进信息的公开,减轻信息不对称性,提高决策科学性。如成立于 1992 年的 LENS 投资管理公司的投资选择原则是从财务评价和公司治理评价两个角度找出价值被低估和可以通过公司治理提高价值的公司。美国机构投资者服务公司还建立了全球性的公司治理状况数据库,为其会员提供公司治理服务。

1.1.3 有利于公司科学决策与监控机制的完善与诊断控制

公司治理评价系统的运行,有利于公司(被评价对象)及时掌握公司治理的总体运行状况以及公司在控股股东行为、董事会、监事会、经理层等方面公司治理的状况与信息披露、内部控制状况,对可能出现的问题及时诊断,并针对性地采取措施,确保公司治理结构与治理机制处于良好的状态中,从而提高公司决策水平和公司竞争力。定期的公司治理评价信息,能使管理当局明白公司治理存在的潜在风险,进而采取积极的措施降低与规避监控风险;利用公司治理评价所提供的公司治理质量、公司治理风险以及公司治理绩效的全面信息,可以了解其投资对象,为其科学决策提供信息资源。

1.1.4 有利于对公司形成强有力的声誉制约,促进证券市场质量的提高

基于融资以及公司永续发展的考虑,公司必须注重其在证券市场以及投资者中的形象。公司治理评价系统的建立,可以对公司治理的状况进行全面、系统、及时的跟踪;定期公布评价的结果,可以有效弥补我国企业外部环境约束较弱的缺陷。由于公司治理评价状况的及时公布而产生的信誉约束,将促使公司不断改善公司治理状况,最大限度地降低公司治理风险,因而有利于证券市场质量的提高,强化信用。公司的信用是建立在良好的公司治理结构与治理机制的基础之上的,一个治理状况良好的公司必然具有良好的企业信用[①]。将不同时期的公司治理指数进行动态比较,可以反映公司治理质量的变动状况,形成动态声誉制约。

1.1.5 有利于建立公司治理实证研究平台,提高公司治理研究水平

中国公司治理评价系统的建立和运行,为公司治理的实证研究搭建了平台,使公司治理的研究由理论层面的研究具体到量化研究和实务研究,有利于解决公司治理质量、公司治理风险、公司治理成本与公司治理绩效度量这些科学问题。公司治理评价过程中的一系列调查研究的成果是顺利开展对公司治理实证研究的重要数据资源。这一平台的建立,将使公司治理理论研究与公司治理实践得以有机结合,进一步提高公司治理理论研究对公司治理实践的指导作用。

1.1.6 有利于加强事前管理,防范公司治理风险

现有的公司治理评价系统,如中国公司治理评价系统($CCGI^{NK}$)、戴米诺(Deminor)、标准普尔(S&P)、里昂证券(亚洲)等评价系统都属于对公司治理的事后评价,要提升公司治理能力还需要加强事前预警。公司治理风险预警是完善公司治理、防止因内外部环境变化和人为错误而使公司治理目标发生偏离的科学管理方法;建立健全治理风险控制机制,使风险管理日常化、制度化也是现代企业的重要管理方式。通过对公司治理风险的预警研究,能够更好地把握公司治理的内核,加强治理风险的预控。换言之,通过对公司治理风险进行跟踪、监控,可以及早地发现治理风险信号,从而建立一套"识别风险—确定警度—探寻风险原因—加强风险预控"的逻辑机理,为公司提供一种值得借鉴的风险预警防范模式。

---

① 见国家自然科学基金主任基金应急项目《基于公司治理的企业信用内部约束机制研究》报告第四部分"中国企业信用内部约束机制的实证分析",第107—121页。项目编号70141011,课题负责人李维安。

1.2　国内外公司治理评价研究现状及其分析

国内外对公司治理评价与指数的研究，经历了从公司治理的基础理论研究、公司治理原则与应用研究到公司治理评价系统与治理指数研究的过程。相关文献的回顾显示，现有的公司治理评价系统多数是商业性的，而且主要集中在公司治理结构、信息披露评价方面，对公司治理成本的测评与公司治理绩效评价以及公司治理风险预警方面的研究还很少涉及，开展这些问题的研究，对于解决公司治理成本的量化与公司治理绩效的比较以及公司治理风险的预警等公司治理的科学问题具有重要价值。

国内外对公司治理评价与指数的研究还经历了由非商业机构的公司治理评价发展到商业性机构的公司治理评价。

较早的商业性机构的公司治理评价是1998年标准普尔公司创立的公司治理服务系统，该评价系统于2004年进行了修订。非商业性机构或学者的公司治理评价萌芽于1950年杰克逊·马丁德尔提出的董事会绩效分析。最早的、规范的公司治理评价研究是由美国机构投资者协会在1952年设计的正式评价董事会的程序，随后出现了公司治理诊断与评价的系列研究成果，如Walter J. Salmon(1993)提出诊断董事会的22个问题。值得注意的是，在2001年以后，非商业性机构的公司治理评价研究在一些国家和地区迅速发展，出现了世界银行公司治理评价系统、中国公司治理指数系统、日本公司治理评价系统(CGS、JCGIndex)、中国香港和台湾地区学术机构对公司治理评价的研究等(见表1-1)。

表1-1　非商业性机构或学者的公司治理评价系统

公司治理评价机构或个人	评价内容
杰克逊·马丁德尔	社会贡献、对股东的服务、董事会绩效分析、公司财务政策
世界银行公司治理评价系统	国家评价：责任、政治与社会稳定性、政府效率、规制质量、法律、腐败控制
中国公司治理指数系统($CCGI^{NK}$)	公司评价：股东权益、董事会、监事会、经理层、信息披露、利益相关者六个维度
宫岛英昭、原村健二、稻垣健一等日本公司治理评价体系(CGS)	公司评价：股东权利、董事会、信息披露及其透明性三方面
日本公司治理研究所公司治理评价指标体系(JCGIndex)	公司评价：绩效目标和经营者责任体制、董事会的机能和构成、最高经营者的经营执行体制以及股东间的交流和透明性四方面

续表

中国台湾辅仁大学公司治理与评等系统	公司评价:董(监)事会组成、股权结构、参与管理与次大股东、超额关系人交易、大股东介入股市的程度
韩国公司治理评价系统	公司评价:董事会结构与机制、信息透明度等
香港城市大学公司治理评价系统	公司评价:董事会结构、独立性或责任、对小股东的公平性;透明度及信息披露;利益相关者角色、权利及关系;股东权利

世界银行公司治理评价系统主要是针对国家层次的公司治理状况进行评价,实质上是对公司治理环境进行评价。世界银行公司治理评价系统关注的是宏观层面上的外部力量对公司治理质量的影响。日本 CGS 公司治理评价体系重点从股东权利、董事会、信息披露及其透明性三方面,考察内部治理结构改革对公司绩效的影响。日本 JCGIndex 公司治理评价指标体系以股东主权为核心,从绩效目标和经营者责任体制、董事会的机能和构成、最高经营者的经营执行体制以及股东间的交流和透明性四方面评价。台湾辅仁大学公司治理与评等系统从董(监)事会组成、股权结构、参与管理与次大股东、超额关系人交易、大股东介入股市的程度评价公司治理状况。香港城市大学公司治理评价系统从董事会结构、独立性或责任、对小股东的公平性、透明度及信息披露、利益相关者角色、权利及关系、股东权利等方面评价公司治理状况。

公司治理评价的研究与应用,对公司治理实践具有指导意义。正如上述对不同评价系统的对比所看到的,不同的评价系统有不同的适用条件,中国公司的治理环境、治理结构与国外有很大的差别,因而直接将国外评价系统移植到国内必将产生"水土不服"现象。只有借鉴国际经验,结合中国公司所处的法律环境、政治制度、市场条件以及公司本身的发展状况,设置具有中国特色的公司评价指标体系,并采用科学的方法对公司治理状况做出评价,才能正确反映中国公司治理状况。中国公司治理指数($CCGI^{NK}$)充分考虑了中国公司治理环境的特殊性。

1.3 中国公司治理评价系统设计与优化

对公司治理评价必须考虑中国公司治理环境,在指标体系设计上应随着公司治理环境的改变而做适当调整,具有动态性;同时,公司治理质量的量化方法、治理风险预警的方法、公司治理成本的测评与治理绩效评价的方法、评价指标重要性系数等也应随着评价指标体系中指标组合的改变以及各评价指标的数值变异程度而做适当调整,具有动态性；另外，各项指标的评价标准亦应动态地调整。在深刻理解公司治理的有关理论以及熟悉相关公司治理的法律法规、制度、指引的基础上，对不同国家、地区的公司治理原则、准则、已有的公司治理评价系统进行比较与分析，结合中国公司所处的制度、法律以及社会环境，充分考虑中国公司在转轨时期的特点，研究构建符合中国公司治理环境特点的公司治理评价指标体系。

评价目的决定了评价系统的一切要素，包括评价指标体系的设计、评价方法的选择、评价客体信息的获得以及价值判断的形成等。公司治理评价指标体系的设置首先应考虑公司治理评价的目的要求。公司治理评价指标体系的设置应符合公司本身的性质、特点以及公司治理准则、制度以及规范等要求，力争做到科学、合理，能够准确、全面地反映公司治理状况，这是公司治理评价指标体系设计的基本出发点。指标体系的设计应从整体上、全局上通盘考虑指标之间的联系，并且做到不重复、不遗漏；同时，作为一个完整的指标体系，各个评价指标在时间、空间范围、确定方法等方面应相互联系、相互补充，确保评价体系的完整性。指标体系的设计应切实可行，具有可操作性，能够满足实际工作的需要。

公司内部治理质量主要体现为公司治理结构与机制的建立与完善程度、信息披露与内部控制等方面。公司治理结构与机制可以从股东行为、董事会、监事会、高管人员以及利益相关者的参与治理状况进行测评。其中，股东行为可以从关联交易、公司独立性、股东大会以及中小股东保护的状况等方面反映；董事会治理质量的测评，主要是从董事会高效运作的角度，从保障公司科学决策的目标出发，以有效的运作机制为评价重点；对于监事会的评价，以有效监督为目标，按照监督的积极性、有效性、独立性、完备性与客观性的原则，从监事能力保证性和监事会运行有效性两方面，设计监事会评价指标体系；公司高管人员的选拔、激励与约束，主要从任免制度、执行保障、激励与约束机制三方面进行测评；利益相关者参与治理已逐步成为全球公司治理的共同趋势，公司治理中考虑利益相关者的权益，鼓励利益相关者参与公司治理已经广为接受。信息披露评价主要从信息披露的相关性、可靠性、及时性三个方面进行测评。中国上市公司治理评价指标体系基于中国上市公司面临的治理环境特点而设计，本系统对公司治理评价从六个维度进行，分别是控股股东行为、董事会、监事会、经理层、信息披露以及利益相关者治理评价。

1.3.1 控股股东行为特征与评价指标

中国上市公司由于受经济转型过程中体制因素的影响，使得上市公司与其控股股东之间存在着种种关联，控股股东对上市公司的行为往往超越了上市公司的法人边界。

如:在国家政策的支持下,大多数的国有企业在公司化改造、上市过程中,采用分拆上市的方法,即通过剥离非主营业务资产或质量较差的资产,集中优良资产组建受控股股东控制的上市公司,上市成功后就成为控股股东救济其他业绩不佳子公司的"造血机",控股股东通过"隧道行为"转移上市公司资源。

这些体制性因素决定了中国上市公司控股股东的行为目标不仅仅局限在上市公司范围内的收益最大化,更多的是考虑集团的整体利益。以降低代理成本、提高控股股东行为的效益为目标,抑制"控股股东行为负外部性"、"保护中小股东权益"为主线,从控股股东行为效益和大股东—小股东代理成本两个关键视角,通过上市公司独立性、关联交易规范性、股东权益保护三个维度构建了一套控股股东行为评价体系(见第3章表3-1)。

1.3.2 董事会治理特征与评价指标

董事会治理评价的研究是一个由表及里、由局部到全面的过程。起初仅是对董事会的单项因素与公司绩效的相关分析研究,尤其是在探讨是否存在一个最优的董事会结构(内部董事与外部董事比例)时,实证研究方面多为对董事会独立性与公司绩效关系、董事会构成与公司绩效关系的研究。近年来,国外一些研究机构对董事会治理的评价趋于全面性和系统性,并对董事会治理的影响因素进行综合性的考察。

针对我国上市公司的治理状况,在借鉴国内外有关董事会评价体系的基础上,我们设计了一套符合我国上市公司特点的董事会治理评价系统。在设置"中国上市公司董事会治理评价系统"时,主要考虑董事会的高效运作,从保障公司科学决策的目标出发,以有效的运作机制为重点,有选择地设置了一套评价指标及标准。董事会既要充分完成股东大会赋予的受托责任,又要有效地完成其委托责任。因此,从财富创造和社会责任两个关键视角,以董事诚信、勤勉意识为核心,从董事权利与义务、独立董事制度、董事会组织结构、董事会运作效率、董事薪酬五个维度,构筑了一套董事会治理评价指标体系(见第4章表4-1),并以此为标准对上市公司治理状况进行评价分析。

1.3.3 监事会治理特征与评价指标

我国上市公司治理结构中监事会设置的特殊性决定了监事会评价的特殊性。我国《公司法》对监事会的地位和权限做了明确规定,在法律上确立了监事会作为公司法定监督机构的地位与职能。我国公司中设置监事会的初衷,一是通过监事会体现企业员工参与监督,这种独一无二的模式是"德国模式的监事会与职工是企业的主人这样一种中国传统观念的混合体";二是通过专职的、独立的监事会限制董事会的权力。监事会所提供的事前问责制度将有效地提高公司内部的监督质量。

考虑监事会在我国公司治理结构中的特殊地位,借鉴国际上不同公司治理模式中内部监督经验,结合中国自身环境条件及改革进程,设计出一套能够客观评价上市公司监事会治理状况的指标体系具有重要的理论与现实意义。为此我们以"有效监督"为目标,按照监督的积极性、有效性、独立性、完备性与客观性的原则,从监事会运行状况、监事会结构与规模和监事胜任能力三个方面,设计了获得独立董事制度补充后的监事会治理评价指标体系(见第5章表5-1)。

1.3.4 经理层治理特征与评价指标

已有公司治理评价体系对经理层治理的评价还很少,并且均是散见于整个评价系统各个部分当中,没有作为一个独立的治理方面单独进行全面评价。鉴于我国上市公司特殊的转轨经济背景和经理层对公司经营成败的重要影响,在我们所推出的公司治理评价系统中,结合我国上市公司经理层发展的现状和趋势,把经理层评价作为一个重要维度进行了系统的评价。

目前公司治理的重点已从治理结构的建立转移到治理机制的完善,从权力制衡转移到科学决策。因此,中国上市公司经理层治理评价体系主要围绕设计、评价、保障科学的决策和治理机制而展开。公司治理结构和机制的设置,不仅考虑"不积极"的问题,还必须解决"不称职"的问题,建立在科学决策观念上的公司治理不仅需要一套完备有效的公司治理结构,更需要若干具体的超越结构的治理机制,包括内部的监控机制和外部的治理机制。基于公司治理的核心"从治理结构向治理机制"转变的思想(李维安,2001),鉴于"内外兼制,科学决策"的新理念,以制衡"内部人控制"为主线,根据我国转轨经济的特殊性背景,我们从薪酬激励与约束机制、控制权激励约束机制及股权激励与约束机制三个方面构建了中国上市公司经理层治理评价指标体系(见第6章表6-1)。

1.3.5 信息披露特征与评价指标

从信息传递角度讲,监管机构和中介组织搜集、分析信息,并验证信息的可靠性,这种检验结果可用于评价信息披露的可靠性;从公众投资者来看,可靠、及时地披露相关信息可以使投资者做出理性的投资决策;从资本市场来看,及时披露信息使公司股价得以及时调整,保证交易的连续和有效,减少市场盲动。

现实经济生活中,上市公司为达到各种目的,更多的是采取不披露的方式来隐瞒重大信息。可以说,未按规定准确、完整地披露信息是目前我国上市公司信息披露最为严重的问题,因而信息披露评价针对这些方面展开。只有借助内外两方面激励约束机制的作用,提高上市公司信息披露的动力,对一切可能影响经济决策的事件及时而全面地披露其实质,降低信息不对称性,才能有效地帮助信息使用者做出判断,并保证所有股东享受平等待遇。为此我们以信息透明度为核心,从信息披露可靠性、及时性、相关性三个方面对中国上市公司信息披露的质量进行评价,以便为投资者提供准确、全面、系统的决策信息(见第 7 章表 7－1)。

1.3.6 公司利益相关者特征与评价指标

2002 年中国证监会和国家经贸委制定的《中国上市公司治理准则》专门针对利益相关者问题做出有关规定,提出利益相关者包括主要债权人(银行)、职工、消费者、供应商和社区居民等。同时规定利益相关者拥有求偿权、知情权和参与权等权利。利益相关者在公司治理中起作用的主要方式是公司与主要债权人的信息沟通以及职工与董事会、监事会及经理人员的直接沟通等。《中国上市公司治理准则》有关利益相关者制度层面的规定,为上市公司利益相关者的利益保护奠定了基础。目前在公司治理实务中,利益相关者已成为现行公司治理框架中不可或缺的一部分,公司治理评价指标体系必须包括利益相关者部分,以便客观、全面地评价公司治理的状况。

根据利益相关者在公司治理中的地位与作用,并且考虑到评价指标的科学性、可行性,我们从利益相关者参与公司治理和利益相关者关系协调两个方面设置利益相关者评价指标体系,具体包括公司员工参与程度、中小股东参与和权益保护程度、公司社会责任履行状况、公司投资者关系管理、公司和监督管理部门的关系、公司诉讼与仲裁事项等评价内容(见第 8 章表 8－1)。利益相关者参与方面主要评价利益相关者参与公司治理的程度,较高的利益相关者参与程度意味着公司对利益相关者权益保护程度和科学决策可能性的提高;利益相关者协调方面主要考察公司与由各利益相关者构成的企业生存和成长环境的关系状况和协调程度。

1.4 中国公司治理指数模型与指数等级

在建立评价指标体系,确定评价标准以及评价指标重要性系数的基础上,根据以下模型可以确定公司治理指数:

$$CCGI^{NK} = \alpha_1 CCGI^{NK}_{BDS} + \alpha_2 CCGI^{NK}_{BOD} + \alpha_3 CCGI^{NK}_{BOS} + \alpha_4 CCGI^{NK}_{TOP} + \alpha_5 CCGI^{NK}_{ID} + \alpha_6 CCGI^{NK}_{STH}$$

式中:$CCGI^{NK}$ 代表治理指数;$\alpha_i (i = 1,2,3,\cdots,6)$ 代表各评价要素的重要性系数;$CCGI^{NK}_{BDS}$ 表示控股股东行为评价指数;$CCGI^{NK}_{BOD}$ 表示董事会治理评价指数;$CCGI^{NK}_{BOS}$ 表示

监事会治理评价指数；$CCGI_{TOP}^{NK}$ 代表经理层治理评价指数；$CCGI_{ID}^{NK}$ 表示信息披露评价指数；$CCGI_{STH}^{NK}$ 表示利益相关者治理评价指数。

按照上述过程编制的上市公司治理指数采用百分制形式，最高值为100，最低值为0。具体评价的等级为：

$CCGI^{NK}$ Ⅰ：治理指数 90—100；

$CCGI^{NK}$ Ⅱ：治理指数 80—90；

$CCGI^{NK}$ Ⅲ：治理指数 70—80；

$CCGI^{NK}$ Ⅳ：治理指数 60—70；

$CCGI^{NK}$ Ⅴ：治理指数 50—60；

$CCGI^{NK}$ Ⅵ：治理指数 <50。

第2章 中国上市公司总体治理状况评价

2.1 中国上市公司治理状况概述

2.1.1 样本选取

本次编制上市公司治理指数的样本来源于截止到2007年4月30日公布的公开信息(公司网站、巨潮资讯网、中国证监会、沪深证券交易所网站等)以及北京色诺芬CCER数据库、国泰安CSMAR数据库,根据信息齐全以及不含异常数据两项样本筛选的基本原则,我们最终确定有效样本为1162家。样本公司的行业、第一大股东最终控制人类型及省份构成见表2-1、表2-2与表2-3。

表2-1 样本公司的行业构成

行 业	公司数	比例(%)
农、林、牧、渔业	27	2.32
采掘业	19	1.64
制造业	665	57.23
其中:食品、饮料	53	4.56
纺织、服装、皮毛	47	4.04
木材、家具	2	0.17
造纸、印刷	22	1.89
石油、化学、塑胶、塑料	125	10.76
电子	40	3.44
金属、非金属	111	9.55
机械、设备、仪表	181	15.58
医药、生物制品	72	6.20
其他制造业	12	1.03
电力、煤气及水的生产和供应业	51	4.39

续表

建筑业	23	1.98
交通运输、仓储业	55	4.73
信息技术业	70	6.02
批发和零售贸易业	78	6.71
金融、保险业	8	0.69
房地产业	51	4.39
社会服务业	35	3.01
传播与文化产业	9	0.77
综合类	71	6.12
合计	1162	100.00

资料来源:南开大学公司治理研究中心数据库。

表2-2 样本公司的控股股东构成

控制人类型	公司数	比例(%)
国有控股	787	67.73
集体控股	10	0.86
民营控股	337	29.00
社会团体控股	4	0.34
外资控股	7	0.60
职工持股会控股	14	1.20
其他类型	3	0.27
合计	1162	100.00

资料来源:南开大学公司治理研究中心数据库。

表2-3 样本公司的省份构成

省份	公司数	比例(%)	省份	公司数	比例(%)
北京市	77	6.63	湖北省	50	4.30
天津市	21	1.81	湖南省	35	3.01
河北省	30	2.58	广东省	137	11.79
山西省	22	1.89	广西壮族自治区	21	1.81
内蒙古自治区	20	1.72	海南省	18	1.55
辽宁省	47	4.04	重庆市	25	2.15

续表

吉林省	30	2.58	四川省	59	5.08
黑龙江省	25	2.15	贵州省	12	1.03
上海市	117	10.07	云南省	19	1.64
江苏省	75	6.45	西藏自治区	7	0.60
浙江省	62	5.34	陕西省	20	1.72
安徽省	36	3.10	甘肃省	16	1.38
福建省	34	2.93	青海省	7	0.60
江西省	18	1.55	宁夏回族自治区	11	0.95
山东省	63	5.42	新疆维吾尔自治区	18	1.55
河南省	30	2.58	合　计	1162	100.00

资料来源:南开大学公司治理研究中心数据库。

按控制人类型的分组样本中,国有控股上市公司有787家、比例为67.73%。由于我们的样本选择具有"普查"的特点,因此,说明中国上市公司中国有控股公司在数量上占绝对多数。

从不同地区占样本数量、比例看,经济发达地区的广东省、上海市、北京市、江苏省、山东省和浙江省占有数量最多,而西部欠发达地区的甘肃省、贵州省、宁夏回族自治区、西藏自治区和青海省占样本量较少,其中西藏自治区和青海省最少,反映出经济活跃水平与上市公司数量的关系。

2.1.2 中国上市公司治理状况总体描述

在2007年评价样本中,上市公司平均治理指数为56.85,上市公司之间的公司治理质量存在差异,公司治理评价最高值为70.5分,最低值为43.66分,样本的标准差为3.97。总样本公司中没有1家达到$CCGI^{NK}$ Ⅰ以及$CCGI^{NK}$ Ⅱ水平;达到$CCGI^{NK}$ Ⅲ的只有2家,占总样本的0.17%;达到$CCGI^{NK}$ Ⅳ的有238家,占总样本的20.48%;处于$CCGI^{NK}$ Ⅴ的公司有862家,占总样本的74.18%。有60家上市公司的治理指数在50分以下,占总样本的5.17%。

表2-4　样本公司治理评价指数描述性统计

统计指标	公司治理评价总指数	股东治理评价指数	董事会治理评价指数	监事会治理评价指数	经理层治理评价指数	信息披露评价指数	利益相关者治理评价指数
均值	56.85	57.32	55.67	52.93	57.88	61.66	53.08

续表

中位数	57.09	57.92	55.59	53.09	58.06	62.23	52.45
众数	43.66	42.70	49.44	50.02	60.02	26.12	48.87
标准差	3.97	8.99	4.78	6.42	5.77	10.92	10.23
方差	15.76	80.83	22.87	41.26	33.30	119.19	104.62
偏度	−0.22	−0.42	0.15	−0.17	0.07	−0.40	0.02
峰度	0.37	−0.11	−0.36	0.25	−0.23	−0.29	−0.02
极差	26.84	56.37	28.87	46.18	39.36	60.45	66.00
最小值	43.66	26.58	42.38	25.94	39.90	26.12	21.46
最大值	70.50	82.95	71.25	72.14	79.26	86.57	87.46

资料来源：南开大学公司治理研究中心数据库。

表 2-5 公司治理评价总指数（$CCGI^{NK}$）等级分布

公司治理指数等级		公司治理指数等级分布	
		公司数	比例(%)
$CCGI^{NK}$ I	90—100	—	—
$CCGI^{NK}$ II	80—90	—	—
$CCGI^{NK}$ III	70—80	2	0.17
$CCGI^{NK}$ IV	60—70	238	20.48
$CCGI^{NK}$ V	50—60	862	74.18
$CCGI^{NK}$ VI	50 以下	60	5.17
合 计		1162	100.00

资料来源：南开大学公司治理研究中心数据库。

2.2 中国上市公司分行业治理评价

2.2.1 按分行业分组的治理总体分析

本节按照国家行业分类标准，对上市公司所处的13个行业门类和制造业中10个大类进行分组，对样本公司的治理状况加以分析。

以平均值而言，公司治理指数最高的是社会服务业，公司治理指数为57.34，公司治理各方面较为规范；公司治理指数均值最低的行业为综合类企业，该行业公司治理指数的均值为54.81,与社会服务业相比,两个行业的均值相差2.53分。说明就公司治理状况而言,行业间存在一定的差异。

表2-6 按行业分组的样本公司治理评价总指数描述性统计

行业	公司数	比例(%)	均值	中位数	最小值	最大值	极差	标准差
农、林、牧、渔业	27	2.32	56.91	57.43	50.50	64.13	13.63	3.50
采掘业	19	1.64	56.85	58.67	45.19	60.54	15.35	4.88
制造业	665	57.23	56.94	57.09	45.04	73.36	28.31	3.72
其中:								
食品、饮料	53	4.56	57.99	57.78	49.40	67.61	18.21	3.57
纺织、服装、皮毛	47	4.04	56.59	56.87	47.14	63.87	16.73	3.89
木材、家具	2	0.17	56.89	57.05	48.12	63.26	15.14	3.40
造纸、印刷	22	1.89	55.77	55.55	45.20	62.27	17.07	4.00
石油、化学、塑胶、塑料	125	10.76	56.97	56.84	46.99	67.11	20.12	3.62
电子	40	3.44	56.94	57.08	47.54	64.67	17.13	3.18
金属、非金属	111	9.55	58.47	58.36	49.52	69.47	19.94	4.04
机械、设备、仪表	181	15.58	59.09	58.68	56.02	64.87	8.85	2.66
医药、生物制品	72	6.20	57.66	58.12	47.59	70.50	22.91	3.87
其他制造业	12	1.03	55.42	55.42	53.44	57.39	3.95	2.80
电力、煤气及水的生产和供应业	51	4.39	56.49	56.09	47.06	64.05	16.99	4.04
建筑业	23	1.98	56.60	56.84	47.18	63.55	16.36	3.85
交通运输、仓储业	55	4.73	57.01	57.79	48.05	63.02	14.97	4.85
信息技术业	70	6.02	56.82	58.11	46.00	63.36	17.36	3.83
批发和零售贸易业	78	6.71	57.25	57.37	47.67	70.01	22.35	3.86
金融、保险业	8	0.69	56.78	57.33	49.86	64.15	14.28	3.79
房地产业	51	4.39	55.49	56.93	43.66	65.88	22.23	5.28
社会服务业	35	3.01	57.34	57.18	50.43	66.42	15.99	3.57
传播与文化产业	9	0.77	55.22	55.62	48.37	65.95	17.58	4.86
综合类	71	6.11	54.81	54.91	45.73	63.41	17.68	3.81
合计	1162	100.00	56.85	57.09	43.66	70.50	26.85	3.97

资料来源:南开大学公司治理研究中心数据库。

2.2.2 按行业分组的治理状况具体分析

从行业治理指数均值看,社会服务业在各行业中最高,其次是批发零售和贸易业及交通运输、仓储业,以上三个行业治理指数均值都在57以上。而房地产业、传播与文化产业、综合类行业相对较低,存在明显差异。以上几个行业公司治理的具体状况如下:

在2007年评价样本中,社会服务业有35家公司,占总样本比例为3.01%,该行业样本均值为57.34,标准差为3.57。根据表2-7的统计结果,该行业达到$CCGI^{NK}$Ⅳ的公司6家,处于$CCGI^{NK}$Ⅴ的公司有28家,处于$CCGI^{NK}$Ⅵ的公司有1家。

批发和零售贸易业在2007年评价样本中有78家公司,占总样本比例为6.71%,该行业样本均值为57.25、标准差为3.86。根据表2-7的统计结果,该行业达到$CCGI^{NK}$Ⅳ的公司有15家,处于$CCGI^{NK}$Ⅴ的公司有59家,处于$CCGI^{NK}$Ⅵ的公司有4家。

交通运输、仓储业在2007年评价样本中55家公司,占总样本比例为4.73%,该行业样本均值为57.01、标准差为4.85。根据表2-7的统计结果,该行业达到$CCGI^{NK}$Ⅳ的公司有19家,处于$CCGI^{NK}$Ⅴ的公司有34家,公司治理指数在50分以下者,有2家上市公司。

房地产业在2007年评价样本中有51家公司,占总样本比例为4.39%,该行业样本均值为55.49、标准差为5.28。根据表2-7的统计结果,该行业达到$CCGI^{NK}$Ⅳ的公司有10家,处于$CCGI^{NK}$Ⅴ的公司有40家;公司治理指数在50分以下者,有1家上市公司。

传播与文化产业在2007年评价样本中有9家公司,占总样本比例为0.77%,该行业样本均值为55.22、标准差为4.86。根据表2-7的统计结果,该行业达到$CCGI^{NK}$Ⅳ的公司有3家,处于$CCGI^{NK}$Ⅴ的公司有5家,公司治理指数在50分以下者,有1家上市公司。

综合类在2007年评价样本中有71家公司,占总样本比例为6.11%,该行业样本均值为54.81、标准差为3.81。根据表2-7的统计结果,该行业达到$CCGI^{NK}$Ⅳ的公司有8家,处于$CCGI^{NK}$Ⅴ的公司有55家,公司治理指数在50分以下者,有8家上市公司。

表2-7 按行业分组的样本公司治理总指数等级分布

行业	$CCGI^{NK}$Ⅲ		$CCGI^{NK}$Ⅳ		$CCGI^{NK}$Ⅴ		$CCGI^{NK}$Ⅵ	
	公司数	比例(%)	公司数	比例(%)	公司数	比例(%)	公司数	比例(%)
农、林、牧、渔业	—	—	6	0.52	19	1.64	2	0.17
采掘业	—	—	3	0.26	16	1.38	—	—
制造业	2	0.17	136	11.70	502	43.20	25	2.15
其中:食品、饮料	—	—	10	0.86	42	3.61	1	0.09
纺织、服装、皮毛	—	—	5	0.43	40	3.44	2	0.17
木材、家具	—	—	—	—	2	0.17	—	—
造纸、印刷	—	—	3	0.26	15	1.29	4	0.34
石油、化学、塑胶、塑料	1	0.09	30	2.58	89	7.66	5	0.43
电子	—	—	7	0.60	31	2.67	2	0.17
金属、非金属	1	0.09	27	2.32	80	6.88	3	0.26

续表

机械、设备、仪表	—	—	35	3.01	140	12.05	6	0.52
医药、生物制品	—	—	15	1.29	57	4.91	—	—
其他制造业	—	—	4	0.34	6	0.52	2	0.17
电力、煤气及水的生产和供应业	—	—	13	1.12	37	3.18	1	0.09
建筑业	—	—	2	0.17	20	1.72	1	0.09
交通运输、仓储业	—	—	19	1.64	34	2.93	2	0.17
信息技术业	—	—	15	1.29	41	3.53	14	1.20
批发和零售贸易业	—	—	15	1.29	59	5.08	4	0.34
金融、保险业	—	—	2	0.17	6	0.52	—	—
房地产业	—	—	10	0.86	40	3.44	1	0.09
社会服务业	—	—	6	0.52	28	2.41	1	0.09
传播与文化产业	—	—	3	0.26	5	0.43	1	0.09
综合类	—	—	8	0.69	55	4.73	8	0.69
合计	2	0.17	238	20.48	862	74.18	60	5.16

资料来源:南开大学公司治理研究中心数据库。

2.3 中国上市公司分大股东性质治理评价

我们将样本上市公司,按照公司第一大股东最终控制人类型性质的不同,分为国有控股、民营控股、外资控股、集体控股、社会团体控股、职工持股会控股及其他七种类型。通过分析第一大股东性质不同的样本上市公司治理指数的数字特征,进一步探讨第一大股东性质不同的中国上市公司治理质量的差异。

2.3.1 按第一大股东性质分组的治理状况总体分析

表2-8的描述性统计显示,样本中数量最少的是"社会团体控股"和"其他类型"两类,分别有四家和三家公司,由于样本量少,不具有统计上的可比性,我们只对其余四种分类进行比较和分析。就样本均值而言,国有控股的治理指数最高,为57.35;集体控股的治理指数较低,为54.68,该控制权类型的样本上市公司具有较差的治理质量,显现出不同控制权类型的公司在公司治理评价中的组间差异。

在2007年评价样本中,国有控股公司占据了最大的样本量,有787家公司,占总样本的67.73%,反映出中国上市公司主体为国有控制的现实。其公司治理指数均值为57.35,中位数为57.48,极差为26.85,标准差为3.79。

表 2-8 按第一大股东类型分组的样本公司治理总指数描述性统计

控制人类型	公司数	比例(%)	均值	中位数	最小值	最大值	极差	标准差
国有控股	787	67.73	57.35	57.48	43.66	70.50	26.85	3.79
民营控股	337	29.00	55.81	56.31	45.08	68.44	23.36	4.21
集体控股	10	0.86	54.68	55.41	47.59	61.40	13.81	3.77
社会团体控股	4	0.34	57.37	57.36	55.28	59.47	4.18	2.03
外资控股	7	0.60	55.77	56.58	49.84	58.68	8.84	3.08
职工持股会控股	14	1.20	55.07	55.27	48.05	60.01	11.95	3.09
其他类型	3	0.26	56.35	55.69	50.59	62.77	12.18	6.12
合 计	1162	100.00	56.85	57.09	43.66	70.50	26.85	3.97

资料来源:南开大学公司治理研究中心数据库。

2.3.2 按第一大股东性质分组的治理状况具体分析

考虑到国有控股公司和民营控股公司占据了评价样本的绝大部分比例(96.73%),我们只对这两种控制权类型进行分析,其他类型的有关数据详见表 2-8 和表 2-9。

1. 国有控股

如表 2-8 所示,在 2007 年评价样本中第一大股东性质为国有控股的公司有 787 家,占总样本比例为 67.73%,样本均值为 57.35,标准差为 3.79,具有最大的样本量。根据表 2-9 的统计结果,达到 $CCGI^{NK}$ Ⅲ 的公司有两家,处于 $CCGI^{NK}$ Ⅳ 公司的有 184 家,处于 $CCGI^{NK}$ Ⅴ 的公司有 575 家,处于 $CCGI^{NK}$ Ⅵ 即公司治理指数在 50 分以下者有 26 家。

2. 民营控股

据表 2-8,在 2007 年评价样本中第一大股东性质为民营控股的公司有 337 家,占总样本的 29.00%,样本均值为 55.81,标准差为 4.21,具有第二多的样本。根据表 2-9 的统计结果,民营控股的上市公司在评价样本中没有达到 $CCGI^{NK}$ Ⅲ 的公司,达到 $CCGI^{NK}$ Ⅳ 的公司有 51 家,处于 $CCGI^{NK}$ Ⅴ 的公司有 255 家,处于 $CCGI^{NK}$ Ⅵ 即公司治理指数在 50 分以下者有 31 家。

表 2-9 按第一大股东类型分组样本公司治理总指数等级分布

控制人类型	$CCGI^{NK}$ Ⅲ		$CCGI^{NK}$ Ⅳ		$CCGI^{NK}$ Ⅴ		$CCGI^{NK}$ Ⅵ	
	公司数	比例(%)	公司数	比例(%)	公司数	比例(%)	公司数	比例(%)
国有控股	2	0.17	184	15.83	575	49.48	26	2.24

续表

民营控股	—	—	51	4.39	255	21.94	31	2.67
外资控股	—	—	—	—	6	0.52	1	0.09
集体控股	—	—	1	0.09	8	0.69	1	0.09
社会团体控股	—	—	—	—	4	0.34	—	—
职工持股会控股	—	—	1	0.09	12	1.03	1	0.09
其他类型	—	—	1	0.09	2	0.17	—	—
合 计	2	0.17	238	20.48	862	74.18	60	5.16

资料来源：南开大学公司治理研究中心数据库。

2.4 中国上市公司分地区治理评价

我们将2007年的评价样本，按照注册地的不同分成31个省（直辖市、自治区）的分组样本，分析不同地区的样本公司治理指数的分布特征，比较中国上市公司地区之间治理状况的差异。

2.4.1 按地区分组的治理状况总体分析

表2-10对按地区分组的样本公司的治理评价总指数进行了描述性统计。从表中不同地区样本数量及其占总样本比例看，经济发达地区的广东省、上海市、北京市样本数量最多。其中广东省最多，达137家，上海市为117家，北京市为77家；而西部欠发达地区的宁夏回族自治区、青海省、西藏自治区样本量少，其中青海省、西藏自治区最少，各有7家公司。反映出经济活跃水平与上市公司数量的关系。同时，上述发达地区公司治理质量的均值也高于欠发达地区的水平，体现出中国上市公司治理状况在地区之间的差异。

就平均值而论，样本上市公司按省份分组的公司治理水平存在一定差异，治理指数最高的省份与最低省份相比，相差3.23。

表2-10 按地区分组的样本公司治理评价总指数描述性统计

省 份	公司数	比例（%）	均值	中位数	最小值	最大值	极差	标准差
北京市	77	6.63	57.83	58.22	46.99	66.42	19.43	3.64
天津市	21	1.81	56.42	56.86	48.07	63.36	15.28	3.98
河北省	30	2.58	57.13	57.20	49.58	65.18	15.60	4.10

续表

山西省	22	1.89	57.66	56.55	47.78	70.50	22.72	4.86
内蒙古自治区	20	1.72	56.08	56.20	49.56	61.92	12.37	3.80
辽宁省	47	4.04	56.46	56.63	47.14	69.47	22.33	4.52
吉林省	30	2.58	55.59	55.82	50.10	63.42	13.31	3.53
黑龙江省	25	2.15	54.86	55.75	46.06	60.85	14.79	3.73
上海市	117	10.07	57.48	57.43	45.25	68.43	23.18	3.69
江苏省	75	6.45	57.20	57.48	48.02	65.17	17.16	3.33
浙江省	62	5.34	58.09	58.17	48.62	64.23	15.61	3.26
安徽省	36	3.10	56.99	56.72	50.24	67.11	16.87	3.31
福建省	34	2.93	57.53	57.16	51.48	64.55	13.07	3.53
江西省	18	1.55	57.04	57.71	49.91	63.28	13.37	3.46
山东省	63	5.42	57.00	56.87	47.59	65.95	18.35	4.07
河南省	30	2.58	57.93	58.56	50.22	64.32	14.10	3.59
湖北省	50	4.30	56.98	57.51	49.96	63.22	13.25	3.87
湖南省	35	3.01	56.67	56.97	46.00	64.07	18.07	3.68
广东省	137	11.79	56.62	56.94	45.08	68.44	23.36	4.68
广西壮族自治区	21	1.81	56.27	56.79	49.86	64.57	14.71	4.11
海南省	18	1.55	55.09	56.06	45.73	60.12	14.39	3.89
重庆市	25	2.15	56.43	57.14	46.57	65.97	19.40	4.26
四川省	59	5.08	55.77	56.87	43.66	64.17	20.51	4.71
贵州省	12	1.03	57.27	57.30	50.80	62.21	11.41	3.46
云南省	19	1.64	56.51	56.69	49.71	61.07	11.36	3.44
西藏自治区	7	0.60	56.24	56.24	50.64	62.04	11.40	3.88
陕西省	20	1.72	55.53	55.97	50.87	59.67	8.80	2.59
甘肃省	16	1.38	54.98	55.76	46.79	60.48	13.69	3.94
青海省	7	0.60	55.52	52.38	50.05	70.01	19.96	7.30
宁夏回族自治区	11	0.95	55.35	57.23	50.08	60.90	10.82	3.83
新疆维吾尔自治区	18	1.55	57.39	57.00	52.13	61.80	9.66	2.75
合 计	1162	100.00	56.85	57.09	43.66	70.50	26.85	3.97

资料来源:南开大学公司治理研究中心数据库。

2.4.2 按地区分组的治理状况具体分析

从地区治理指数均值看,浙江省在各地区中最高,其次是河南省和北京市。而海南省、甘肃省和黑龙江省公司治理指数最低。以上几个地区公司治理的具体状况如下:

在2007年评价样本中,浙江省有62家公司,占总样本比例为5.34%,该地区样本均值为58.09,标准差为3.26。根据表2-11的统计结果,该地区达到$CCGI^{NK}$Ⅳ的公司有21家,处于$CCGI^{NK}$Ⅴ的公司有39家,处于$CCGI^{NK}$Ⅵ的公司有2家。

河南省在2007年评价样本中有30家公司,占总样本比例为2.58%,该地区样本均值为57.93,标准差为3.59。根据表2-11的统计结果,该地区达到$CCGI^{NK}$Ⅳ的公司有8家,处于$CCGI^{NK}$Ⅴ的公司有22家。

北京市在2007年评价样本中有77家公司,占总样本比例为6.63%,该地区样本均值为57.83,标准差为3.64。根据表2-11的统计结果,该地区达到$CCGI^{NK}$Ⅳ的公司有21家,处于$CCGI^{NK}$Ⅴ的公司有53家,处于$CCGI^{NK}$Ⅵ的公司有3家。

海南省在2007年评价样本中有18家公司,占总样本比例为1.55%,该地区样本均值为55.09,标准差为3.89。根据表2-11的统计结果,该地区达到$CCGI^{NK}$Ⅳ的公司有1家,处于$CCGI^{NK}$Ⅴ的公司有15家,处于$CCGI^{NK}$Ⅵ的公司有2家。

甘肃省在2007年评价样本中有16家公司,占总样本比例为1.38%,该地区样本均值为54.98,标准差为3.94。根据表2-11的统计结果,该地区达到$CCGI^{NK}$Ⅳ的公司有2家,处于$CCGI^{NK}$Ⅴ的公司有12家,处于$CCGI^{NK}$Ⅵ的公司有2家。

黑龙江省在2007年评价样本中有25家公司,占总样本比例为2.15%,该地区样本均值为54.86,标准差为3.73。根据表2-11的统计结果,该地区达到$CCGI^{NK}$Ⅳ的公司有1家,处于$CCGI^{NK}$Ⅴ的公司有20家,处于$CCGI^{NK}$Ⅵ的公司有4家。

表2-11 按地区分组的样本公司治理总指数等级分布

省 份	$CCGI^{NK}$Ⅲ		$CCGI^{NK}$Ⅳ		$CCGI^{NK}$Ⅴ		$CCGI^{NK}$Ⅵ	
	公司数	比例(%)	公司数	比例(%)	公司数	比例(%)	公司数	比例(%)
北京市	—	—	21	1.81	53	4.56	3	0.26
天津市	—	—	3	0.26	17	1.46	1	0.09
河北省	—	—	8	0.69	21	1.81	1	0.09
山西省	1	0.09	4	0.34	16	1.38	1	0.09
内蒙古自治区	—	—	3	0.26	16	1.38	1	0.09
辽宁省	—	—	8	0.69	35	3.01	4	0.34

续表

吉林省	—	—	3	0.26	27	2.32	—	—
黑龙江省	—	—	1	0.09	20	1.72	4	0.34
上海市	—	—	28	2.41	85	7.31	4	0.34
江苏省	—	—	16	1.38	57	4.91	2	0.17
浙江省	—	—	21	1.81	39	3.36	2	0.17
安徽省	—	—	5	0.43	31	2.67	—	—
福建省	—	—	8	0.69	26	2.24	—	—
江西省	—	—	4	0.34	13	1.12	1	0.09
山东省	—	—	15	1.29	45	3.87	3	0.26
河南省	—	—	8	0.69	22	1.89	—	—
湖北省	—	—	11	0.95	38	3.27	1	0.09
湖南省	—	—	6	0.52	27	2.32	2	0.17
广东省	—	—	30	2.58	94	8.09	13	1.12
广西壮族自治区	—	—	4	0.34	16	1.38	1	0.09
海南省	—	—	1	0.09	15	1.29	2	0.17
重庆市	—	—	4	0.34	18	1.55	3	0.26
四川省	—	—	10	0.86	41	3.53	8	0.69
贵州省	—	—	3	0.26	9	0.77	—	—
云南省	—	—	4	0.34	14	1.20	1	0.09
西藏自治区	—	—	2	0.17	5	0.43	—	—
陕西省	—	—	—	—	20	1.72		
甘肃省	—	—	2	0.17	12	1.03	2	0.17
青海省	1	0.09	1	0.09	5	0.43	—	—
宁夏回族自治区	—	—	1	0.09	10	0.86		
新疆维吾尔自治区	—	—	3	0.26	15	1.29	—	—
合 计	2	0.17	238	20.48	862	74.18	60	5.16

资料来源：南开大学公司治理研究中心数据库。

2.5 中国上市公司治理100佳

本节将2007年评价样本中公司治理指数前100位的公司(100佳)与其他公司进

2.5 中国上市公司治理100佳

行比较,分析100佳中行业、控制权、地区的情况以及100佳公司的绩效。

2.5.1 上市公司治理100佳总体分析

如表2-12的描述性统计显示,100佳上市公司平均治理指数为63.72,100佳上市公司中最高治理指数为70.50,最低为61.90,极差为8.60。与表2-4的对比显示,100佳上市公司的各级治理指数的均值都明显高于总样本。

表2-12 上市公司治理指数100佳描述性统计

统计指标	公司治理评价总指数	股东治理评价指数	董事会治理评价指数	监事会治理评价指数	经理层治理评价指数	信息披露评价指数	利益相关者治理评价指数
均值	63.72	63.89	59.89	56.27	63.32	73.74	62.42
中位数	63.20	66.31	60.40	56.20	63.10	73.96	63.39
最小值	61.90	41.78	48.96	34.17	52.22	55.66	40.22
最大值	70.50	82.95	71.25	68.68	79.26	86.57	87.46
极差	8.60	41.17	22.29	34.51	27.04	30.92	47.24
标准差	1.89	7.26	5.09	5.89	5.06	5.16	9.25

资料来源:南开大学公司治理研究中心数据库。

2.5.2 上市公司治理100佳行业分布

表2-13的公司治理100佳行业分布表明,从绝对数量看,制造业所占数量最多,达63家;其次是交通运输、仓储业,有9家;传播与文化产业没有一家公司进入100佳。

表2-13 上市公司100佳的行业分布

行业	100佳			总样本	
	公司数	比例(%)	占行业比例(%)	公司数	比例(%)
农、林、牧、渔业	2	0.17	7.41	27	2.32
采掘业	1	0.09	5.26	19	1.64
制造业	63	5.42	9.47	665	57.23
电力、煤气及水的生产和供应业	6	0.52	11.76	51	4.39
建筑业	2	0.17	8.70	23	1.98
交通运输、仓储业	9	0.77	16.36	55	4.73
信息技术业	5	0.43	7.14	70	6.02
批发和零售贸易业	5	0.43	6.41	78	6.71

续表

金融保险业	1	0.09	12.50	8	0.69
房地产业	3	0.26	5.88	51	4.39
社会服务业	1	0.09	2.86	35	3.01
传播与文化产业	—	—	—	9	0.77
综合类	2	0.17	2.82	71	6.12
合 计	100	8.61	—	1162	100.00

资料来源：南开大学公司治理研究中心数据库。

2.5.3　上市公司治理100佳第一大股东性质分布

从绝对数量看，公司治理100佳的上市公司集中分布在国有控股中。100佳上市公司中，第一大股东性质为国有控股的上市公司有79家，其次是民营控股上市公司占20家，外资控股、集体控股、社会团体控股和职工持股会控股的上市公司没有一家进入100佳。

表2-14　上市公司100佳的第一大股东性质分布

控制人类型	100佳			总样本	
	公司数	比例(%)	占同类型比例(%)	公司数	比例(%)
国有控股	79	6.80	10.04	787	67.73
民营控股	20	1.72	5.93	337	29.00
外资控股	—	—	—	7	0.60
集体控股	—	—	—	10	0.86
社会团体控股	—	—	—	4	0.34
职工持股会控股	—	—	—	14	1.20
其他类型	1	0.09	33.33	3	0.27
合 计	100	8.61	—	1162	100.00

资料来源：南开大学公司治理研究中心数据库。

2.5.4　上市公司治理100佳地区分布

据表2-15的省区分布数量显示，在100佳的上市公司中，广东省有14家、上海市有13家、北京市有8家、浙江省有7家，黑龙江省、海南省、云南省、陕西省、甘肃省、宁夏回族自治区、新疆维吾尔自治区没有入选100佳的上市公司。

表2-15 上市公司100佳的地区分布

省 份	100佳			总样本	
	公司数	比例(%)	占同地区的比例(%)	公司数	比例(%)
北京市	8	0.69	10.39	77	6.63
天津市	3	0.26	14.29	21	1.81
河北省	4	0.34	13.33	30	2.58
山西省	3	0.26	13.64	22	1.89
内蒙古自治区	1	0.09	5.00	20	1.72
辽宁省	4	0.34	8.51	47	4.04
吉林省	2	0.17	6.67	30	2.58
黑龙江省	—	—	—	25	2.15
上海市	13	1.12	11.11	117	10.07
江苏省	4	0.34	5.33	75	6.45
浙江省	7	0.60	11.29	62	5.34
安徽省	2	0.17	5.56	36	3.10
福建省	5	0.43	14.71	34	2.93
江西省	1	0.09	5.56	18	1.55
山东省	6	0.52	9.52	63	5.42
河南省	4	0.34	13.33	30	2.58
湖北省	5	0.43	10.00	50	4.30
湖南省	2	0.17	5.71	35	3.01
广东省	14	1.20	10.22	137	11.79
广西壮族自治区	2	0.17	9.52	21	1.81
海南省	—	—	—	18	1.55
重庆市	1	0.09	4.00	25	2.15
四川省	5	0.43	8.47	59	5.08
贵州省	2	0.17	16.67	12	1.03
云南省	—	—	—	19	1.64
西藏自治区	1	0.09	14.29	7	0.60
陕西省	—	—	—	20	1.72

续表

甘肃省	—	—	—	16	1.38
青海省	1	0.09	14.29	7	0.60
宁夏回族自治区	—	—	—	11	0.95
新疆维吾尔自治区	—	—	—	18	1.55
合 计	100	8.61	8.61	1162	100.00

资料来源：南开大学公司治理研究中心数据库。

2.5.5 上市公司治理100佳公司绩效

公司治理100佳上市公司的财务状况、企业业绩指标的表现均好于样本中的其他上市公司。这意味着良好有效的公司治理机制，有助于改善上市公司的财务状况，提升上市公司的企业业绩和企业价值。如表2-16所示，治理100佳上市公司的主要财务指标的平均值均好于样本中其他上市公司的平均值。进一步的统计检验证实，在1%的显著性水平下，治理100佳上市公司的主要财务指标显著好于其他上市公司。

表2-16 上市公司治理100佳公司绩效与其他样本的比较

比较	统计量	每股收益（元）	每股净资产（元）	净资产收益率(%)	净资产增长率(%)	总资产增长率(%)	债务资产比率(%)
100佳	均值	0.49	3.79	10.83	43.99	31.47	47.45
其他样本	均值	0.30	2.89	8.37	34.57	28.67	64.39
总样本	均值	0.31	2.97	8.59	35.41	28.92	62.87

资料来源：南开大学公司治理研究中心数据库。

2.6 公司治理评价案例分析

2.6.1 公司治理最佳的三家公司分析

通过对三家最佳治理公司数据分析可以看出，两家公司治理总指数都在70以上。分指数中，除了监事会治理评价指数低于60外，其他分指数都在60以上，分指数最高的为盐湖钾肥的信息披露评价指数，为86.57，见表2-17。

表 2-17 公司治理最佳的三家公司治理指数

公司代码	公司简称	控股股东性质	行业	公司治理指数	股东治理评价指数	董事会治理评价指数	监事会治理评价指数	经理层治理评价指数	信息披露评价指数	利益相关者治理评价指数
000825	太钢不锈	国有控股	金属、非金属	70.50	82.90	65.50	51.20	79.26	72.79	68.43
000792	盐湖钾肥	国有控股	石油、化学、塑胶、塑料	70.01	65.50	69.82	56.20	68.45	86.57	66.34
600317	营口港	国有控股	交通运输、仓储业	69.47	77.50	71.25	47.80	66.56	75.42	75.33

资料来源：南开大学公司治理研究中心数据库。

2.6.2 公司治理较差三家公司分析

在三家治理较差的公司中，公司治理指数均低于46。分指数中，最高为ST科健的董事会治理评价指数，为59.54；最低为ST科健的利益相关者治理评价指数，为26.08。见表2-18。

表 2-18 公司治理较差的三家公司治理指数

公司代码	公司简称	控股股东性质	行业	公司治理指数	股东治理评价指数	董事会治理评价指数	监事会治理评价指数	经理层治理评价指数	信息披露评价指数	利益相关者治理评价指数
600139	绵阳高新	国有控股	信息技术业	43.66	43.70	54.69	47.80	51.66	30.99	28.77
000035	ST科健	国有控股	信息技术业	45.08	44.40	59.54	48.80	50.32	34.53	26.08
000693	聚友网络	国有控股	传播与文化产业	45.19	33.50	54.49	50.70	46.58	45.75	34.37

资料来源：南开大学公司治理研究中心数据库。

2.6.3 公司治理最佳与较差公司比较分析

通过比较三家最佳治理公司、三家较差治理公司以及总样本指数均值，我们不难发现，公司治理最佳的三家公司的总指数显著高于较差三家以及总样本的总指数，最佳与较差三家公司治理指数均值差异为28.03；六个分指数中，最佳与较差三家公司股东治理评价指数均值差异为32.69,最佳与较差三家公司董事会治理评价指数均值差异为4.8,最佳与较差三家公司监事会治理评价指数均值差异为8.89,最佳与较差三家公司经理层治理评价指数均值差异为24.86,最佳与较差三家公司信息披露评价指数均值差异为41.14,最佳与较差三家公司利益相关者治理评价指数均值差异为15.18,见表2-19。

表2-19 公司治理最佳与较差公司比较

均值	公司治理指数	股东治理评价指数	董事会治理评价指数	监事会治理评价指数	经理层治理评价指数	信息披露评价指数	利益相关者治理评价指数
最佳三家	72.67	73.22	61.04	57.99	74.38	78.23	44.92
较差三家	44.64	40.53	56.24	49.10	49.52	37.09	29.74
总样本	56.85	57.32	55.67	52.93	57.88	61.66	53.08

资料来源:南开大学公司治理研究中心数据库。

结 论 与 建 议

1.经过历年公司治理评价样本数据的比较和分析发现:中国上市公司整体治理水平呈现逐年提高的趋势。上市公司2007年的公司治理整体状况比上一年有一定程度的改善。治理状况较差公司的数量明显减少,质量有所提高,是上市公司整体治理质量提高的重要因素。

究其原因:一方面,监管机构强化上市公司的治理质量,加强监管的力度,促使上市公司进一步完善治理结构;另一方面,投资者对上市公司的治理质量的更高要求,促使上市公司改进自身的公司治理状况。从当前我国上市公司治理情况看,上市公司治理状况的一些改善是公司治理各因素的综合反映。

2.样本上市公司治理指数基本呈现正态分布趋势,但公司治理状况在不同纬度上的发展并不均衡。从历年数据看,股东行为进一步规范,公司间差距逐年缩小;董事会治理评价指数呈逐年上升趋势,作为公司治理核心的董事会建设得到加强;监事会治理状况明显提高;经理层治理状况不断改善;利益相关者治理指数略有提高,利益相关者问题逐步引起上市公司的关注。

但是,信息披露状况没有进一步改善,上市公司在自愿性披露方面没有根本性改观。从整体意义上说,上市公司急需走出从"合规"到"自主型治理"的瓶颈。

3.公司治理机制和治理水平可能受到行业因素的影响,上市公司行业之间的治理质量存在差异。同时,上市公司第一大股东最终控制人类型也可能对治理水平存在重要的影响。

4. 公司治理 100 佳上市公司的财务状况、企业业绩和企业价值指标的表现总体上好于样本中的其他上市公司,这意味着良好有效的治理结构和治理机制,有助于改善上市公司的财务状况,提升上市公司的企业业绩和企业价值。

附表　中国上市公司治理100佳

序号	公司代码	公司简称	公司治理指数	序号	公司代码	公司简称	公司治理指数
1	000825	太钢不锈	70.50	31	000989	九芝堂	64.07
2	000792	盐湖钾肥	70.01	32	600467	好当家	64.05
3	600317	营口港	69.47	33	600104	上海汽车	64.01
4	600143	金发科技	68.44	34	600529	山东药玻	63.89
5	600019	宝钢股份	68.43	35	002022	科华生物	63.88
6	600428	中远航运	68.42	36	002008	大族激光	63.87
7	000767	漳泽电力	67.61	37	000876	新希望	63.72
8	600761	安徽合力	67.11	38	600429	三元股份	63.68
9	600085	同仁堂	66.42	39	600135	乐凯胶片	63.57
10	600190	锦州港	66.32	40	600500	中化国际	63.55
11	000625	长安汽车	65.97	41	000912	泸天化	63.46
12	000488	晨鸣纸业	65.95	42	600189	吉林森工	63.42
13	000063	中兴通讯	65.88	43	600832	东方明珠	63.41
14	600309	烟台万华	65.50	44	600280	南京中商	63.39
15	600323	南海发展	65.30	45	000897	津滨发展	63.36
16	000778	新兴铸管	65.18	46	000729	燕京啤酒	63.32
17	600268	国电南自	65.17	47	600316	洪都航空	63.28
18	600357	承德钒钛	64.90	48	600048	保利地产	63.26
19	600030	中信证券	64.87	49	000823	超声电子	63.25
20	600820	隧道股份	64.67	50	600355	精伦电子	63.22
21	600310	桂东电力	64.57	51	600490	中科合臣	63.18
22	600592	龙溪股份	64.55	52	600312	平高电气	63.14
23	600098	广州控股	64.53	53	600121	郑州煤电	63.05
24	002007	华兰生物	64.32	54	600056	中技贸易	63.05
25	000666	经纬纺机	64.32	55	000969	安泰科技	63.02
26	600897	厦门空港	64.30	56	600282	南钢股份	63.02
27	600521	华海药业	64.23	57	600322	天房发展	62.96
28	600674	川投能源	64.17	58	600226	升华拜克	62.84
29	600597	光明乳业	64.15	59	000963	华东医药	62.77
30	600547	山东黄金	64.13	60	600724	宁波富达	62.75

续表

61	000723	天宇电气	62.73	81	600172	黄河旋风	62.27
62	600568	潜江制药	62.70	82	600498	烽火通信	62.23
63	600548	深高速	62.65	83	000589	黔轮胎A	62.21
64	600825	华联超市	62.62	84	000576	广东甘化	62.19
65	600525	长园新材	62.62	85	002025	航天电器	62.11
66	600550	天威保变	62.61	86	600368	五洲交通	62.07
67	000652	泰达股份	62.53	87	600184	新华光	62.04
68	600797	浙大网新	62.51	88	600326	西藏天路	62.04
69	600151	航天机电	62.49	89	600718	东软股份	62.03
70	600308	华泰股份	62.48	90	600630	龙头股份	62.03
71	600432	吉恩镍业	62.48	91	600875	东方电机	62.02
72	600436	片仔癀	62.47	92	600200	江苏吴中	62.00
73	600518	康美药业	62.44	93	000973	佛塑股份	62.00
74	600580	G卧龙	62.43	94	600675	中华企业	61.97
75	600755	厦门国贸	62.42	95	000157	中联重科	61.97
76	000731	四川美丰	62.41	96	000758	中色股份	61.95
77	000818	锦化氯碱	62.38	97	000852	江钻股份	61.94
78	002028	思源电气	62.33	98	000877	天山股份	61.92
79	600536	中国软件	62.32	99	600798	宁波海运	61.91
80	000850	华茂股份	62.27	100	600539	狮头股份	61.90

资料来源:南开大学公司治理研究中心数据库。

声明:本项研究是南开大学公司治理评价课题组开展的学术研究,无任何商业目的,不存在引导投资的目的或意图,投资者依据此评价结果进行投资或入市产生的风险自负。

第3章 股东治理评价

中国转轨时期经济的复杂性决定了上市公司控股股东行为的复杂性。控股股东的目标选择不再局限于对上市公司控制收益与成本的比较,而更多的是考虑集团整体利益。对于中国上市公司控股股东行为外部性的分析,控制权的范围要从上市子公司拓展到控股股东及其他关联公司甚至整个集团,体现为控股股东对集团资源的控制程度。

3.1 中国上市公司股东治理评价指标体系

3.1.1 中国上市公司股东行为特征分析

上市公司与其控股股东之间存在着种种关联,控股股东对上市公司的行为往往超越了上市公司的法人边界。从保护中小股东利益的视角来看,我们可以从四个层次来反映控股股东行为的外部性状况。

3.1.1.1 股东的平等待遇

遵循"资本多数"的原则,控股股东往往能够对股东大会加以控制。控股股东通过制定股东大会程序、股东参与条件来提高中小股东参加股东大会的成本,限制了中小股东的参与程度,难以保障所有股东得到足够和及时的信息。通过衡量股东大会的参与度、规范度,可以对控股股东是否存在影响股东大会的行为加以判断。

3.1.1.2 引发控股股东行为负外部性的体制性诱因

在我国国有企业股份制改造过程中,上市公司与其控股股东之间往往存在着"资产混同",模糊了上市公司的法人财产边界,为控股股东滥用上市公司资源、损害中小股东等其他利益相关者的利益创造了条件。上市公司相对于控股股东独立与否,可以反映出引发控股股东侵害小股东行为的体制性诱因程度。

3.1.1.3 控股股东行为负外部性的制约机制

各国对中小股东权益的保护,主要是通过在股东大会上强化中小股东对股东大会召集、提议等的影响力,来限制控股股东的权利。2002年中国证监会和国家经贸委联合颁布的《中国上市公司治理准则》在保护股东权益、平等对待所有股东方面,做出了一些原则性的规定,成为《公司法》的有益补充。保护中小股东的制度是否健全、是否得到有效的实施,可以衡量在上市公司中是否形成制约控股股东行为、降低负外部性的有效机制。

3.1.1.4 控股股东行为负外部性的现实表现

上市公司的控股股东通过调动各子公司、关联公司的资源,可以实现集团整体利益的最大化,各公司间的有机协调、资源的互补,也可以发挥整个集团的"联合经济效应";增强集团整体的竞争能力。但是,目前中国上市公司的控股股东存在着集团资源滥用的行为,体现在运营层面上时具有较强的负外部性,损害了中小股东的利益。

3.1.2 中国上市公司控股股东行为评价指标体系

基于对股东行为特征的分析,我们构建了中国上市公司控股股东行为评价指标体系,主要包括四个方面,见表3-1。

(1) 上市公司独立性指标。从人员、业务、财务、资产、机构等方面的独立性进行评价:第一,通过上市公司董事长是否在控股股东处兼职、是否与控股股东合用办公室、近三年是否出现过控股股东或其主管部门否决或阻挠上市公司人事任免或招聘的情况三个指标,来反映人员独立性情况;第二,通过在原材料采购中,从控股公司采购的原材料占上市公司原材料总采购额的比例,来判断业务独立性情况;第三,通过上市公司的财务部门是否接受控股股东的财务会计部门的领导和业务指导以及上市公司是否设有独立的银行账户两方面,来判断财务独立性情况;第四,通过上市公司是否租用控股股东或其他关联企业的辅助生产系统和配套设施、土地使用权、公司工业产权、非专利技术等指标,来判断资产独立性情况。

(2) 中小股东权益保护状况指标。本部分重点判断各上市公司的控股股东对中小股东法律、法规及原则的实施情况以及是否形成了有效维护中小股东权益的机制。将通过年度股东大会上,单独或合并持有公司有表决权股份总数5%以上的股东或监事会是否提出过临时提案,董事会是否能够将此提案列入会议议程的三级指标来反映。

(3) 关联交易状况指标。本部分通过控股股东与上市公司间是否存在同业竞争状况、控股股东是否无偿地占用上市公司的资金、上市公司是否为控股股东及其他关联方提供贷款担保、控股股东与上市公司间关联交易的定价依据是否受控股股东控制四个指标反映控股股东滥用关联交易的情况。

表 3-1 中国上市公司控股股东评价指标体系

一级指标	二级指标	三级指标	指标说明	评价标准
控股股东行为	关联交易状况	1. 同业竞争	评价上市公司与控股股东或其控股的其他关联单位的同业竞争状况	上市公司与关联单位属不同行业,无同业竞争
		2. 定价依据	从控股股东与上市公司间关联交易的定价依据,判断关联交易的规范性	上市公司应有明确的关联交易定价分析报告
		3. 资金占用	从控股股东是否无偿地占用上市公司的资金,来反映控股股东行为的外部性状况	无占用资金
		4. 贷款担保	从上市公司是否为控股股东及其他关联方提供担保,反映控股股东行为的外部性状况	不提供担保
	上市公司独立性	1. 人员独立性	衡量上市公司与控股股东是否存在人员的关联	独立
		2. 业务独立性	衡量上市公司与控股股东是否存在业务的关联	独立
		3. 财务独立性	衡量上市公司与控股股东是否存在财务的关联	独立
		4. 资产独立性	衡量上市公司与控股股东是否存在资产的关联	独立
	中小股东权益保护情况	1. 股东大会的参与性	衡量股东参与股东大会的状况	尽可能多的股东参与
		2. 股东大会的规范性	衡量股东大会的程序、评价股东参与股东大会状况	股东大会记录完整
		3. 临时提案	反映中小股东的意志得到充分重视的程度	存在

3.2 中国上市公司股东治理状况分析

我们的分析是围绕以下几个总体进行的:中国上市公司股东治理评价及其各分项指数;中国上市公司按行业分类的股东治理评价;中国上市公司按分布地区分类的股东

治理评价;中国上市公司按第一大股东性质分类的股东治理评价。我们假设这些总体理论上服从正态分布,并且样本公司的评价指数可以反映出各个总体的分布状况(有的样本集样本个数较少,但为了统一处理之便,我们仍以其代表总体状况)。

3.2.1 股东治理评价的整体描述和等级状况

利用专家评分、层次分析法确定上市公司股东治理评价的主因素和子因素的权重后,综合专家组的建议,我们确定上市公司股东治理评价的三个主因素为:关联交易状况($CCGI_{SH1}^{NK}$)、独立性($CCGI_{SH2}^{NK}$)以及中小股东权益保护状况($CCGI_{SH3}^{NK}$)(见表3-1)。再根据专家对三个主因素指标及其对应的子项评判打分,通过评判矩阵与一致性检验,得到各指标的权重(以 W_i 表示)。股东治理指数的计算公式如下所示:

$$CCGI_{SH}^{NK} = W_1 \times CCGI_{SH1}^{NK} + W_2 \times CCGI_{SH2}^{NK} + W_3 \times CCGI_{SH3}^{NK}$$

其中,$W_1 + W_2 + W_3 = 1$。

本次编制的上市公司治理指数的样本来源于2007年公开披露2006年年报的上市公司,根据信息完全以及不含异常数据两项样本筛选原则,我们最终确定的有效样本为1162家。样本公司的行业、地区和第一大股东性质构成见第2章。股东治理指数及其三项分指标的描述性统计情况如表3-2所示。

表3-2 样本公司股东治理指数描述性统计

	均值	中位数	最小值	最大值	极差	标准差	峰度	偏度
独立性	89.24	89.50	24.50	100.00	75.50	7.81	5.62	-1.39
中小股东权益保护	50.39	51.42	7.27	81.60	74.33	9.87	4.40	-1.34
关联交易	48.28	45.00	0.00	100.00	100.00	21.53	-0.76	-0.06
股东治理指数	57.32	57.92	26.58	82.95	56.37	8.99	-0.11	-0.42

资料来源:南开大学公司治理研究中心数据库。

2007年度1162家样本上市公司股东治理指数的平均值为57.32,中位数57.92,最小值为26.58,最大值为82.95,标准差为8.99,样本的最小值和最大值都在均值3倍标准差之内,表明股东评价结果不存在极端情况。峰度为-0.11,表明样本分布呈现出一定的平顶高峰趋势,偏度为-0.42,表明样本分布呈现出稍微的左偏趋势,但这种趋势都很小,并不妨碍我们将中国上市公司股东治理状况假设为是服从正态分布的。

上市公司股东治理评价指数值的等级划分是按照南开大学公司治理指数等级划分标准确定的,一共划分为6个级别。

$CCGI_{SH}^{NK}$ Ⅰ:股东治理指数 90—100;

$CCGI_{SH}^{NK}$ Ⅱ:股东治理指数 80—90;

$CCGI_{SH}^{NK}$ Ⅲ:股东治理指数 70—80;

$CCGI_{SH}^{NK}$ Ⅳ:股东治理指数 60—70;

$CCGI_{SH}^{NK}$ Ⅴ:股东治理指数 50—60;

$CCGI_{SH}^{NK}$ Ⅵ:股东治理指数 <50。

按照此分级标准,2007 年 1162 家上市公司样本的股东治理等级状况如表 3-3 所示。

表 3-3 样本公司股东治理评价的等级状况

股东治理评级	均值	中位数	标准差	数目	比例(%)
$CCGI_{SH}^{NK}$ Ⅰ	—	—	—	—	—
$CCGI_{SH}^{NK}$ Ⅱ	82.95	82.95	—	1	0.09
$CCGI_{SH}^{NK}$ Ⅲ	71.94	71.64	1.77	62	5.34
$CCGI_{SH}^{NK}$ Ⅳ	64.91	65.19	3.02	405	34.85
$CCGI_{SH}^{NK}$ Ⅴ	55.41	55.59	2.82	461	39.67
$CCGI_{SH}^{NK}$ Ⅵ	43.88	44.83	4.81	233	20.05

资料来源:南开大学公司治理研究中心数据库。

1162 家样本公司中,没有 1 家公司达到了 $CCGI_{SH}^{NK}$ Ⅰ 水平,达到 $CCGI_{SH}^{NK}$ Ⅱ 的公司只有 1 家,占总样本的 0.09%。大部分公司都集中在 $CCGI_{SH}^{NK}$ Ⅳ、$CCGI_{SH}^{NK}$ Ⅴ、$CCGI_{SH}^{NK}$ Ⅵ 水平,约占总样本公司的 94.57%。处于 $CCGI_{SH}^{NK}$ Ⅴ 等级的样本公司最多,达 461 家,占总样本的 39.67%。

1162 家样本公司的股东治理评价指数分布直方图见图 3-1。

3.2.2 股东治理评价的分类描述

3.2.2.1 按行业分类的股东治理状况描述

表 3-4 列出了按照国家行业分类标准分组的 13 个行业门类和制造业中 10 个行业大类的样本公司股东治理评价指数的描述性统计结果。在这些行业中,股东治理评价指数平均值最高的行业为制造业中的木材、家具业,均值为 63.64;而股东治理评价指数平均值最低的行业则是制造业中的其他制造业,均值为 51.54,相差达 12.10 之多,这说明各行业上市公司之间的股东治理状况还是存在着较大差距的。股东治理评

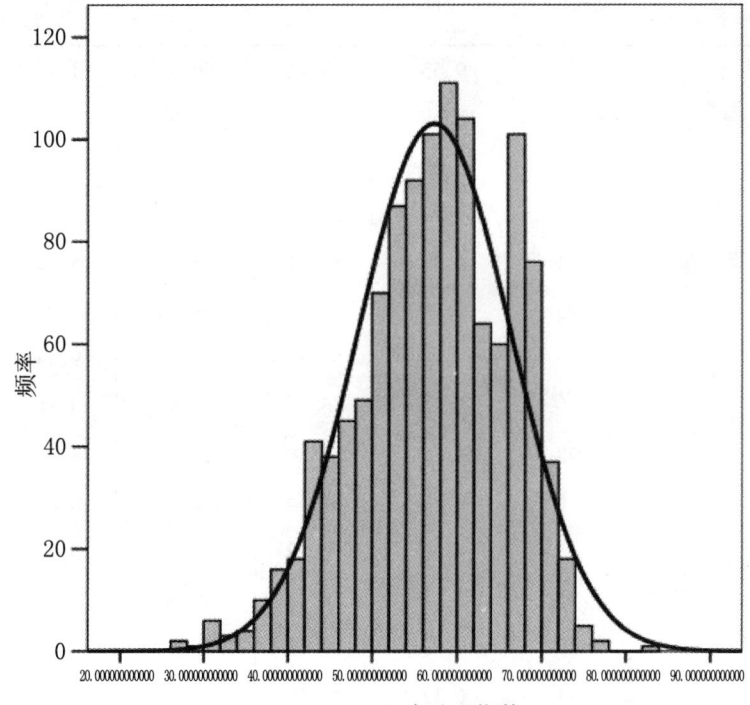

Mean=57.31633469297446
Std.Dev.=8.990769039620918
N=1162

图 3-1 股东治理指数（$CCGI_{SH}^{NK}$）分布直方图

价指数标准差最大的行业为传播与文化产业，10.58；而股东治理评价指数标准差最小的行业则为制造业门类当中的其他制造业，7.20，这说明有的行业内部上市公司之间的股东治理状况较为统一，而有的行业内部则差别较大。

表 3-4 按行业分组的样本公司股东治理评价指数描述性统计

行业门类、大类	数目	比例(%)	均值	中位数	标准差
农、林、牧、渔业	27	2.32	55.23	55.81	10.33
采掘业	19	1.64	61.39	61.99	8.76
制造业（合计）	665	57.23	57.47	58.27	8.88
其中：食品、饮料	53	4.56	58.30	59.39	8.79
纺织、服装、皮毛	47	4.04	56.66	58.08	7.66
木材、家具	2	0.17	63.64	63.64	7.58
造纸、印刷	22	1.89	56.66	58.11	9.02
石油、化学、塑胶、塑料	125	10.76	56.70	57.31	8.06
电子	40	3.44	57.74	58.40	10.47

续表

金属\非金属	111	9.55	58.74	60.34	9.55
机械、设备、仪表	181	15.58	58.31	59.01	8.45
医药、生物制品	72	6.20	55.53	56.94	9.82
其他制造业	12	1.03	51.54	50.93	7.20
电力、煤气及水的生产和供应业	51	4.39	58.41	58.98	8.02
建筑业	23	1.98	56.72	59.05	9.91
交通运输仓储业	55	4.73	59.89	59.70	9.33
信息技术业	70	6.02	56.55	57.55	9.74
批发和零售贸易业	78	6.71	57.89	57.07	8.31
金融保险业	8	0.69	61.54	65.29	10.21
房地产业	51	4.39	56.19	56.54	8.77
社会服务业	35	3.01	56.43	57.38	9.50
传播与文化产业	9	0.77	57.11	59.09	10.58
综合类	71	6.12	54.46	54.88	8.48
合 计	1162	100.00	57.32	57.92	8.99

资料来源:南开大学公司治理研究中心数据库。

表 3-5 列出了对各行业之间样本公司股东治理评价指数总体比较的 ANOVA 分析,可以看到显著性值为 0.03,低于 0.05,所以从整体上说,上市公司各行业之间的股东治理状况还是存在着显著差异的。

表 3-5 各行业股东治理评价指数的 ANOVA 分析结果

	平方和	自由度	均方	F 统计量	Sig.
组间	1832.679	12	152.723	1.907	0.030
组内	92015.511	1149	80.083		
合 计	93848.190	1161	—		

资料来源:南开大学公司治理研究中心数据库。

表 3-6 列出了各行业样本公司的股东治理评价指数在各个等级的数目和比例,从表中我们可以看到,股东治理指数达到 $CCGI_{SH}^{NK}$ II 的公司只有制造业的 1 家公司;达到 $CCGI_{SH}^{NK}$ III 的公司除农、林、牧、渔业及传播与文化产业外,其他行业都有;另外,每个行业都具有其他三个级别的公司。

3.2 中国上市公司股东治理状况分析

表3-6 各行业样本公司股东治理指数的等级分布

行业门类	$CCGI_{SH}^{NK}$ II 数目	比例(%)	$CCGI_{SH}^{NK}$ III 数目	比例(%)	$CCGI_{SH}^{NK}$ IV 数目	比例(%)	$CCGI_{SH}^{NK}$ V 数目	比例(%)	$CCGI_{SH}^{NK}$ VI 数目	比例(%)
农、林、牧、渔业	0	0.00	0	0.00	11	0.95	9	0.77	7	0.60
采掘业	0	0.00	2	0.17	9	0.77	6	0.52	2	0.17
制造业	1	0.09	33	2.84	244	21.00	259	22.29	128	11.02
电力、煤气及水的生产和供应业	0	0.00	3	0.26	19	1.64	23	1.98	6	0.52
建筑业	0	0.00	1	0.09	8	0.69	8	0.69	6	0.52
交通运输、仓储业	0	0.00	9	0.77	16	1.38	24	2.07	6	0.52
信息技术业	0	0.00	5	0.43	19	1.64	26	2.24	20	1.72
批发和零售贸易业	0	0.00	4	0.34	24	2.07	38	3.27	12	1.03
金融保险业	0	0.00	1	0.09	5	0.43	1	0.09	1	0.09
房地产业	0	0.00	2	0.17	17	1.46	21	1.81	11	0.95
社会服务业	0	0.00	1	0.09	12	1.03	13	1.12	9	0.77
传播与文化产业	0	0.00	0	0.00	4	0.34	4	0.34	1	0.09
综合类	0	0.00	1	0.09	17	1.46	29	2.50	24	2.07

资料来源：南开大学公司治理研究中心数据库。

3.2.2.2 按第一大股东性质分类的股东治理评价描述

我们将1162家样本上市公司，以2006年12月31为截止有效日公布的各家上市公司第一大股东最终控制人类型的性质不同，分为国有控股、民营控股、外资控股、集体控股、社会团体控股、职工持股会控股以及其他类型。

表3-7给出了按第一大股东性质分类的各组样本公司的股东治理评价指数统计指标。可以看到，在这些组中，样本数量最少的组是其他类型，只有3家公司。这3家公司在公布的年报和相关公开资料中不能明确识别第一大股东的最终控制人类型，所以我们将其定义为"其他类型"，由于样本量少，不具有统计上的可比性，我们只对其余六种分类进行比较和分析。根据表3-7的描述性统计结果，以样本公司的股东治理指数均值而言，社会团体控股的样本公司治理指数平均值最高，为60.62；外资控股的治理指数最低，为50.88。中国上市公司的主体仍为国有控股公司，国有控股样本公司的股东治理指数均值为57.84、中位数为58.40、标准差为9.07。

表3-7 按第一大股东性质分类的各类样本公司股东治理评价描述性统计

第一大股东性质	数目	比例(%)	均值	中位值	标准差
国有控股	787	67.73	57.84	58.40	9.07

续表

民营控股	337	29.00	56.19	57.07	8.64
外资控股	7	0.60	50.88	50.63	5.41
集体控股	10	0.86	58.01	59.25	11.21
社会团体控股	4	0.34	60.62	62.12	6.46
职工持股会控股	14	1.20	56.57	56.72	10.01
其他类型	3	0.27	58.88	59.22	13.66

资料来源:南开大学公司治理研究中心数据库。

表3-8列出了按第一大股东性质分类的各类样本公司股东治理评价指数总体比较的ANOVA分析,可以看到显著性值为0.054,低于0.1,所以整体上说,上市公司按第一大股东性质分类的各类公司的股东治理状况存在着显著差异。如果要探究这些类别之间股东治理的具体差异,我们就必须对各个类别样本公司的股东治理状况进行两两统计比较。

表3-8 各行业股东治理评价指数的ANOVA分析结果

	平方和	自由度	均方	F统计量	Sig.
组间	999.198	6	166.533		
组内	92848.992	1155	80.389	2.072	0.054
合 计	93848.190	1161	—		

资料来源:南开大学公司治理研究中心数据库。

表3-9列出了各类样本公司的股东治理评价指数在各个等级的数目和比例,从表中我们可以看到,股东治理指数达到$CCGI_{SH}^{NK}$II级别的样本公司只有第一大股东性质为国有控股的类别具有;达到$CCGI_{SH}^{NK}$III的样本公司也只有国有控股类、民营控股类和其他类具有;除外资控股类以外,其他类别均具有达到$CCGI_{SH}^{NK}$IV的样本公司;其余大部分样本公司都集中在$CCGI_{SH}^{NK}$V和$CCGI_{SH}^{NK}$VI等级。

表3-9 各类样本公司股东治理评价的等级分布

第一大股东性质	$CCGI_{SH}^{NK}$ II		$CCGI_{SH}^{NK}$ III		$CCGI_{SH}^{NK}$ IV		$CCGI_{SH}^{NK}$ V		$CCGI_{SH}^{NK}$ VI	
	数目	比例	数目	比例	数目	比例	数目	比例	数目	比例
国有控股	1	0.09	51	4.39	285	24.53	299	25.73	151	12.99
民营控股	0	0.00	10	0.86	107	9.21	147	12.65	73	6.28
外资控股	0	0.00	0	0.00	0	0.00	4	0.34	3	0.26
集体控股	0	0.00	0	0.00	5	0.43	4	0.34	1	0.09

续表

社会团体控股	0	0.00	0	0.00	3	0.26	1	0.09	0	0.00
职工持股会控股	0	0.00	0	0.00	5	0.43	5	0.43	4	0.34
其他类型	0	0.00	1	0.09	0	0.00	1	0.09	1	0.09

资料来源：南开大学公司治理研究中心数据库。

3.2.2.3 股东治理评价的分地区描述

在这一部分中，我们将2007评价样本，按照公司注册地的不同分为31个省（或直辖市、自治区）样本集，分析不同地区的样本公司股东治理指数的分布情况，从而比较中国上市公司地区之间的股东治理状况的差异。

表3-10列出了各省份样本公司股东治理指数的数字特征，从表中我们可以看到，样本公司较多的几个省份是广东省、上海市、北京市、江苏省、山东省和浙江省等经济比较发达的几个省市和地区，其样本数量分别为137、117、77、75、63和62家。股东治理指数平均值最高的三个省份分别是山西省、北京市和河南省，其平均值分别为64.28、61.23和60.19；股东治理指数平均值最低的三个省份分别是广东省、内蒙古自治区和青海省，其平均值分别为53.83、53.22和50.05，均值最高的省份和均值最低的省份相差14.23。股东治理指数标准差最高的省份是青海省，其标准差为12.14；最低的省份是西藏自治区，其标准差为4.45。

表3-10 各省份样本公司股东治理指数的统计特征

省 份	数目	比例(%)	均值	中位值	标准差
安徽省	36	3.10	56.46	57.51	8.10
北京市	77	6.63	61.23	62.92	8.50
福建省	34	2.93	56.75	57.82	8.91
甘肃省	16	1.38	57.99	58.71	8.39
广东省	137	11.79	53.83	53.95	9.54
广西壮族自治区	21	1.81	57.09	60.66	10.92
贵州省	12	1.03	60.02	60.83	9.86
海南省	18	1.55	57.43	58.42	8.40
河北省	30	2.58	58.47	57.91	7.51
河南省	30	2.58	60.19	61.06	9.06
黑龙江省	25	2.15	55.56	53.96	8.88
湖北省	50	4.30	56.81	57.42	8.90
湖南省	35	3.01	55.52	56.35	9.72
吉林省	30	2.58	58.61	58.63	8.58

续表

江苏省	75	6.45	57.09	57.88	9.43
江西省	18	1.55	58.59	59.36	8.19
辽宁省	47	4.04	57.99	57.47	9.22
内蒙古自治区	20	1.72	53.22	55.02	9.52
宁夏回族自治区	11	0.95	59.40	58.68	7.42
青海省	7	0.60	50.05	48.23	12.14
山东省	63	5.42	58.08	58.58	9.20
山西省	22	1.89	64.28	66.23	8.79
陕西省	20	1.72	55.60	57.67	10.91
上海市	117	10.07	58.21	57.86	7.35
四川省	59	5.08	57.98	59.96	8.82
天津市	21	1.81	56.71	58.28	8.45
西藏自治区	7	0.60	59.17	57.09	4.45
新疆维吾尔自治区	18	1.55	55.99	57.19	8.84
云南省	19	1.64	57.90	57.66	8.44
浙江省	62	5.34	55.59	55.76	7.69
重庆市	25	2.15	58.92	61.10	8.71

资料来源:南开大学公司治理研究中心数据库。

表 3-11 给出了各省份样本公司股东治理指数的 ANOVA 分析结果,可以看到显著性值低于 0.001,即各省份的样本公司在股东治理指数上存在着显著差异,从而我们推断出各省份上市公司的股东治理状况存在着显著差异。

表 3-11　各省份样本公司股东治理指数的 ANOVA 分析结果

	平方和	自由度	均方	F 统计量	Sig.
组间	5924.882	30	197.496		
组内	87923.308	1131	77.739	2.540	0.000
合　计	93848.190	1161	—		

资料来源:南开大学公司治理研究中心数据库。

表 3-12 给出了各省份样本公司股东治理指数的等级分布概况。在所有省份中,样本公司股东治理指数达到 $CCGI_{SH}^{NK}$ II 的省份只有辽宁省。样本公司中股东治理指数达到 $CCGI_{SH}^{NK}$ III 的省份有 22 个,除甘肃省、广西壮族自治区、吉林省、内蒙古自治区、青海省、天津市、西藏自治区、新疆维吾尔自治区、重庆市以外,其他省市或自治区都有股

东治理指数达到 $CCGI_{SH}^{NK}\text{III}$ 的上市公司。西藏自治区不存在公司治理指数处于 $CCGI_{SH}^{NK}\text{VI}$ 的上市公司,其他所有省份大部分的样本都处于后三个等级,而且处于后三个等级的样本数目基本与各省份的样本总数成比例。

表3-12 各省份样本公司股东治理指数的等级分布

省份	$CCGI_{SH}^{NK}\text{II}$		$CCGI_{SH}^{NK}\text{III}$		$CCGI_{SH}^{NK}\text{IV}$		$CCGI_{SH}^{NK}\text{V}$		$CCGI_{SH}^{NK}\text{VI}$	
	数目	比例(%)	数目	比例(%)	数目	比例(%)	数目	比例(%)	数目	比例(%)
安徽省	0	0.00	2	0.17	9	0.77	18	1.55	7	0.60
北京市	0	0.00	6	0.52	43	3.70	18	1.55	10	0.86
福建省	0	0.00	2	0.17	10	0.86	18	1.55	4	0.34
甘肃省	0	0.00	0	0.00	7	0.60	7	0.60	2	0.17
广东省	0	0.00	4	0.34	31	2.67	58	4.99	44	3.79
广西壮族自治区	0	0.00	0	0.00	12	1.03	6	0.52	3	0.26
贵州省	0	0.00	2	0.17	4	0.34	3	0.26	3	0.26
海南省	0	0.00	1	0.09	5	0.43	8	0.69	4	0.34
河北省	0	0.00	1	0.09	12	1.03	15	1.29	2	0.17
河南省	0	0.00	5	0.43	13	1.12	8	0.69	4	0.34
黑龙江省	0	0.00	2	0.17	6	0.52	7	0.60	10	0.86
湖北省	0	0.00	4	0.34	13	1.12	21	1.81	12	1.03
湖南省	0	0.00	1	0.09	14	1.20	11	0.95	9	0.77
吉林省	0	0.00	0	0.00	13	1.12	11	0.95	6	0.52
江苏省	0	0.00	6	0.52	23	1.98	32	2.75	14	1.20
江西省	0	0.00	2	0.17	6	0.52	7	0.60	3	0.26
辽宁省	1	0.09	5	0.43	14	1.20	20	1.72	8	0.69
内蒙古自治区	0	0.00	0	0.00	4	0.34	11	0.95	5	0.43
宁夏回族自治区	0	0.00	1	0.09	4	0.34	5	0.43	1	0.09
青海省	0	0.00	0	0.00	2	0.17	1	0.09	4	0.34
山东省	0	0.00	4	0.34	20	1.72	30	2.58	9	0.77
山西省	1	0.09	4	0.34	12	1.03	4	0.34	2	0.17
陕西省	0	0.00	1	0.09	5	0.43	8	0.69	6	0.52
上海市	0	0.00	5	0.43	45	3.87	51	4.39	16	1.38
四川省	0	0.00	2	0.17	26	2.24	20	1.72	11	0.95
天津市	0	0.00	0	0.00	7	0.60	10	0.86	4	0.34
西藏自治区	0	0.00	0	0.00	3	0.26	4	0.34	0	0.00
新疆维吾尔自治区	0	0.00	0	0.00	7	0.60	5	0.43	6	0.52
云南省	0	0.00	1	0.09	8	0.69	7	0.60	3	0.26
浙江省	0	0.00	2	0.17	13	1.12	32	2.75	15	1.29
重庆市	0	0.00	0	0.00	14	1.20	5	0.43	6	0.52

资料来源:南开大学公司治理研究中心数据库。

3.2.3 股东治理评价主要项目分析

在这一节,我们将详细分析合成股东治理评价指数的各项原始指标。这些指标主要包括:在控股股东公司兼职的董事比例、是否租用控股股东及相关单位的资产、股东大会是否施行累积投票制、每股现金股利、参加股东大会的表决权比例、控股股东占用上市公司资金状况、上市公司为控股股东提供担保状况等。

3.2.3.1 兼职董事比例

上市公司董事在控股股东公司兼职被认为是上市公司缺乏独立性的表现,这是因为控股股东公司可以通过其安置在上市公司内的兼职董事影响上市公司的决策,从而导致上市公司做出有利于控股股东公司而不利于其他股东的行为。所以,上市公司董事会中在控股股东公司兼职的董事越多,上市公司的独立性就越差;反之就越好。表3-13给出了兼职董事比例的描述性统计分析。从表中我们可以看出,完全没有兼职董事的公司有149家,占总样本的12.82%;全部董事都在控股股东公司兼职的公司只有2家,占总样本的0.17%;兼职董事比例大于80%的公司也很少,仅有3家,占总样本的0.26%;另外,大部分样本公司都集中在20%到40%之间,有436家之多,占总样本的37.52%。整体来看,随着公司治理改革的逐步推进,董事会兼职比例正在逐年降低。

表3-13 在控股股东公司兼职的董事比例

项 目	代码	数目	比例(%)
无兼职董事	0	149	12.82
兼职的董事比例<20%	1	290	24.96
20%≤兼职的董事比例<40%	2	436	37.52
40%≤兼职的董事比例<60%	3	247	21.26
60%≤兼职的董事比例<80%	4	35	3.01
80%≤兼职的董事比例<100%	5	3	0.26
全部兼职	6	2	0.17
总 计	—	1162	100.00

资料来源:南开大学公司治理研究中心数据库。

3.2.3.2 租用控股股东公司资产状况

上市公司租用控股股东及其关联单位的辅助生产系统和配套系统、租用控股股东及其关联单位的工业产权和非专利技术以及租用控股股东及其关联单位的注册商标同样被视为是缺乏独立性的表现,这表示上市公司在资产方面与控股股东没有完全分开。

表3-14、表3-15、表3-16给出了上述三个方面的租用状况,0表示没有租用,1表示租用。从表中可以看出,租用了控股股东及其关联单位生产系统和配套系统的公司仅有47家,占总样本的4.08%;租用了控股股东及其关联单位工业产权和非专利技术的公司仅有7家,占总样本的0.60%;租用了控股股东及其关联单位注册商标的公司仅有44家,占总样本的3.84%。这说明,整体来看,在资产租用方面,上市公司与控股公司的关联度非常低,绝大部分上市公司与控股股东及其关联单位在资产方面非常独立。同时也表明,随着公司治理改革的逐步推进,上市公司在资产方面的独立性趋于相同。

表3-14 生产系统租用状况

项目	代码	数目	比例(%)
没有租用	0	1115	95.92
租用	1	47	4.08
合计	—	1162	100.00

资料来源:南开大学公司治理研究中心数据库。

表3-15 工业产权租用状况

项目	代码	数目	比例(%)
没有租用	0	1155	99.40
租用	1	7	0.60
合计	—	1162	100.00

资料来源:南开大学公司治理研究中心数据库。

表3-16 注册商标租用状况

项目	代码	数目	比例(%)
没有租用	0	1118	96.16
租用	1	44	3.84
合计	—	1162	100.00

资料来源:南开大学公司治理研究中心数据库。

3.2.3.3 现金股利状况

在现有的公司治理文献中,上市公司不进行现金股利分红被认为是缺乏中小股东权益保护的表现,而分红太多则有通过"隧道效应"转移上市公司资产的嫌疑,同样被认为是侵害了中小股东的权益。表3-17给出了当年上市公司的现金股利分红状况。从表中可以看出,完全不分红的公司有540家,占总样本的46.47%;分红达到0.8元以上的公司也较少,仅有5家,占总样本的比例也很低;大部分样本公司的分红金额集中在0.4元以下,有将近600家样本,占总样本的近50%。这表明大部分上市公司当年没有现金分红,即使有数额也不高。

表 3-17 现金股利状况

项 目	代码	数目	比例(%)
无现金股利	0	540	46.47
每股现金股利金额<0.2元	1	419	36.06
0.2元≤每股现金股利金额<0.4元	2	159	13.68
0.4元≤每股现金股利金额<0.6元	3	33	2.84
0.6元≤每股现金股利金额<0.8元	4	6	0.52
0.8元≤每股现金股利金额<1元	5	3	0.26
每股现金股利金额≥1元	6	2	0.17
总 计	—	1162	100.00

资料来源:南开大学公司治理研究中心数据库。

3.2.3.4 股东大会参与状况

股东大会是上市公司的最高权力机构,股东大会的参与状况直接反映上市公司股东治理的质量。良好的股东治理意味着股东大会的参与比例较高,尤其是那些有表决权的股东或者其代表的参与比例。所以,参加股东大会的代表所代表的有表决权的股权比例越高,股东治理状况就越好;反之就越差。表 3-18 给出了上市公司有表决权股权的股东或者其代表在当年正式股东大会上的参与状况。从表中可以看出,具有表决权的股份全部参加股东大会的情况很少,有 59 家公司,占总样本的 5.08%;低于 20%的表决权参加股东大会的情况也非常少,有 34 家公司,占总样本的 2.92%;大部分上市公司股东大会上有表决权的股权出席比例介于 20%到 80%之间,约有 1000 家。这说明,从整体上说,我国上市公司的股东大会参与状况处于中上水平。

表 3-18 有表决权的股份参与股东大会状况

项 目	代码	数目	比例(%)
参与比例=0	0	2	0.17
参与比例<20%	1	32	2.75
20%≤参与比例<40%	2	140	12.05
40%≤参与比例<60%	3	399	34.34
60%≤参与比例<80%	4	465	40.02
80%≤参与比例<100%	5	65	5.59
参与比例=100%	6	59	5.08
总 计	—	1162	100.00

资料来源:南开大学公司治理研究中心数据库。

3.2.3.5 股东大会投票制度

累积投票制度,是指股东在股东大会选举董事或者监事时,其所持的每一股份都拥有与股东大会拟选举的董事或者监事数量相等的投票权,股东既可把全部投票权集中选举一人,亦可分散选举数人,最后按得票多少决定当选董事或监事。上市公司股东大会采取累积投票制度有利于保护中小股东的合法权益,所以我们用上市公司股东大会是否采用了累积投票制度来衡量上市公司对中小股东的保护状况。表3-19给出了这一指标的统计状况。从表中我们可以看到,仅有130家上市公司采用了累积投票制度,占总样本的11.19%,说明累积投票制度在我国上市公司中还没有普及。

表3-19 累积投票制度采用状况

项 目	代码	数目	比例(%)
没有采用	0	1032	88.81
采用	1	130	11.19
合 计	—	1162	100.00

资料来源:南开大学公司治理研究中心数据库。

3.2.3.6 控股股东占用上市公司资金状况

控股股东无偿占用上市公司资金是损害上市公司其他股东权益的一种表现,控股股东占用上市公司的资金越多,显然股东治理的质量就越差,反之就越好,所以我们以控股股东占用上市公司资金的总额来衡量这一状况。表3-20给出了该项指标的描述性统计。从表中可以看到,没有资金占用的上市公司有638家,占总样本的一半以上;资金占用达10亿元以上的公司有15家,介于1亿元到10亿元之间的公司有114家,介于1000万元到1亿元之间的公司有180家,低于1000万元的公司有215家。整体上看,上市公司的资金占用状况较好,只有少数公司资金占用较高。

表3-20 控股股东占用上市公司资金状况

项 目	代码	数目	比例(%)
控股股东未占用上市公司资金	0	638	54.91
控股股东占用上市公司资金总额<1000万元	1	215	18.50
1000万元≤控股股东占用上市公司资金总额<1亿元	2	180	15.49
1亿元≤控股股东占用上市公司资金总额<10亿元	3	114	9.81
10亿元≤控股股东占用上市公司资金总额	4	15	1.29
总 计	—	1162	100.00

资料来源:南开大学公司治理研究中心数据库。

3.2.3.7 上市公司为控股股东提供担保状况

上市公司资金为其控股股东提供资金担保也被看作是损害上市公司其他股东权益的一种表现,上市公司为其控股股东提供担保的金额越高,显然股东治理的质量就越差,反之就越好,所以我们以上市公司为其控股股东提供资金担保的总额来衡量这一状况。表3-21给出了该项指标的描述性统计。从表中可以看到,没有为控股股东提供资金担保的上市公司有706家,占总样本的一半以上;担保资金达10亿元以上的公司有11家,介于1亿元到10亿元之间的公司有189家,介于1000万元到1亿元之间的公司有219家,低于1000万元的公司有37家。从整体上看,上市公司的为控股股东提供担保状况较好,只有少数公司担保资金较高。

表3-21 为控股股东提供资金担保状况

项 目	代码	数目	比例(%)
零担保	0	706	60.76
为控股股东提供资金担保总额<1000万元	1	37	3.18
1000万元≤为控股股东提供资金担保总额<1亿元	2	219	18.85
1亿元≤为控股股东提供资金担保总额<10亿元	3	189	16.27
10亿元≤为控股股东提供资金担保总额	4	11	0.94
总 计	—	1162	100.00

资料来源:南开大学公司治理研究中心数据库。

3.3 中国上市公司股东治理评价100佳

3.3.1 上市公司股东治理100佳整体状况

在这一部分中,我们将1162家样本公司中股东治理指数排名前100的公司单独抽取出来进行分析,考察它们所在行业、地区以及他们第一大控股股东的属性。本章后面的附表列出了股东治理评价100家样本公司的名次、股票代码、公司简称、股东治理指数。

表3-22是股东治理100佳公司股东治理指数以及各分项指标的描述性统计结果。我们可以看到,100佳公司各项指标的均值和中位数显著高于总样本。但是,从峰度和偏度上看,100佳公司股东治理指数的分布已经偏离了正态分布,所以本部分的统计分析,采取了非参数的统计检验方法。

表3-22 股东治理100佳公司各项指标统计结果

	最小值	最大值	极差	均值	中位数	标准差	峰度	偏度
独立性	60.83	100.00	39.17	81.29	80.56	6.54	1.33	-0.65
中小股东权益保护	42.86	81.60	38.75	57.09	55.94	6.71	2.99	1.39
关联交易	60.00	100.00	40.00	80.00	85.00	7.39	0.07	-0.44
股东治理指数	68.79	82.95	14.16	71.09	70.28	2.23	7.61	2.18

资料来源:南开大学公司治理研究中心数据库。

3.3.2 股东治理100佳公司的行业分布状况

表3-23列出了股东治理100佳公司在各个行业的分布情况。从表中可以看到,制造业样本公司中进入100佳的公司最多,有55家。从各行业100佳个数占行业样本公司总数的比例上看,最高的是金融、保险业,达到了25.00%;其次是采掘业和交通运输、仓储业,分别是21.05%和20.00%;而农、林、牧、渔业样本中没有入围股东治理100佳的公司。

表3-23 股东治理100佳的行业分布

行业门类	100佳个数	行业中样本个数	100佳所占比例(%)
农、林、牧、渔业	0	27	0.00
采掘业	4	19	21.05
制造业	55	665	8.27
电力、煤气及水的生产和供应业	5	51	9.80
建筑业	2	23	8.70
交通运输、仓储业	11	55	20.00
信息技术业	7	70	10.00
批发和零售贸易业	7	78	8.97
金融、保险业	2	8	25.00
房地产业	3	51	5.88
社会服务业	2	35	5.71
传播与文化产业	1	9	11.11
综合类	1	71	1.41

资料来源:南开大学公司治理研究中心数据库。

3.3.3 股东治理100佳公司的控股股东性质

表3-24给出了股东治理100佳公司第一大股东性质的分布状况。可以看到,外资控股、集体控股和社会团体控股类型的样本公司没有进入100佳的。国有控股公司进入100佳的最多,然而其样本个数基数比较大,仅有10.29%的公司入围100佳。

表3-24 股东治理100佳公司第一大股东性质的分布状况

第一大股东性质	100佳个数	样本个数	比例(%)
国有控股	81	787	10.29
民营控股	17	337	5.04
外资控股	0	7	0.00
集体控股	0	10	0.00
社会团体控股	0	4	0.00
职工持股会控股	1	14	7.14
其他类型	1	3	33.33

资料来源:南开大学公司治理研究中心数据库。

3.3.4 股东治理100佳公司的地区分布

表3-25给出了股东治理100佳公司的地区分布状况。可以看到,广东省、内蒙古自治区、青海省、西藏自治区和新疆维吾尔自治区没有一家公司进入股东治理100佳。进入100佳数量最多的五个省市是北京市、上海市、江苏省、山西省和山东省,其入选比例分别是14.29%、7.69%、10.67%、36.36%、11.11%。

表3-25 股东治理100佳公司的地区分布

省份	100佳个数	样本个数	比例(%)
安徽省	2	36	5.56
北京市	11	77	14.29
福建省	2	34	5.88
广东省	0	16	0.00
广东省	5	137	3.65
广西壮族自治区	1	21	4.76
贵州省	3	12	25.00
海南省	1	18	5.56

续表

河北省	1	30	3.33
河南省	6	30	20.00
黑龙江省	3	25	12.00
湖北省	5	50	10.00
湖南省	2	35	5.71
吉林省	2	30	6.67
江苏省	8	75	10.67
江西省	2	18	11.11
辽宁省	6	47	12.77
内蒙古自治区	0	20	0.00
宁夏回族自治区	1	11	9.09
青海省	0	7	0.00
山东省	7	63	11.11
山西省	8	22	36.36
陕西省	3	20	15.00
上海市	9	117	7.69
四川省	5	59	8.47
天津市	1	21	4.76
西藏自治区	0	7	0.00
新疆维吾尔自治区	0	18	0.00
云南省	1	19	5.26
浙江省	3	62	4.84
重庆市	2	25	8.00

资料来源：南开大学公司治理研究中心数据库。

3.3.5 股东治理100佳公司的绩效分析

表3-26给出了100佳公司与其余的1062家样本公司财务指标的比较分析结果，可以看到100佳公司各项财务指标的均值和中位数都显著区别于其余1062家样本公司财务指标的均值和中位数，Man-Whitney检验的显著性全部小于0.01，这说明股东治理100佳公司的财务指标全部优于其余1062家公司的财务状况。也就是说，上市公司的股东治理状况越好，财务绩效就越好。

表 3-26 100 佳公司与剩余 1062 家样本公司财务指标比较的非参数检验结果

财务指标	均值		中位数		Man-Whitney Test Sig.
	100 佳	非 100 佳	100 佳	非 100 佳	
每股收益(摊薄净利润)	0.34	-0.05	0.29	0.12	0.000
每股净资产	3.17	2.36	3.19	2.38	0.000
每股主营业务收入	7.27	4.47	4.51	3.23	0.007
净资产收益率(净利润)	0.11	0.03	0.10	0.06	0.000
资产收益率	0.04	-0.63	0.04	0.02	0.000
净利润率	0.07	-1.08	0.05	0.03	0.015
债务资产比率	0.50	1.49	0.47	0.55	0.003

资料来源:南开大学公司治理研究中心数据库。

3.4 股东治理评价案例分析

3.4.1 股东治理评价最佳的五家公司

股东治理评价最佳的五家公司从高到低依次是太钢不锈(000825)、营口港(600317)、外运发展(600270)、中材国际(600970)和双汇发展(000895),除太钢不锈在深市上市以外,其余均为沪市 A 股上市公司。其中,营口港和外运发展均属交通运输、仓储业,其余三家公司分别属于金属、非金属业、建筑业和食品、饮料业。五家公司在独立性、中小股东权益保护、关联交易三个维度的表现如图 3-2 所示。

表 3-27 股东治理评价最佳五家公司基本状况表

股票代码	公司简称	股东治理评价指数	独立性	中小股东权益保护	关联交易	行业	省份	最终控制人类型
000825	太钢不锈	82.95	89.00	67.87	95.00	金属、非金属业	山西省	国有控股
600317	营口港	77.47	66.79	60.27	100.00	交通运输、仓储业	辽宁省	国有控股
600270	外运发展	77.21	79.00	68.53	85.00	交通运输、仓储业	北京市	国有控股
600970	中材国际	75.27	79.58	63.38	85.00	建筑业	江苏省	国有控股
000895	双汇发展	75.19	84.44	80.76	65.00	食品、饮料	河南省	国有控股

资料来源:南开大学公司治理研究中心数据库。

3.4 股东治理评价案例分析 53

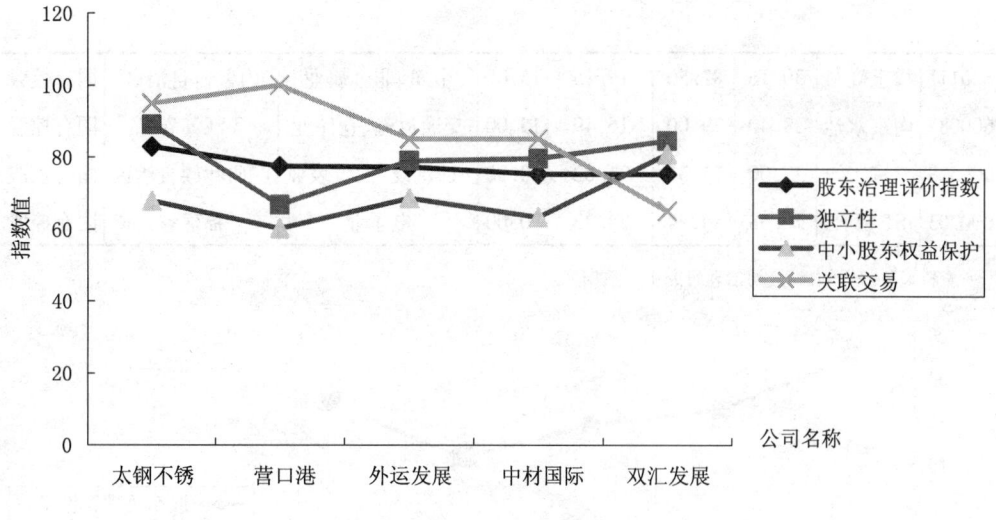

图 3-2 股东治理最佳的五家公司

具体来看,在独立性得分上,五家公司均没有租用其控股股东及其关联单位的辅助生产系统和配套系统、工业产权和非专利技术以及注册商标等资产,也没有任何董事在其控股股东公司兼职。

在中小股东权益保护得分上,五家公司都没有在股东大会上采取累积投票制度;当年五家公司都进行了现金股利分红;在年度股东大会上,五家公司出席股东大会的具有表决权的股权比例均在60%左右。

在关联交易得分上,五家公司均既没有来自控股股东单位的资金占用,也没有为其控股股东及其关联单位提供资金担保。

3.4.2 股东治理评价最差的五家公司

股东治理评价最差的五家公司从高到低依次为农产品(000061)、稀土高科(600111)、南京水运(600087)、柳工(000528)、ST福日(600203)。其中农产品和柳工为深市上市公司,其余三家为沪市上市公司。五家公司分属五个不同的行业、五个不同的省市自治区,但都属于国有控股企业。它们在独立性、中小股东权益保护和关联交易维度的表现如图3-3所示。

表 3-28 股东治理评价最差五家公司基本状况表

股票代码	公司简称	股东治理评价指数	独立性	中小股东权益保护	关联交易	行　业	省　份	最终控制人类型
000061	农产品	30.81	94.62	9.72	20.00	批发和零售贸易业	广东省	国有控股

续表

600111	稀土高科	30.16	82.50	19.15	15.00	金属、非金属业	内蒙古自治区	国有控股
600087	南京水运	28.40	79.00	16.49	15.00	交通运输、仓储业	江苏省	国有控股
000528	柳工	27.00	71.33	21.82	10.00	机械、设备、仪表业	广西壮族自治区	国有控股
600203	ST福日	26.58	84.44	24.23	0.00	电子业	福建省	国有控股

资料来源：南开大学公司治理研究中心数据库。

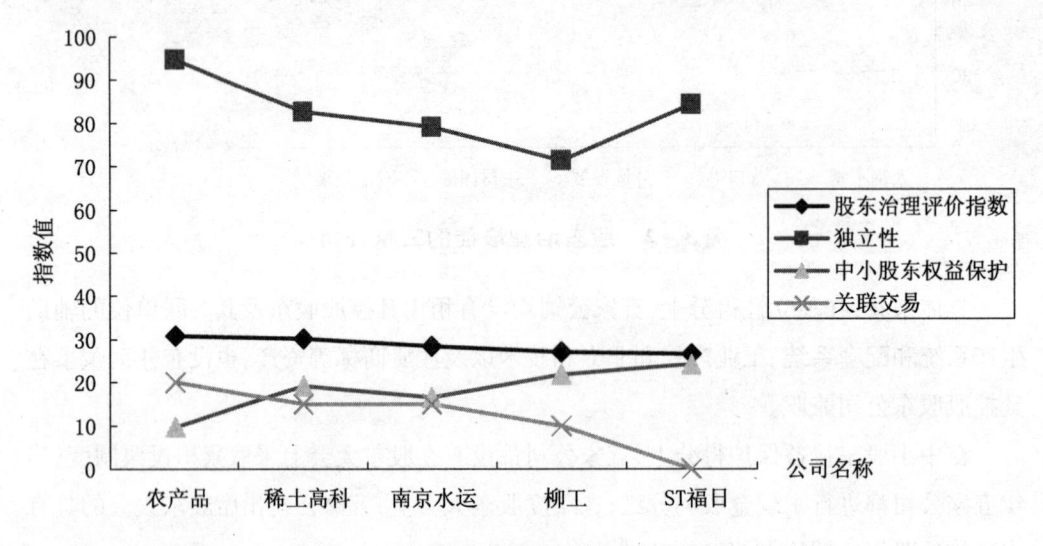

图 3-3 股东治理最差的五家公司

具体来看，在独立性方面，五家公司的表现并不太差，均没有租赁其控股股东及其关联单位的辅助生产系统及配套系统、工业产权和非专利技术以及注册商标等资产，但五家公司在控股股东单位兼职的董事却各有 7 人或 8 人，董事会中的非独立董事几乎全部在控股股东公司兼职。

在中小股东权益保护方面，五家公司的年度股东大会均没有采用累积投票制度，当年也没有现金股利分红，股东大会上有表决权股权的参与比例都在 20% 左右。

在关联交易方面，五家公司均有来自控股股东或其关联单位 1 亿元左右的资金占用，并且为控股股东或其关联方提供了资金担保。

3.4.3 最佳与最差公司之间的比较

图 3-4 是股东治理最佳的五家上市公司和股东治理最差的五家公司之间的比较。从图中可以看出，在独立性维度，股东治理最好的五家公司与最差的五家公司之间并不存在显著差异。它们之间的差异主要体现在中小股东权益保护方面和关联交易方面。

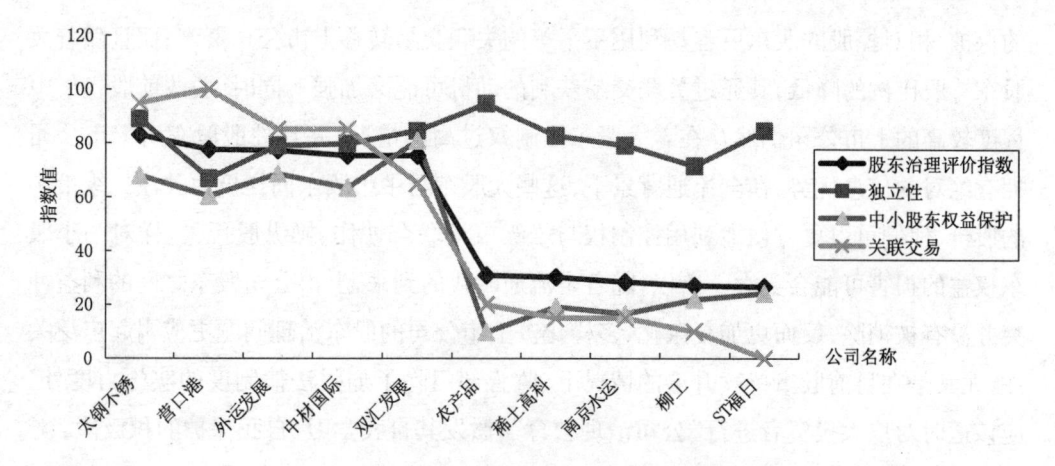

图 3-4 股东治理最佳和最差公司的比较

结 论 与 建 议

1. 上市公司的股东治理状况存在着逐年"累积效应"。也就是说，上一年股东治理状况的变化量会积极地影响下一年股东治理状况，并且从整体上来看，我国上市公司总体的股东治理状况呈现出逐年微量提高的趋势；同时，上市公司间股东治理质量的差异开始缩小，总体的股东治理质量倾向于向中上等水平集中。

2. 采掘业，电力、煤气及水的生产和供应业，制造业中的金属、非金属大类，交通运输、仓储业以及金融、保险行业的股东治理状况表现较好。造成这一现象的原因可能是这些行业的样本公司在中小股东权益保护方面做得比较好，这些行业样本公司的中小股东在近几年内连续获得分红，参与股东大会的积极性明显高于其他行业样本上市公司的中小股东。其次，这些行业的样本公司在关联交易方面也比较规范，基本上不存在母公司对其资金的占用，也不存在向母公司提供担保的情况。

3. 国有控股上市公司的股东治理评价稳定地好于民营控股上市公司，这主要是由于国有控股上市公司在中小股东权益保护方面优于民营上市公司。

4. 北京市、天津市、上海市、浙江省等几个沿海经济较发达的省份的股东治理状况显著高于其他省份；西北、西南等欠发达省份的股东治理状况处于一个较低的水平；上市公司股东治理状况在很大程度上也受该公司所处地区的经济发展水平影响。

5. 在股权分置改革后，上市公司的独立性可能有所提高。迫于外部治理的压力，控股股东利用关联交易侵占上市公司资源，危害中小股东利益的现象可能会得到一定程度的缓和。但是我们也应该看到，在全流通背景下，原流通股股东失去了分类表决制度的保护，相对控股的股东更容易利用不平等的关联交易转移上市公司资产；而且随着大股东持股比例的降低，其通过关联交易获利的动机可能会加强。同时，股改前股权集中程度较高的上市公司仍然存在着大股东控制权过高的情况，并且控股股东对上市公司拥有绝对的信息优势，在全流通背景下，这些大股东与中小股东同样极力关注二级市场的股价，他们可以更方便地利用控制权与二级市场联合炒作、操纵股价，这样对中小股东权益的损害可能会更大。所以，随着全流通时代的到来，上市公司股东之间的利益冲突并没有被消除，反而更加复杂化、多样化。上市公司的股东治理问题更应引起广泛关注，尤其是在目前股市持续升温的情况下，监管部门除了加强法律制度的实施力度外，应该适时对广大投资者进行"公司治理教育"，激发其自我学习、自我保护的积极性。

附表 中国上市公司股东治理评价 100 佳

序号	公司代码	公司简称	股东治理指数	序号	公司代码	公司简称	股东治理指数
1	000825	太钢不锈	82.95	31	600121	郑州煤电	71.68
2	600317	营口港	77.47	32	000731	四川美丰	71.67
3	600270	外运发展	77.21	33	600357	承德钒钛	71.61
4	600970	中材国际	75.27	34	600346	冰山橡塑	71.61
5	000895	双汇发展	75.19	35	600058	五矿发展	71.56
6	600019	宝钢股份	74.89	36	600289	亿阳信通	71.55
7	600356	恒丰纸业	74.72	37	000538	云南白药	71.47
8	000715	中兴商业	74.26	38	600750	江中药业	71.37
9	000767	漳泽电力	73.83	39	600575	芜湖港	71.19
10	600521	华海药业	73.82	40	600897	厦门空港	71.09
11	600007	中国国贸	73.70	41	600022	济南钢铁	70.88
12	002007	华兰生物	73.49	42	600498	烽火通信	70.82
13	600809	山西汾酒	73.32	43	600268	国电南自	70.63
14	600231	凌钢股份	73.19	44	600020	中原高速	70.54
15	600519	贵州茅台	73.19	45	600746	江苏索普	70.53
16	600727	鲁北化工	73.14	46	600056	中技贸易	70.45
17	600765	力源液压	73.07	47	000635	英力特	70.38
18	600271	航天信息	72.90	48	600006	东风汽车	70.33
19	600736	苏州高新	72.67	49	600035	楚天高速	70.33
20	600456	宝钛股份	72.60	50	000887	ST 飞彩	70.30
21	000963	华东医药	72.37	51	600171	上海贝岭	70.25
22	000681	远东股份	72.27	52	600081	东风科技	70.22
23	600748	上实发展	72.22	53	000572	金盘股份	70.21
24	000022	深赤湾 A	72.22	54	600316	洪都航空	70.14
25	600370	三房巷	72.15	55	600188	兖州煤业	70.12
26	000983	西山煤电	72.14	56	600015	华夏银行	70.10
27	000823	超声电子	71.95	57	000038	深大通 A	70.10
28	600428	中远航运	71.85	58	600278	东方创业	70.08
29	600786	东方锅炉	71.85	59	000951	中国重汽	70.08
30	001896	豫能控股	71.69	60	600715	ST 松辽	70.08

续表

61	600005	武钢股份	70.07	81	600481	双良股份	69.33
62	600476	湘邮科技	70.06	82	600485	中创信测	69.28
63	000905	厦门港务	70.04	83	600898	三联商社	69.26
64	600148	长春一东	69.91	84	600365	通葡股份	69.24
65	600429	三元股份	69.86	85	000950	ST 农化	69.23
66	600130	波导股份	69.85	86	600707	彩虹股份	69.18
67	000599	青岛双星	69.82	87	600780	通宝能源	69.18
68	600547	山东黄金	69.82	88	600281	太化股份	69.17
69	600287	江苏舜天	69.77	89	600355	精伦电子	69.07
70	000989	九芝堂	69.76	90	600310	桂东电力	69.07
71	000912	泸天化	69.76	91	000818	锦化氯碱	69.07
72	600266	北京城建	69.70	92	000569	长城股份	69.06
73	000839	中信国安	69.69	93	002025	航天电器	69.04
74	600825	华联超市	69.67	94	000587	ST 光明	69.00
75	000721	西安饮食	69.58	95	000801	ST 湖山	68.92
76	600115	东方航空	69.58	96	600036	招商银行	68.91
77	000965	天水股份	69.57	97	600666	西南药业	68.88
78	600348	国阳新能	69.56	98	600026	中海发展	68.87
79	600312	平高电气	69.51	99	600663	陆家嘴	68.80
80	600169	太原重工	69.35	100	600582	天地科技	68.79

资料来源:南开大学公司治理研究中心数据库。

声明:本项研究是南开大学公司治理评价课题组开展的学术研究,无任何商业目的,不存在引导投资的目的或意图,投资者依据此评价结果进行投资或入市产生的风险自负。

第4章 董事会治理评价

董事会是公司治理的核心。作为股东和经理之间的联结纽带,董事会既是股东的代理人,又是经理人员的委托人和监督者,在公司的战略发展、重大决策方面发挥着至关重要的作用,是完善治理结构、优化治理机制的关键环节。董事会治理水平直接决定着公司潜在的治理风险以及长远发展。国内外相继爆发的安然、世通、德隆、创维等公司治理丑闻也验证了这一点。因此,董事会一方面要积极领导公司为投资者创造更多的财富,在资本市场上争取到充足的资本,服务好投资者这个"上帝";另一方面还要关注消费者的利益和需求,在产品市场上获取消费者的支持和信任,服务好消费者这个"上帝",从而实现公司的持续发展。对上市公司的董事会治理进行评价,无疑会推动中国上市公司董事会治理的改善与优化,从而为董事会建设提供系统性的制度保障。

4.1 中国上市公司董事会治理评价系统建立

在已有评价指标体系和有关评价研究成果的基础上,结合我国上市公司董事会治理现状,以董事诚信、勤勉义务为核心,董事会治理评价指标体系从董事权利与义务($CCGI_{BOD1}^{NK}$)、董事会运作效率($CCGI_{BOD2}^{NK}$)、董事会组织结构($CCGI_{BOD3}^{NK}$)、董事薪酬($CCGI_{BOD4}^{NK}$)、独立董事制度($CCGI_{BOD5}^{NK}$)五个维度,构筑了一套董事会治理评价指标体系(如表4-1所示),并以此为标准对上市公司董事会治理状况进行评价分析。

4.1.1 董事权利与义务

董事在公司的权利结构中具有特定的法律地位,同时还需承担特定的法律责任和义务。董事的来源、履职状况等会对董事权利与义务的履行状况产生重要的影响,从而在一定程度上决定了董事会治理的质量。对董事权利与义务状况进行的评价有助于提升董事会治理的质量。

董事权利与义务主要考察董事来源、培训、履职的诚信、勤勉情况等。董事权利与义务的评价指标主要包括:(1)董事任职年限;(2)董事长任职年限;(3)董事长离职次数;(4)在股东单位任职的董事(不包括董事长)比例;(5)具有本科以上学历的董事比例;(6)具有经济管理专业背景的董事比例。

4.1.2 董事会运作效率

作为公司的核心,董事会承担着制定公司战略决策并对经理人员实施有效监督的责任。董事会的运作效率直接决定着董事会职责的履行状况以及公司目标的实现程度。高效率的董事会运作有助于董事会更好地履行职责,制定更科学的公司发展规划,更有效率地监督管理人员,从而提升公司的持续价值创造能力。

董事会运作效率主要考察董事会运作状况,以反映董事会功能与作用的实现状态。董事会运作效率的评价指标主要包括:(1)董事会规模;(2)董事会会议次数;(3)董事年龄构成;(4)董事长年龄;(5)董事会中女性董事比例。

4.1.3 董事会组织结构

董事会组织结构界定了董事会内部分工与协作的方式、途径等。董事会专业委员会的设立情况、董事的兼任情况等都会影响到董事会的运作。只有董事会内部权责分明、组织健全,才能保证董事会职责的履行。合理的董事会组织结构是董事会高效运转的前提。

董事会组织结构主要考察董事会领导结构和专业委员会运行状况。董事会组织结构的评价指标主要包括:(1)董事会专业委员会设置情况;(2)董事长与总经理兼任情况;(3)兼任总经理、副总经理、财务总监、董事会秘书等高级职务的董事比例。

4.1.4 董事薪酬

公司的董事承担着制定公司战略决策和监督管理人员的责任,并且要履行勤勉义务和诚信义务。在赋予董事责任和义务的同时,给予董事合适的薪酬至关重要。具有激励效果的薪酬组合能够促进董事提高自身的努力程度,提高董事履职的积极性,促使董事与股东利益的趋同,并最终提升公司的核心竞争力。

董事薪酬主要考察董事激励约束状况,包括短期激励和长期激励。董事薪酬的评价指标主要包括:(1)金额最高的前三名董事报酬总额;(2)持有本公司股份的董事比例;(3)董事股权激励计划的制订情况。

4.1.5 独立董事制度

独立董事制度为上市公司的董事会引入了具有客观立场的独立董事。这些独立董事独立于上市公司,与上市公司之间没有利益关联,在一定程度上能够客观地发表见解,从而保护公司投资者的利益。在中国"一股独大"的股权结构下,需要建立独立董事制度来保证董事会的独立性以及决策的科学性。

独立董事制度主要考察公司董事会的独立性及独立董事的职能发挥状况。独立董事制度的评价指标主要包括:(1)独立董事比例;(2)独立董事的专业背景;(3)独立董事的离职状况;(4)参加全部董事会会议的独立董事人数;(5)独立董事委托他人参加董事会会议情况;(6)独立董事津贴。

表4-1 中国上市公司董事会治理评价指标体系($CCGI_{BOD}^{NK}$)一览表

主因素层 ($CCGI_{BOD}^{NK}$)	子因素层	说明
董事权利与义务 ($CCGI_{BOD1}^{NK}$)	董事来源、董事会构成、任职年限、离职状况、履职情况、董事专业背景等	反映董事身份、诚信勤勉意识及其履职情况
董事会运作效率 ($CCGI_{BOD2}^{NK}$)	董事会规模、董事会会议情况、董事会性别及年龄结构等	反映董事会的功能与作用的实现状态
董事会组织结构 ($CCGI_{BOD3}^{NK}$)	董事会专业委员会的设置、董事会领导结构等	反映董事会的工作效率与独立性状态
董事薪酬 ($CCGI_{BOD4}^{NK}$)	董事薪酬水平、董事薪酬形式等	衡量董事报酬水平以及报酬结构的激励约束状态
独立董事制度 ($CCGI_{BOD5}^{NK}$)	独立董事比例、独立董事专业背景、离职状况、参加会议情况、独立董事津贴等	反映独立董事制度的建设状态

4.2 中国上市公司董事会治理描述性统计

根据中国上市公司董事会治理指标体系,以上市公司披露的年报及有关公开信息为基础,评定上市公司董事会治理指数。在进行治理评价的过程中,根据数据齐全以及不含异常数据两项样本筛选原则,最后共得到有效样本1162家公司。

4.2.1 董事会治理的整体描述性统计分析

通过对2007年1162家公司董事会治理指数及其五个分指数的分布情况分析,进而对董事会治理水平有一个总体把握。

4.2.1.1 董事会治理指数总体分布

总体看来,1162家样本公司中,大部分公司的董事权利与义务指数、董事会运作效率指数、董事会组织结构指数、董事薪酬指数、独立董事制度指数以及董事会治理指数均处于中下游水平。详见表4-2、图4-1。

表4-2 董事会治理指标统计及董事会治理指数($CCGI_{BOD}^{NK}$)

等级	董事权利与义务 ($CCGI_{BOD1}^{NK}$)		董事会运作效率 ($CCGI_{BOD2}^{NK}$)		董事会组织结构 ($CCGI_{BOD3}^{NK}$)		董事薪酬 ($CCGI_{BOD4}^{NK}$)		独立董事制度 ($CCGI_{BOD5}^{NK}$)		董事会治理指数 ($CCGI_{BOD}^{NK}$)	
	数目	比例(%)	数目	比例(%)	数目	比例(%)	数目	比例(%)	数目	比例(%)	数目	比例(%)
$CCGI_{BOD}^{NK}$ Ⅰ	0	0.00	0	0.00	0	0.00	0	0.00	0	0.00	0	0.00
$CCGI_{BOD}^{NK}$ Ⅱ	0	0.00	0	0.00	0	0.00	0	0.00	0	0.00	0	0.00
$CCGI_{BOD}^{NK}$ Ⅲ	6	0.52	15	1.29	30	2.58	7	0.60	57	4.91	1	0.09
$CCGI_{BOD}^{NK}$ Ⅳ	179	15.40	558	48.02	377	32.44	230	19.79	476	40.96	234	20.14
$CCGI_{BOD}^{NK}$ Ⅴ	623	53.62	567	48.80	530	45.62	226	19.46	300	25.82	778	66.95
$CCGI_{BOD}^{NK}$ Ⅵ	354	30.46	22	1.89	225	19.36	699	60.15	329	28.31	149	12.82
合 计	1162	100.00	1162	100.00	1162	100.00	1162	100.00	1162	100.00	1162	100.00

资料来源：南开大学公司治理研究中心数据库。

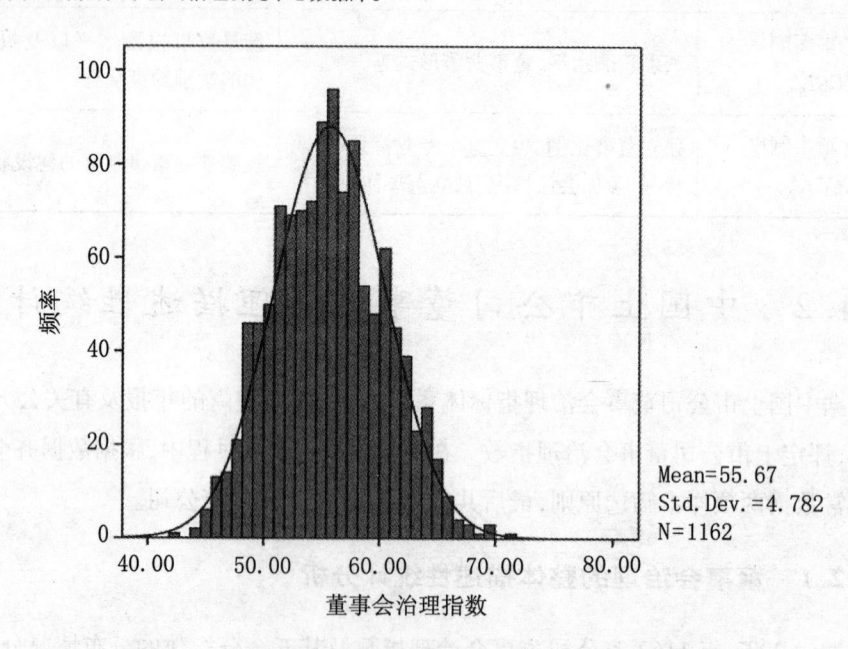

Mean=55.67
Std. Dev.=4.782
N=1162

图4-1 董事会治理指数($CCGI_{BOD}^{NK}$)的分布直方图

样本公司的董事会治理指数均未达到$CCGI_{BOD}^{NK}$ Ⅰ、$CCGI_{BOD}^{NK}$ Ⅱ，1家公司的董事会治理指数达到$CCGI_{BOD}^{NK}$ Ⅲ，占总样本的0.09%。董事会治理指数处于$CCGI_{BOD}^{NK}$ Ⅵ的公司有149家,占总样本的12.82%。多数上市公司董事会治理指数集中于$CCGI_{BOD}^{NK}$ Ⅳ和 $CCGI_{BOD}^{NK}$ Ⅴ。从董事会治理的五个主要因素看,也没有公司达到$CCGI_{BOD}^{NK}$ Ⅰ、$CCGI_{BOD}^{NK}$ Ⅱ, 达到$CCGI_{BOD}^{NK}$ Ⅲ的公司数目也不多。具体来说,董事权利与义务指数、董事会运作效率指数、董事会组织结构指数、董事薪酬指数、独立董事制度指数达到$CCGI_{BOD}^{NK}$ Ⅲ的公司比例分别为0.52%、1.29%、2.58%、0.60%和4.91%。而上述五项指数处于$CCGI_{BOD}^{NK}$ Ⅵ的公司比例分别为30.46%、1.89%、19.36%、60.15%、28.31%。如图4-1所示,2007年中国上市公司董事会治理指数的平均值为55.67,标准差为4.78,表明中国上市公司董事会治理的平均水平还较低,具有高水平董事会治理的公司还较少,董事会治理水平有待进一步提高。

4.2.1.2 频数与比例(频率)分析

董事权利与义务指数($CCGI_{BOD1}^{NK}$)、董事会运作效率指数($CCGI_{BOD2}^{NK}$)、董事会组织结构指数($CCGI_{BOD3}^{NK}$)、董事薪酬指数($CCGI_{BOD4}^{NK}$)、独立董事制度指数($CCGI_{BOD5}^{NK}$)以及董事会治理指数($CCGI_{BOD}^{NK}$)情况如下:

(1)董事权利与义务指数

董事权利与义务指数($CCGI_{BOD1}^{NK}$)达到$CCGI_{BOD1}^{NK}$ Ⅲ的公司有6家,占总样本的0.52%;达到$CCGI_{BOD1}^{NK}$ Ⅳ的公司有179家,占总样本的15.40%;处于$CCGI_{BOD1}^{NK}$ Ⅴ的公司有623家,占总样本的53.62%;处于$CCGI_{BOD1}^{NK}$ Ⅵ的公司有354家,占总样本的30.46%。评价分值较高($CCGI_{BOD1}^{NK}$ Ⅰ至$CCGI_{BOD1}^{NK}$ Ⅲ)的比例为0.52%(0+0+0.52%),董事权利与义务评价值在$CCGI_{BOD1}^{NK}$ Ⅰ至$CCGI_{BOD1}^{NK}$ Ⅳ(60分值以上)之间的总比例为15.92%(0+0+0.52%+15.40%),董事权利与义务评价值在$CCGI_{BOD1}^{NK}$ Ⅴ至$CCGI_{BOD1}^{NK}$ Ⅵ之间的比例为84.08%(53.62%+30.46%),这些状况说明我国上市公司董事权利与义务的履行状况还有待进一步完善,大多数公司处于较低水平。

(2)董事会运作效率指数

董事会运作效率指数($CCGI_{BOD2}^{NK}$)达到$CCGI_{BOD2}^{NK}$ Ⅲ的公司有15家,占总样本的1.29%;达到$CCGI_{BOD2}^{NK}$ Ⅳ的公司有558家,占总样本的48.02%;处于$CCGI_{BOD2}^{NK}$ Ⅴ的公司有567家,占总样本的48.80%;处于$CCGI_{BOD2}^{NK}$ Ⅵ的公司有22家,占总样本的1.89%。评价分值较高($CCGI_{BOD2}^{NK}$ Ⅰ至$CCGI_{BOD2}^{NK}$ Ⅲ)的比例为1.29%,董事会运作效率评价值在$CCGI_{BOD2}^{NK}$ Ⅰ至$CCGI_{BOD2}^{NK}$ Ⅳ(60分值以上)之间的总比例为49.31%,董事会运作效率评价值在$CCGI_{BOD2}^{NK}$ Ⅴ至$CCGI_{BOD2}^{NK}$ Ⅵ之间(60分值以下)的比例为50.69%。这些状况说明,大部分上市公司董事会的运作效率处于中间水平,具有高效率或低效率董事会的上市公司数目都较少。

(3) 董事会组织结构指数

董事会组织结构指数($CCGI_{BOD3}^{NK}$)达到$CCGI_{BOD3}^{NK}$ Ⅲ的公司有30家,占总样本的2.58%;达到$CCGI_{BOD3}^{NK}$ Ⅳ的公司有377家,占总样本的32.44%;处于$CCGI_{BOD3}^{NK}$ Ⅴ的公司有530家,占总样本的45.62%;处于$CCGI_{BOD3}^{NK}$ Ⅵ的公司有225家,占总样本的19.36%。评价分值较高($CCGI_{BOD3}^{NK}$ Ⅰ至$CCGI_{BOD3}^{NK}$ Ⅲ)的比例为2.58%,董事会组织结构在$CCGI_{BOD3}^{NK}$ Ⅰ至$CCGI_{BOD3}^{NK}$ Ⅳ(60分值以上)之间的总比例为35.02%,董事会组织结构评价值在$CCGI_{BOD3}^{NK}$ Ⅴ至$CCGI_{BOD3}^{NK}$ Ⅵ(60分值以下)的比例为64.98%。这些状况说明,董事会组织结构完善的公司所占比重较小,我国大部分上市公司的董事会组织结构建设处于较低水平,还有待进一步健全。

(4) 董事薪酬指数

董事薪酬指数($CCGI_{BOD4}^{NK}$)达到$CCGI_{BOD4}^{NK}$ Ⅲ的公司有7家,占总样本的0.60%;达到$CCGI_{BOD4}^{NK}$ Ⅳ的公司有230家,占总样本的19.79%;处于$CCGI_{BOD4}^{NK}$ Ⅴ的公司有226家,占总样本的19.46%;处于$CCGI_{BOD4}^{NK}$ Ⅵ的公司有699家,占总样本的60.15%。评价分值较高($CCGI_{BOD4}^{NK}$ Ⅰ至$CCGI_{BOD4}^{NK}$ Ⅲ)的比例为0.60%,董事薪酬评价值在$CCGI_{BOD4}^{NK}$ Ⅰ至$CCGI_{BOD4}^{NK}$ Ⅳ(60分值以上)之间的总比例为20.39%,董事薪酬评价值在$CCGI_{BOD4}^{NK}$ Ⅴ至$CCGI_{BOD4}^{NK}$ Ⅵ(60分值以下)的比例为79.61%。这些状况说明,我国上市公司董事的薪酬组合、薪酬形式及激励效果还有待进一步完善,绝大部分上市公司都未达到合格水平。

(5) 独立董事制度指数

独立董事制度指数($CCGI_{BOD5}^{NK}$)达到$CCGI_{BOD5}^{NK}$ Ⅲ的公司有57家,占总样本的4.91%;达到$CCGI_{BOD5}^{NK}$ Ⅳ的公司有476家,占总样本的40.96%;处于$CCGI_{BOD5}^{NK}$ Ⅴ的公司有300家,占总样本的25.82%;处于$CCGI_{BOD5}^{NK}$ Ⅵ的公司有329家,占总样本的28.31%。评价分值较高($CCGI_{BOD5}^{NK}$ Ⅰ至$CCGI_{BOD5}^{NK}$ Ⅲ)的比例为4.91%;独立董事制度评价值在$CCGI_{BOD5}^{NK}$ Ⅰ至$CCGI_{BOD5}^{NK}$ Ⅳ(60分值以上)之间的总比例为45.87%,独立董事制度评价值处于$CCGI_{BOD5}^{NK}$ Ⅴ至$CCGI_{BOD5}^{NK}$ Ⅵ(60分值以下)的比例为54.13%。这些状况说明,我国上市公司独立董事的建设情况等还存在不足,未达到合格水平的公司数目超过上市公司的一半。

(6) 董事会治理指数

在1162家样本上市公司中,董事会治理指数没有达到$CCGI_{BOD}^{NK}$ Ⅰ和$CCGI_{BOD}^{NK}$ Ⅱ,董事会治理最好的上市公司也只达到$CCGI_{BOD}^{NK}$ Ⅲ,处于该评价等级的上市公司仅有1家,占总样本的0.09%;234家上市公司董事会治理指数达到$CCGI_{BOD}^{NK}$ Ⅳ,占总样本的

20.14%；778 家上市公司董事会治理指数处于 $CCGI_{BOD}^{NK}$ V，占总样本的 66.95%；149 家公司董事会治理指数处于 $CCGI_{BOD}^{NK}$ VI，占总样本的 12.82%。董事会治理评价值在 60 以上（$CCGI_{BOD}^{NK}$ I 至 $CCGI_{BOD}^{NK}$ IV）的总比例为 20.23%，董事会治理评价值在 60 以下（$CCGI_{BOD}^{NK}$ V 至 $CCGI_{BOD}^{NK}$ VI）的比例为 79.77%。与 2006 年度相比，董事会治理指数达到 $CCGI_{BOD}^{NK}$ IV 的上市公司数量有较大幅度增长，而处于 $CCGI_{BOD}^{NK}$ VI 的上市公司数量则有明显下降，董事会治理指数处于 $CCGI_{BOD}^{NK}$ V 的上市公司数量稳中有升。

总体来看，样本公司在董事权利与义务指数、董事会运作效率指数、董事会组织结构指数、董事薪酬指数、独立董事制度指数方面均有一定比例达到 $CCGI_{BOD}^{NK}$ III，但比例较小；上市公司董事会治理指数在分布上主要集中于 $CCGI_{BOD}^{NK}$ IV 和 $CCGI_{BOD}^{NK}$ V。因此，从指数的等级分布来看，我国上市公司董事会治理水平尽管在稳步提升，但现状依然不容乐观。

4.2.1.3 极端值、均值和标准差分析

从董事会治理的五个主要因素来看，样本公司董事权利与义务指数平均值为 53.62，与上一年度相比变化幅度不大，在五个分指数中位于较低水平。其标准差为 6.46，最大值为 75.25，最小值为 35.54。

在董事会治理的五个分指数中，董事会运作效率指数依然表现最好，这一点与上一年度的情况一致；该指数均值为 59.74，标准差为 4.84，最大值为 77.43，最小值为 36.42。董事会运作效率的标准差在五个分指数中最小，说明上市公司在董事会运作效率方面表现出来的差异度较低。

董事会组织结构指数平均值和标准差分别为 55.80、8.16，在五个分指数中均位于中间水平。董事会组织结构最完善的公司可以达到 79.00，组织结构最不完善的公司只有 30.00。

董事薪酬指数平均值为 45.76，与上一年度相比均值没有太明显的变化，依然为董事会治理五个分指数中得分最低的，是制约董事会治理质量的"短板"；其标准差为 14.23，最大值为 78.50，最小值为 25.00。

独立董事制度指数平均值为 57.17，最大值为 75.75，最小值为 34.25，标准差为 8.68，该指数是表现较好的董事会治理分指数，从历年的评价结果来看，董事会独立性是稳定性保持最好的分指数，年度之间的变化相对较小。

董事会治理指数的平均值为 55.67，样本上市公司董事会治理的平均质量并未达到及格水平。董事会治理指数的标准差为 4.78，说明公司间董事会治理质量的差异度不大。董事会治理最好的公司达到 71.25，最差的公司只有 42.38。见表 4-3。

表 4-3　董事会治理指数（$CCGI_{BOD}^{NK}$）描述性统计

	最小值	最大值	均值	标准差
董事权利与义务（$CCGI_{BOD1}^{NK}$）	35.54	75.25	53.62	6.46
董事会运作效率（$CCGI_{BOD2}^{NK}$）	36.42	77.43	59.74	4.84
董事会组织结构（$CCGI_{BOD3}^{NK}$）	30.00	79.00	55.80	8.16
董事薪酬（$CCGI_{BOD4}^{NK}$）	25.00	78.50	45.76	14.23
独立董事制度（$CCGI_{BOD5}^{NK}$）	34.25	75.75	57.17	8.68
董事会治理指数（$CCGI_{BOD}^{NK}$）	42.38	71.25	55.67	4.78

资料来源：南开大学公司治理研究中心数据库。

4.2.2　分类董事会治理描述性统计分析

从上市公司的行业分类、地区分布、大股东性质方面来分析董事会治理指数，可以更加细致地了解我国上市公司董事会治理的情况。

4.2.2.1　董事会治理指数的行业分布

上市公司所处的行业在一定程度上也会影响董事会治理的质量。不同的行业集中度、行业竞争程度、行业竞争规则等会影响董事会的构成、专业背景以及决策效率，从而造成公司董事会治理产生基于这些属性的差异。因此，对董事会治理的分类比较研究能更清晰地说明我国上市公司董事会治理的状况。我们以证监会制定的行业分类标准为依据，对 22 个行业间的董事会治理状况进行分析，以探究不同行业之间董事会治理的差异。

表 4-4 显示，1 家交通运输、仓储业的上市公司达到 $CCGI_{BOD}^{NK}$ Ⅲ，占该行业上市公司的 1.82%，其他行业均没有上市公司达到 $CCGI_{BOD}^{NK}$ Ⅲ。董事会治理指数达到 $CCGI_{BOD}^{NK}$ Ⅳ的样本公司中，所占比例最高的五个行业依次是金融、保险业、建筑业、社会服务业、房地产业、传播与文化产业，其比例分别为 62.50%、34.78%、34.29%、33.33%、33.33%。而董事会治理指数达到 $CCGI_{BOD}^{NK}$ Ⅳ的样本公司中，所占比例最低的五个行业依次为农、林、牧、渔业、采掘业、制造业、交通运输、仓储业、信息技术业，其比例分别为 0、10.53%、17.59%、18.18%、18.57%。

从表 4-5 董事会治理指数分行业描述性统计表中可以看出，平均值居于前三位的分别是金融、保险业、社会服务业及电力、煤气及水的生产和供应业，分别达到 59.89、57.65 和 57.48；平均值最低的三个行业分别是农、林、牧、渔业、综合类和采掘业，分别为 53.60、55.10 和 55.17。变幅程度居于前三位的分别是制造业、交通运输、仓储业和综合类，分别达到 25.79、25.07 和 24.22；变幅程度最小的三个行业是金融、保险业、传

表 4-4　董事会治理指数等级的行业分布

行　业	行业样本构成		$CCGI_{BOD}^{NK}$ I		$CCGI_{BOD}^{NK}$ II		$CCGI_{BOD}^{NK}$ III		$CCGI_{BOD}^{NK}$ IV		$CCGI_{BOD}^{NK}$ V		$CCGI_{BOD}^{NK}$ VI	
	数目	比例(%)	数目	比例(%)	数目	比例(%)	数目	比例(%)	数目	比例(%)	数目	比例(%)	数目	比例(%)
采掘业	19	1.64	0	0.00	0	0.00	0	0.00	2	10.53	16	84.21	1	5.26
传播与文化产业	9	0.77	0	0.00	0	0.00	0	0.00	3	33.33	6	66.67	0	0.00
电力、煤气及水的生产和供应业	51	4.39	0	0.00	0	0.00	0	0.00	16	31.37	33	64.71	2	3.92
房地产业	51	4.39	0	0.00	0	0.00	0	0.00	17	33.33	27	52.94	7	13.73
建筑业	23	1.98	0	0.00	0	0.00	0	0.00	8	34.78	13	56.52	2	8.70
交通运输、仓储业	55	4.73	0	0.00	0	0.00	1	1.82	10	18.18	38	69.09	6	10.91
金融、保险业	8	0.69	0	0.00	0	0.00	0	0.00	5	62.50	3	37.50	0	0.00
农、林、牧、渔业	27	2.32	0	0.00	0	0.00	0	0.00	0	0.00	23	85.19	4	14.81
批发和零售贸易业	78	6.71	0	0.00	0	0.00	0	0.00	17	21.79	56	71.79	5	6.42
社会服务业	35	3.02	0	0.00	0	0.00	0	0.00	12	34.29	19	54.29	4	11.42
信息技术业	70	6.02	0	0.00	0	0.00	0	0.00	13	18.57	49	70.00	8	11.43
制造业	665	57.23	0	0.00	0	0.00	0	0.00	117	17.59	447	67.22	101	15.19
综合类	71	6.11	0	0.00	0	0.00	0	0.00	14	19.72	48	67.61	9	12.67
合　计	1162	100.00	0	0.00	0	0.00	1	0.09	234	20.14	778	66.95	149	12.82

资料来源：南开大学公司治理研究中心数据库。

播与文化产业和采掘业,分别为9.16、13.98和14.35。标准差最大的前三个行业分别是社会服务业、传播与文化产业、交通运输、仓储业,分别达到5.78、5.49和5.04;标准差最小的前三个行业分别是金融、保险业、农、林、牧、渔业和采掘业,分别为2.59、3.56和4.03。

表4-5 行业董事会治理指数($CCGI_{BOD}^{NK}$)极端值、均值和标准差统计

行业	样本	最小值	最大值	均值	标准差
采掘业	19	49.15	63.50	55.17	4.03
传播与文化产业	9	50.60	64.58	56.76	5.49
电力、煤气及水的生产和供应业	51	48.93	66.95	57.48	4.27
房地产业	51	47.30	64.92	56.99	5.02
建筑业	23	45.45	64.18	57.20	4.82
交通运输、仓储业	55	46.18	71.25	56.30	5.04
金融、保险业	8	55.07	64.23	59.89	2.59
农、林、牧、渔业	27	44.36	59.93	53.60	3.56
批发和零售贸易业	78	45.85	66.05	56.10	4.35
社会服务业	35	48.63	68.49	57.65	5.78
信息技术业	70	45.07	65.96	55.44	4.99
制造业	665	44.05	69.84	55.28	4.70
综合类	71	42.38	66.60	55.10	5.00
合计	1162	42.38	71.25	55.67	4.78

资料来源:南开大学公司治理研究中心数据库。

由于制造业样本数量很多,不同主营业务的公司间董事会治理状况差异较大,我们进一步按照主营业务分类,以观察主营业务不同的制造业公司董事会治理的差异,结果见表4-6。董事会治理的平均水平最高的三个细类行业分别为医药、生物制品业、电子业和金属、非金属业,其均值分别为57.04、55.99、55.40,这些行业董事会治理指数的均值均高于制造业的平均水平。董事会治理平均水平最低的三个细类行业分别为木材、家具业、其他制造业和造纸、印刷业,其董事会治理指数的均值分别为52.03、53.68、54.29。董事会治理指数内部差异程度最大的三个细类行业分别为造纸、印刷业、电子业和医药、生物制品业,标准差分别为5.72、5.12、5.02;内部差异程度最小的三个细类行业分别为其他制造业、木材、家具业和食品、饮料业,标准差分别为3.44、3.64、4.30。

表 4-6 对制造业细分的董事会治理指数统计

行 业	样本数	最小值	最大值	均值	标准差	峰度	偏度	极差
电子业	40	47.27	64.62	55.99	5.12	1.82	0.07	17.35
纺织、服装、皮毛业	47	44.05	64.51	54.52	4.66	2.67	0.27	20.45
机械、设备、仪表业	181	45.34	65.06	55.14	4.49	2.31	-0.03	19.72
金属、非金属业	111	44.75	69.59	55.40	4.78	3.15	0.21	24.84
木材、家具业	2	49.45	54.61	52.03	3.64	1.00	0.00	5.15
其他制造业	12	47.65	59.93	53.68	3.44	2.43	0.15	12.29
石油、化学、塑胶、塑料业	125	45.19	69.82	55.08	4.52	3.35	0.49	24.63
食品、饮料业	53	45.62	65.36	54.69	4.30	2.49	-0.01	19.74
医药、生物制品业	72	46.16	67.35	57.04	5.02	2.44	-0.24	21.18
造纸、印刷业	22	45.50	69.84	54.29	5.72	3.58	0.65	24.34
合 计	665	44.05	69.84	55.28	4.70	2.71	0.18	25.79

资料来源:南开大学公司治理研究中心数据库。

4.2.2.2 董事会治理指数的地区分布

上市公司所在地的区域性差异会在一定程度上影响上市公司的外部经营环境和企业发展传统,从而进一步影响董事会治理状况。对我国上市公司董事会治理指数按照省份分布进行比较分析,有利于进一步探究上市公司董事会治理在不同省份间存在的差异。

在样本公司分布的所有省份中,数量位居前三位的是广东省、上海市和北京市,分别为137家、117家和77家,占总样本的比例分别为11.79%、10.07%和6.63%;样本公司最少的省市是西藏自治区、青海省和宁夏回族自治区,分别只有7家、7家、11家,占总样本的比例分别是0.60%、0.60%、0.95%。1家辽宁省的上市公司达到$CCGI_{BOD}^{NK}$ Ⅲ,占该省上市公司比重的2.13%,其他地区均没有上市公司达到$CCGI_{BOD}^{NK}$ Ⅲ。从各个地区公司董事会治理指数达到$CCGI_{BOD}^{NK}$ Ⅳ以上的公司比例可以看出,各省份之间董事会治理状况较好的上市公司比例有一定差异,比例最高的是上海市,为35.90%;其次是广东省,为32.85%;北京市位居第三,为32.47%;吉林省上市公司董事会治理指数达到$CCGI_{BOD}^{NK}$ Ⅳ的公司所占比例为3.33%;宁夏回族自治区和海南省没有上市公司的董事会治理指数达到$CCGI_{BOD}^{NK}$ Ⅳ。见表4-7。

从表4-8董事会治理指数地区分布的描述性统计看,在所有的省份中,董事会治理指数平均值最高的是广东省,其137家上市公司董事会治理指数的平均值为57.51;

表 4-7 董事会治理指数等级的地区分布

省份	样本省份构成		$CCGI_{BOD}^{NK}$ I		$CCGI_{BOD}^{NK}$ II		$CCGI_{BOD}^{NK}$ III		$CCGI_{BOD}^{NK}$ IV		$CCGI_{BOD}^{NK}$ V		$CCGI_{BOD}^{NK}$ VI	
	数目	比例(%)	数目	比例(%)	数目	比例(%)	数目	比例(%)	数目	比例(%)	数目	比例(%)	数目	比例(%)
安徽省	36	3.1	0	0.00	0	0.00	0	0.00	6	16.67	21	58.33	9	25.00
北京市	77	6.63	0	0.00	0	0.00	0	0.00	25	32.47	44	57.14	8	10.39
福建省	34	2.93	0	0.00	0	0.00	0	0.00	5	14.71	24	70.59	5	14.70
甘肃省	16	1.38	0	0.00	0	0.00	0	0.00	1	6.25	11	68.75	4	25.00
广东省	137	11.79	0	0.00	0	0.00	0	0.00	45	32.85	81	59.12	11	8.03
广西壮族自治区	21	1.81	0	0.00	0	0.00	0	0.00	4	19.05	16	76.19	1	4.76
贵州省	12	1.03	0	0.00	0	0.00	0	0.00	1	8.33	7	58.33	4	33.34
海南省	18	1.55	0	0.00	0	0.00	0	0.00	0	0.00	15	83.33	3	16.67
河北省	30	2.58	0	0.00	0	0.00	0	0.00	6	20.00	21	70.00	3	10.00
河南省	30	2.58	0	0.00	0	0.00	0	0.00	5	16.67	22	73.33	3	10.00
黑龙江省	25	2.15	0	0.00	0	0.00	0	0.00	2	8.00	15	60.00	8	32.00
湖北省	50	4.3	0	0.00	0	0.00	0	0.00	8	16.00	35	70.00	7	14.00
湖南省	35	3.01	0	0.00	0	0.00	0	0.00	4	11.43	28	80.00	3	8.57
吉林省	30	2.58	0	0.00	0	0.00	0	0.00	1	3.33	22	73.33	7	23.34
江苏省	75	6.45	0	0.00	0	0.00	0	0.00	15	20.00	53	70.67	7	9.33
江西省	18	1.55	0	0.00	0	0.00	0	0.00	1	5.56	12	66.67	5	27.77

续表

地区													
辽宁省	47	4.04	0	0.00	0	0.00	1	2.13	5	10.64	34	72.34	7	14.89
内蒙古自治区	20	1.72	0	0.00	0	0.00	0	0.00	1	5.00	16	80.00	3	15.00
宁夏回族自治区	11	0.95	0	0.00	0	0.00	0	0.00	0	0.00	11	100.00	0	0.00
青海省	7	0.6	0	0.00	0	0.00	0	0.00	2	28.57	3	42.86	2	28.57
山东省	63	5.42	0	0.00	0	0.00	0	0.00	12	19.05	42	66.67	9	14.28
山西省	22	1.89	0	0.00	0	0.00	0	0.00	2	9.09	17	77.27	3	13.64
陕西省	20	1.72	0	0.00	0	0.00	0	0.00	2	10.00	14	70.00	4	20.00
上海市	117	10.07	0	0.00	0	0.00	0	0.00	42	35.90	69	58.97	6	5.13
四川省	59	5.08	0	0.00	0	0.00	0	0.00	6	10.17	39	66.10	14	23.73
天津市	21	1.81	0	0.00	0	0.00	0	0.00	3	14.29	18	85.71	0	0.00
西藏自治区	7	0.60	0	0.00	0	0.00	0	0.00	1	14.29	4	57.14	2	28.57
新疆维吾尔自治区	18	1.55	0	0.00	0	0.00	0	0.00	2	11.11	14	77.78	2	11.11
云南省	19	1.64	0	0.00	0	0.00	0	0.00	3	15.79	16	84.21	0	0.00
浙江省	62	5.34	0	0.00	0	0.00	0	0.00	20	32.26	38	61.29	4	6.45
重庆市	25	2.15	0	0.00	0	0.00	0	0.00	4	16.00	16	64.00	5	20.00
合 计	1162	100.00	0	0.00	0	0.00	1	0.09	234	20.14	778	66.95	149	12.82

资料来源:南开大学公司治理研究中心数据库。

其次是上海市,其117家上市公司董事会治理指数的平均值为57.46;再次是浙江省,其62家上市公司董事会治理指数的平均值均为57.41。平均值最低的三个省份是海南省、甘肃省和贵州省,平均值分别为52.29、53.35和53.40。董事会治理指数最大值最高的省是辽宁省,为71.25;其次是山东省,为69.84;再次是青海省,为69.82。董事会治理指数最小值最低的是山东省,为42.38;其次是江苏省,为44.05;再次是广东省,为44.36。从极差方面看,极差最大的是山东省,为27.46;其次是辽宁省,为25.94;再次是青海省,为23.67;极差最小的前三个省份是宁夏回族自治区、海南省和云南省,分别是8.87、11.28和12.06。董事会治理指数标准差最小的前三个省份是宁夏回族自治区、海南省和云南省,标准差分别是2.96、3.14和3.26;标准差最大的前三个省份是青海省、西藏自治区和山东省,标准差分别是7.93、6.02和5.28。

表4-8 上市公司的地区分布统计表

地区	样本数	最小值	最大值	均值	标准差	极差
安徽省	36	45.34	64.45	54.47	4.79	19.11
北京市	77	46.18	67.35	57.40	5.15	21.17
福建省	34	48.84	64.62	54.98	4.22	15.78
甘肃省	16	44.75	61.20	53.35	4.22	16.45
广东省	137	44.36	67.41	57.51	4.91	23.05
广西壮族自治区	21	45.62	61.17	55.09	3.91	15.55
贵州省	12	45.99	61.86	53.40	4.84	15.87
海南省	18	47.30	58.58	52.29	3.14	11.28
河北省	30	48.22	62.48	55.29	4.18	14.26
河南省	30	47.76	64.33	55.23	4.20	16.57
黑龙江省	25	47.23	65.34	53.74	4.98	18.11
湖北省	50	46.09	65.09	55.10	4.61	19.00
湖南省	35	48.48	63.67	54.82	3.76	15.19
吉林省	30	46.57	61.99	53.43	4.21	15.42
江苏省	75	44.05	66.05	55.84	4.46	22.00
江西省	18	48.17	60.53	53.47	3.80	12.36
辽宁省	47	45.31	71.25	55.16	5.03	25.94
内蒙古自治区	20	46.80	69.59	55.49	4.68	22.79
宁夏回族自治区	11	50.04	58.91	53.67	2.96	8.87
青海省	7	46.15	69.82	54.60	7.93	23.67
山东省	63	42.38	69.84	55.35	5.28	27.46
山西省	22	45.50	65.50	54.36	4.23	20.00
陕西省	20	45.85	61.06	53.81	4.40	15.21

续表

上海市	117	46.81	66.63	57.46	4.71	19.82
四川省	59	45.19	66.14	53.74	4.36	20.95
天津市	21	51.59	68.49	56.54	4.11	16.90
西藏自治区	7	46.16	63.63	54.72	6.02	17.47
新疆维吾尔自治区	18	47.18	64.27	55.29	4.52	17.09
云南省	19	50.22	62.28	56.25	3.26	12.06
浙江省	62	47.65	64.51	57.41	4.17	16.86
重庆市	25	46.44	63.69	54.34	5.10	17.25
合 计	1162	42.38	71.25	55.67	4.78	28.87

资料来源：南开大学公司治理研究中心数据库。

4.2.2.3 按第一大股东性质进行的统计分析

上市公司第一大股东的性质差异决定了其在公司决策中的利益取向和目标。下面我们就从上市公司控股股东的性质角度（国有控股、集体控股、社会团体控股、民营控股、职工持股会控股、外资控股和其他类型）对董事会治理进行分类研究。

表4-9描述的上市公司的第一大股东的分布情况显示，在1162家样本上市公司中，共有235家公司董事会治理指数达到$CCGI_{BOD}^{NK}$Ⅳ以上，所占比例为20.23%。其中，达到$CCGI_{BOD}^{NK}$Ⅳ以上的公司数占比最高的是职工持股会控股公司，所占比例为35.72%；其次是其他类型控股公司，所占比例为33.33%；社会团体控股公司所占比例位居第三，$CCGI_{BOD}^{NK}$Ⅳ以上所占比例为25.00%；国有控股上市公司$CCGI_{BOD}^{NK}$Ⅳ以上所占比例为21.60%，公司数为170家；民营控股公司$CCGI_{BOD}^{NK}$Ⅳ以上所占比例为16.32%，公司数为55家；董事会治理指数达到$CCGI_{BOD}^{NK}$Ⅳ以上的比例最低的是外资控股，比例为14.29%。

表4-9 第一大股东性质不同的董事会治理指数等级分布

董事会治理指数等级		第一大股东性质	国有控股	集体控股	民营控股	社会团体控股	外资控股	职工持股会控股	其他类型	合计
		数目	787	10	337	4	7	14	3	1162
		比例(%)	67.73	0.86	29.00	0.34	0.60	1.21	0.26	100.00
$CCGI_{BOD}^{NK}$ Ⅰ		数目	0	0	0	0	0	0	0	0
		比例(%)	0.00	0.00	0.00	0.00	0.00	0.00	0.00	0.00
$CCGI_{BOD}^{NK}$ Ⅱ		数目	0	0	0	0	0	0	0	0
		比例(%)	0.00	0.00	0.00	0.00	0.00	0.00	0.00	0.00

续表

$CCGI_{BOD}^{NK}$ III	数目	1	0	0	0	0	0	0	1
	比例(%)	0.13	0.00	0.00	0.00	0.00	0.00	0.00	0.09
$CCGI_{BOD}^{NK}$ IV	数目	169	2	55	1	1	5	1	234
	比例(%)	21.47	20.00	16.32	25.00	14.29	35.72	33.33	20.14
$CCGI_{BOD}^{NK}$ V	数目	526	4	229	3	6	8	2	778
	比例(%)	66.84	40.00	67.95	75.00	85.71	57.14	66.67	66.95
$CCGI_{BOD}^{NK}$ VI	数目	91	4	53	0	0	1	0	149
	比例(%)	11.56	40.00	15.73	0.00	0.00	7.14	0.00	12.82

资料来源:南开大学公司治理研究中心数据库。

由表4-10可知,董事会治理指数平均值在不同性质控股股东的公司间有一定差异,由高到低依次是职工持股会控股、国有控股、外资控股、其他类型、民营控股、社会团体控股、集体控股;董事会治理指数最大值较高的公司出现在国有控股、民营控股和职工持股会控股公司中,最大值分别为71.25、66.05和64.68;最小值较低的公司出现在国有控股、民营控股和职工持股会控股公司中,分别为42.38、44.05和45.62;标准差最高的是职工持股会控股公司,达到了5.72;标准差最小的是社会团体控股的公司,为4.35。总的看来,董事会治理指数的平均值在不同性质控股股东的公司之间存在一定的差异,平均值最大的职工持股会控股公司与平均值最小的集体控股公司之间的差距为3.58,样本总数位居前两位的国有控股公司和民营控股公司之间的平均值差距为1.02。

表4-10 第一大股东描述性统计

控制人类型	样本	最小值	最大值	均值	标准差
国有控股	787	42.38	71.25	55.99	4.75
民营控股	337	44.05	66.05	54.97	4.74
外资控股	7	51.24	64.62	55.88	4.36
集体控股	10	48.59	63.43	52.83	5.23
社会团体控股	4	51.09	60.81	54.80	4.35
职工持股会控股	14	45.62	64.68	56.41	5.72
其他类型	3	52.75	61.48	55.68	5.03
合 计	1162	42.38	71.25	55.67	4.78

资料来源:南开大学公司治理研究中心数据库。

4.2.3 董事会治理具体项目分析

为了能够更清晰地了解我国上市公司董事会治理的具体特征,我们对董事会治理所包含的一些重要属性进行具体分析。董事会治理具体项目分析包括:董事背景、董事长及董事在股东单位任职情况、董事会规模、董事会中女性董事人数、董事年龄构成、董事会会议次数、董事兼任高管职务情况、董事长与总经理两职兼任情况、董事会专业委员会设置情况、前三名董事薪酬情况、董事持股情况、独立董事人数及比例、独立董事参加会议情况、独立董事专业背景和独立董事津贴情况。

4.2.3.1 董事背景

董事的个人信念、情绪、决策方式及偏好等在一定程度上都会受到董事的学历以及专业背景的影响。董事过去的经历和学历在某种程度上可以代表董事的胜任能力。一般而言,拥有高学历且具有与公司经营密切相关的专业背景的董事,能够促进董事会有效运转。如表4-11所示,1101家公司的董事会中有成员具有本科以上学历,占样本公司的94.75%;只有61家公司的董事会成员不具有本科以上学历,占总样本的5.25%。

表4-11 董事会中是否有成员具有本科以上学历

问题	项目	样本数	比例(%)
董事会中是否有成员具有本科以上学历	是	1101	94.75
	否	61	5.25
合　计	—	1162	100.00

资料来源:南开大学公司治理研究中心数据库。

在1101家具有本科以上学历董事会成员的公司中,本科以上学历董事所占比例在0—30%(含30%)之间的公司有382家,所占比例为34.70%;本科以上学历董事所占比例在30%—50%(含50%)之间的公司有370家,所占比例为33.60%;本科以上学历董事所占比例在50%—80%(含80%)之间的公司,所占比例为22.89%;本科以上学历董事所占比例达到80%以上的公司97家,所占比例为8.81%。见表4-12。

表4-12 具有本科以上学历董事所占比例的区间分布情况

问题	项目	样本数	比例(%)
具有本科以上学历董事所占比例的区间分布	(0,30]	382	34.70
	(30,50]	370	33.60
	(50,80]	252	22.89
	(80,100]	97	8.81
合　计	—	1101	100.00

资料来源:南开大学公司治理研究中心数据库。

如表4-13所示,董事会中拥有管理经济背景董事的公司达到1148家,占样本公司的98.80%;只有14家公司的董事会成员不具备管理经济背景,占样本公司的1.20%。

表4-13 董事会中是否有成员具有管理经济背景(不包括独立董事)

问题	项目	样本数	比例(%)
董事会中是否有成员具有管理经济背景	是	1148	98.80
	否	14	1.20
合计	—	1162	100.00

资料来源:南开大学公司治理研究中心数据库。

在1148家拥有管理经济背景董事的公司中,具有管理经济专业背景的董事所占比例主要集中于50%—80%(含80%)之间,有480家公司,所占比例为41.81%;具有管理经济专业背景的董事所占比例在30%—50%(含50%)之间的公司434家,所占比例为37.81%;具有管理经济专业背景的董事所占比例高于80%的公司137家,所占比例为11.93%;具有管理经济专业背景的董事所占比例低于30%(含30%)的公司数目较少,只有97家,所占比例为8.45%。见表4-14。

表4-14 具有管理经济专业背景董事所占比例的区间分布情况(不包括独立董事)

问题	项目	样本数	比例(%)
具有管理经济专业背景董事所占比例的区间分布	(0,30]	97	8.45
	(30,50]	434	37.81
	(50,80]	480	41.81
	(80,100]	137	11.93
合计	—	1148	100.00

资料来源:南开大学公司治理研究中心数据库。

4.2.3.2 董事长及董事在股东单位任职情况

上市公司的股东为了确保其股东权益,会通过合法程序向上市公司的董事会推荐董事人选。上市公司的股东通过其推荐的董事在一定程度上会对上市公司的决策产生影响。这种影响可能是积极的(如为上市公司提供资源等),也可能是消极的(如侵占上市公司利益等)。上市公司董事会中如果有过多的成员在股东单位任职,往往会对公司的独立性造成一定程度的负面影响。从表4-15董事长在股东单位任职情况统计表可以看出,有654家样本公司的董事长在股东单位任职,占总样本的56.28%;508家样本公司的董事长不在股东单位任职,占总样本的43.72%。

表 4-15　董事长在股东单位任职情况统计表

董事长是否在股东单位任职	是	否
样本数	654	508
比例(%)	56.28	43.72

资料来源:南开大学公司治理研究中心数据库。

从表 4-16 董事在股东单位任职情况统计表中可以看出,有 1016 家样本公司的董事在股东单位任职,占总样本的 87.44%;只有 146 家样本公司的董事没有在股东单位任职,占总样本的 12.56%。

表 4-16　董事在股东单位任职情况统计表

是否存在董事在股东单位任职的情况	是	否
样本数	1016	146
比例(%)	87.44	12.56

资料来源:南开大学公司治理研究中心数据库。

存在董事在股东单位任职现象的 1016 家上市公司中,在股东单位任职董事所占比例主要集中于 0—30%(含 30%)之间,有 492 家公司,所占比例为 48.43%;在股东单位任职董事所占比例在 30%—50%(含 50%)之间的公司 410 家,所占比例为 40.35%;在股东单位任职董事所占比例在 50%—80%(含 80%)之间的公司 112 家,所占比例为 11.02%;在股东单位任职董事所占比例高于 80% 的公司数目较少,仅有 2 家,所占比例为 0.20%。见表 4-17。

表 4-17　在股东单位任职董事比例统计表

在股东单位任职董事比例	(0,30]	(30,50]	(50,80]	(80,100]
样本数	492	410	112	2
比例(%)	48.43	40.35	11.02	0.20

资料来源:南开大学公司治理研究中心数据库。

4.2.3.3　董事会规模

适宜的董事会规模可以促进董事会建立合理的董事会集体议事规则,提高董事会的独立性、专业性和决策的科学性。过大或过小的董事会都不利于董事会的有效运作。绝大部分上市公司的董事会规模集中于 7—13 人之间,共 1028 家,占总样本的 88.47%。其中,董事会规模为 10 人的公司所占比例最高,有 307 家公司,占总样本的 26.42%;其次是 9 人,占总样本的 23.75%;董事会规模为 8 人的公司所占比例位居第三,为 9.47%。同时,仍有部分样本公司的董事会规模低于 7 人。董事会规模为 5 人及以下的公司有 18 家;董事会规模为 6 人的公司有 29 家。董事会规模在 13 人以上的上市公司中,15 人董事会规模的公司数目最多,为 32 家,董事会规模为 14 人的公司有 27 家,16 人的公司有 17 家,17 人及以上的公司有 11 家。见表 4-18。

表 4-18 董事会规模情况

董事会规模	≤5	6	7	8	9	10	11	12	13	14	15	16	≥17
样本数	18	29	82	110	276	307	98	101	54	27	32	17	11
比例(%)	1.55	2.50	7.06	9.47	23.75	26.42	8.43	8.69	4.65	2.32	2.75	1.46	0.95

资料来源:南开大学公司治理研究中心数据库。

4.2.3.4 董事会中女性董事人数

董事会的性别构成也是董事会的一个很重要的结构因素。不同性别的董事成员,其行为方式、个人信念、决策程序等都会有所不同。一般而言,男性董事的决策具有理性、直率、风险偏好等特征,而女性董事的决策具有缜密、细致、风险厌恶等特征,二者在一定程度上具有互补性。因此,董事会中适度比例的女性成员有利于董事会决策的科学性和合理性。445 家公司董事会中没有女性成员,占总样本的 38.30%;717 家公司的董事会中有女性成员,占总样本的 61.70%。从统计数据看,女性董事已经进入到大多数公司的董事会中。见表 4-19。

表 4-19 董事会成员中是否有女性成员

问题	项目	样本数	比例(%)
董事会成员中是否有女性成员	是	717	61.70
	否	445	38.30
合 计	—	1162	100.00

资料来源:南开大学公司治理研究中心数据库。

在有女性成员的 717 家公司的董事会中,大多数公司的女性董事所占比例低于 30%。女性董事所占比例在 0—10%(含 10%)之间的公司 230 家,占该类样本公司的 32.08%;女性董事所占比例在 10%—30%(含 30%)之间的公司 431 家,占该类样本公司的 60.11%。少数公司的女性董事能够占到董事会人数的 1/3 以上。其中,49 家公司的女性董事所占比例在 30%—50%(含 50%)之间,占该类样本公司的 6.83%;只有 7 家公司的女性董事所占比例超过 50%,占该类样本公司的 0.98%,且该比例的最高值达到 85.71%。从统计数据看,我国大多数上市公司的董事会仍然以男性董事为主。见表 4-20。

4.2 中国上市公司董事会治理描述性统计

表4-21 女性董事所占比例的区间分布情况

问题	项目	样本数	比例(%)
女性董事所占比例的区间分布	(0,10]	230	32.08
	(10,30]	431	60.11
	(30,50]	49	6.83
	(50,85.71]	7	0.98
合 计	—	717	100.00

资料来源：南开大学公司治理研究中心数据库。

4.2.3.5 董事年龄构成

董事的年龄构成是影响董事会运作效率的一个重要指标。如果董事会中超龄董事成员（年龄在60岁及以上）较多，势必会在一定程度上妨碍董事会的有效运作。在1162家样本公司中，有486家公司的董事会中没有超龄董事，所占比例为41.82%；388家公司的董事会中有1名超龄董事，占总样本的33.39%；178家公司的董事会中有2名超龄董事，占总样本的15.32%；79家公司的董事会中有3名超龄董事，占总样本的6.81%；董事会中有4名及以上超龄董事的公司较少，为31家，占总样本的2.66%。从统计数据看，含有超龄董事的公司较多，占到上市公司的一半以上。见表4-21。

表4-21 60岁及以上的董事人数情况（不包括董事长）

60岁及以上的董事人数	0	1	2	3	4	5	6	7
样本数	486	388	178	79	17	9	4	1
比例(%)	41.82	33.39	15.32	6.81	1.46	0.77	0.34	0.09

资料来源：南开大学公司治理研究中心数据库。

超龄董事比例的区间分布更能说明样本公司中超龄董事的构成情况。在676家具有超龄董事的上市公司中，超龄董事比例在0—30%（含30%）之间的公司有601家，所占比例为88.90%；65家样本公司的超龄董事比例在30%—50%（含50%）之间，所占比例为9.62%；只有10家样本公司的超龄董事比例超过50%，所占比例为1.48%。见表4-22。

表4-22 60岁及以上董事比例的区间分布情况（不包括董事长）

问题	项目	样本数	比例(%)
60岁及以上董事比例	(0,30]	601	88.90
	(30,50]	65	9.62
	(50,100]	10	1.48
合 计	—	676	100.00

资料来源：南开大学公司治理研究中心数据库。

从董事长年龄的区间分布看,董事长年龄位于50—60岁(含60岁)之间的上市公司数目最多,为501家,所占比例为43.12%;董事长年龄在40—50岁(含50岁)之间的上市公司数目位居第二,为464家,所占比例为39.93%;126家上市公司的董事长年龄在60岁及以上,所占比例为10.84%;71家上市公司的董事长年龄在40岁以下,所占比例为6.11%。从董事长年龄的统计分析看,大多数上市公司的董事长年龄结构比较合理,只有少数上市公司存在董事长高龄的状况。见表4-23。

表4-23 董事长年龄的区间分布情况

问题	项目	样本数	比例(%)
董事长年龄的区间分布	(0,40]	71	6.11
	(40,50]	464	39.93
	(50,60]	501	43.12
	(60,100]	126	10.84
合　计	—	1162	100.00

资料来源:南开大学公司治理研究中心数据库。

4.2.3.6 董事会会议次数

董事会会议是董事会决策的场所,会议次数在一定程度上可以反映董事会的运行状况。董事会会议过多可能是董事会效率低下的一种表现,也有可能是由于公司为了改善较差的境况而频繁开会;而过少的董事会会议则难以实现董事会的战略决策功能以及对公司的监控。从样本公司2006年召开董事会会议次数的统计表4-24可以看出,绝大部分公司召开的董事会会议次数为4—10次,共有1005家,占总样本的86.49%;93家公司的董事会会议次数在11—13次之间,占总样本的8.00%;45家公司的董事会会议次数在14—20次之间,占总样本的3.87%;召开3次及以下、21次及以上董事会会议的公司所占比例较小,其中,有14家公司召开的董事会会议次数在3次及以下;有5家公司召开的董事会会议次数在21次及以上。从统计数据看,大部分公司的董事会会议次数较为合理,只有少数公司的董事会会议次数存在过多或过少的情况。

表4-24 董事会会议次数的区间分布

问题	项目	样本数	比例(%)
董事会会议次数的区间分布	3次及以下	14	1.21
	4—10次	1005	86.49
	11—13次	93	8.00
	14—20次	45	3.87
	21次及以上	5	0.43
合　计	—	1162	100.00

资料来源:南开大学公司治理研究中心数据库。

在董事会会议次数频率最高的区间(4—10次董事会会议)中,232家公司召开了6次董事会会议,占该类样本公司的23.08%;184家公司召开了7次董事会会议,占该类样本公司的18.31%;175家公司召开了5次董事会会议,占该类样本公司的17.41%;召开8次和9次董事会会议的公司所占比例分别为该类样本公司的14.83%和10.75%;召开4次和10次董事会会议的公司较少,所占比例分别为该类样本公司的9.55%和6.07%。见表4-25。

表4-25 董事会会议次数频率最高区间的具体情况

问题	项目	样本数	比例(%)
董事会会议次数频率最高区间的具体情况	召开4次董事会会议	96	9.55
	召开5次董事会会议	175	17.41
	召开6次董事会会议	232	23.08
	召开7次董事会会议	184	18.31
	召开8次董事会会议	149	14.83
	召开9次董事会会议	108	10.75
	召开10次董事会会议	61	6.07
合 计	—	1005	100.00

资料来源:南开大学公司治理研究中心数据库。

4.2.3.7 董事兼任高管职务情况

上市公司的董事会成员有一部分由公司的高管担任。董事兼任高管有利于公司信息在董事会的传播,使董事会的决策具有充分的信息支持。然而,如果存在过多的董事兼任高管的情况,则有可能出现内部人控制的局面。从表4-26兼任高管职务(总经理、副总经理、财务总监、董事会秘书等有关人员)的董事人数情况可以看出,71家公司的董事会独立于管理层,占总样本的6.11%;1091家公司的董事会成员存在兼任公司高管职务的情况,占总样本的93.89%。在1091家公司中,374家公司的2名董事兼任公司的高管职务,占总样本的32.19%;328家公司的1名董事兼任公司的高管职务,占总样本的28.23%;253家公司的3名董事兼任公司的高管职务,占总样本的21.77%;董事会内4名董事兼任高管职务的公司所占比例较少,为8.00%;5名及以上董事兼任高管职务的公司比例最小,为3.70%。从统计表可以看出,兼任高管职务的董事人数集中于1—3人。

表4-26 兼任高管职务的董事人数情况

问题	项目	样本数	比例(%)
兼任高管职务的董事人数	0	71	6.11
	1	328	28.23
	2	374	32.19
	3	253	21.77
	4	93	8.00
	5人及以上	43	3.70
合 计	—	1162	100.00

资料来源:南开大学公司治理研究中心数据库。

为了更充分地说明兼任高管职务的董事状况,仅关注兼任高管职务的董事人数情况是不够的,还需要进一步了解兼任高管的董事在董事会中所占的比例情况,如表4-27所示。在董事会中存在董事兼任高管职务的1091家公司中,大部分公司兼任高管职务的董事所占比例低于50%(含50%)。361家公司兼任高管职务的董事比例在10%—20%(含20%)之间,占该类样本公司的33.09%;290家公司兼任高管职务的董事比例在20%—30%(含30%)之间,占该类样本公司的26.58%;224家公司兼任高管职务的董事比例在30%—50%(含50%)之间,占该类样本公司的20.53%;180家公司兼任高管职务的董事比例低于10%(含10%),占该类样本公司的16.50%。只有36家公司兼任高管职务的董事比例超过50%,所占比例为3.30%。

表4-27 兼任高管职务的董事比例情况

问题	项目	样本数	比例(%)
兼任高管职务的董事比例情况	(0,10]	180	16.50
	(10,20]	361	33.09
	(20,30]	290	26.58
	(30,50]	224	20.53
	(50,100]	36	3.30
合 计	—	1091	100.00

资料来源:南开大学公司治理研究中心数据库。

4.2.3.8 董事长与总经理两职兼任情况

董事长和总经理由同一人担任,固然可以在一定程度上提高决策的效率,但董事具有监督经理人员的职责,如果董事长和总经理两职兼任,则存在着同体监督的问题,不利于董事会与经理层的独立运作。因此,董事长与总经理的两职分离在一定程度上有利于公司的科学决策和有效监督。从表4-28董事长与总经理兼任情况来看,有125家公司的董事长和总经理由一人担任,占总样本的10.76%;有1037家公司的董事长和总经理由两人分任,占总样本的89.24%。这说明,董事长与总经理两职分任的领导结构已经在我国上市公司中基本确立。

表4-28 董事长与总经理兼任情况

问题	项目	样本数	比例(%)
董事长与总经理是否兼任	否	1037	89.24
	是	125	10.76
合计	—	1162	100.00

资料来源:南开大学公司治理研究中心数据库。

4.2.3.9 董事会专业委员会设置情况

高效董事会的组织保障在于董事会专业委员会的合理设置及有效运作。从董事会组织结构的发展看,董事会专业委员会在董事会中将会发挥越来越重要的作用。从表4-29董事会专业委员会设立情况统计表中可以看到,在1162家公司中,417家公司建立了董事会战略委员会,所占比例为35.89%;979家公司建立了董事会审计委员会,所占比例为84.25%;1017家公司建立了董事会薪酬与考核委员会,所占比例为87.52%;439家公司建立了董事会提名委员会,所占比例为37.78%;281家上市公司全部设立了上述四个专业委员会,所占比例为24.18%。从统计数据看,董事会的四个专业委员会建设情况不容乐观;董事会审计委员会和董事会薪酬与考核委员会在上市公司中虽然已经较为普及,但仍有很多公司尚未建立;战略委员会和提名委员会的建设更需要进一步加强;并且,全部设立上述四个专业委员会的上市公司数目并不多。由此可见,上市公司专业委员会的建设工作需要进一步推进。

表4-29 董事会专业委员会设立情况统计表

问题	项目	样本数	比例(%)
董事会专业委员会设立情况	战略委员会	417	35.89
	审计委员会	979	84.25
	薪酬与考核委员会	1017	87.52
	提名委员会	439	37.78
	设立上述四个专业委员会	281	24.18

资料来源:南开大学公司治理研究中心数据库。

4.2.3.10 前三名董事薪酬情况

董事会承担着制定公司重大决策、监督管理层的重任。并且,随着公司治理实践的不断发展,如果董事会成员没有尽到应有的诚信和勤勉义务,将有可能遭到股东的诉讼。权利和义务需要对等。赋予董事会责任的同时,需要给予与之相对等的激励措施。合理的董事薪酬可以在一定程度上提高董事的工作积极性,激励董事努力工作。从表4-30最高前三名董事薪酬平均数额的情况可知,共有 392 家公司最高前三名董事薪酬的平均数在 10 万元(含 10 万元)以下,占总样本的 33.73%;548 家公司最高前三名董事薪酬的平均数在 10 万—30 万元(含 30 万元)之间,占总样本的 47.16%;143 家公司最高前三名董事薪酬的平均数在 30 万—50 万元(含 50 万元)之间,占总样本的 12.31%;52 家公司最高前三名董事薪酬的平均数在 50 万—80 万元(含 80 万元)之间,占总样本的 4.48%;9 家公司最高前三名董事薪酬的平均数在 80 万—100 万元(含 100 万元)之间,占总样本的 0.77%;最高前三名董事薪酬的平均数超过 100 万元的共有 18 家公司,占总样本的 1.55%。在 1162 家上市公司中,前三名董事薪酬平均值最高者达到 379.33 万元。总体来看,我国上市公司最高前三名董事薪酬的平均数额主要集中于 30 万元(含 30 万元)以内,30 万元以上的公司所占比例较少。

表 4-30　最高前三名董事薪酬平均数额情况(万元)

问题	项目	样本数	比例(%)
最高前三名董事薪酬平均数额(万元)	(0,10]	392	33.73
	(10,30]	548	47.16
	(30,50]	143	12.31
	(50,80]	52	4.48
	(80,100]	9	0.77
	(100,379.33]	18	1.55
合　计	—	1162	100.00

资料来源:南开大学公司治理研究中心数据库。

4.2.3.11 董事持股情况

董事持股是一种有效的董事激励措施,它与董事年薪制一起,构成短期和长期相结合的激励体系,有利于激励董事会成员着眼于公司的长期发展。从表 4-31 可以看出,663 家公司的董事持有公司股份,占总样本的 57.06%;另有 499 家公司的董事未持有公司股份,占总样本的 42.94%。

表 4-31　董事是否持有公司股份

问题	项目	样本数	比例(%)
董事是否持有公司股份	是	663	57.06
	否	499	42.94
合　计	—	1162	100.00

资料来源:南开大学公司治理研究中心数据库。

在663家董事持股公司中,持股董事所占比例主要集中于10%—50%(含50%)之间,其中,持股董事所占比例位于10%—30%(含30%)之间的有283家公司,所占比例为42.68%;持股董事在董事会中所占比例在30%—50%(含50%)之间的公司有163家,所占比例为24.59%。持股董事所占比例低于10%(含10%)的公司有113家,所占比例为17.04%;104家公司的持股董事比例达到50%以上,所占比例为15.69%。从统计数据可以看出,我国上市公司董事会中持有股份的成员并不多,董事的长期激励有待进一步加强。见表4-32。

表 4-32　持股董事比例的区间分布情况

问题	项目	样本数	比例(%)
持股董事比例的区间分布情况	(0,10]	113	17.04
	(10,30]	283	42.68
	(30,50]	163	24.59
	(50,100]	104	15.69
合　计	—	663	100.00

资料来源:南开大学公司治理研究中心数据库。

4.2.3.12　独立董事人数及比例

独立董事的人数在一定程度上代表了董事会的独立性。目前的研究大都倾向于支持董事会中具有较多的独立董事。如表4-33所示,引入1名独立董事的公司有14家,占总样本的1.20%;引入2名独立董事的公司有91家,占总样本的7.83%;引入3名和4名独立董事的公司占了大多数,分别为703家和259家,所占比例分别为60.50%和22.29%;引入5名及以上独立董事的有95家,占总样本的8.18%。从统计数据看,全部样本公司都已经引入了独立董事制度,且上市公司董事会中的独立董事人数主要集中于3—4名之间。

表 4-33 独立董事人数情况

问题	项目	样本数	比例(%)
独立董事人数情况	1	14	1.20
	2	91	7.83
	3	703	60.50
	4	259	22.29
	5人及以上	95	8.18
合 计	—	1162	100.00

资料来源：南开大学公司治理研究中心数据库。

独立董事比例是衡量上市公司独立董事制度建设的重要指标，与董事会的独立性呈现正相关的关系。一般而言，独立董事比例越高，越有利于董事会保持独立性。从我国上市公司独立董事比例的分布情况看，独立董事比例低于1/3的上市公司数目仍然不少，有535家，所占比例为46.04%；182家公司的独立董事人数刚达到最低要求，为董事会总人数的1/3，所占比例为15.66%；独立董事比例在1/3—1/2之间的公司有291家，所占比例为25.04%；独立董事在董事会中达到半数的有64家公司，所占比例为5.51%；有90家公司的独立董事比例超过50%，所占比例为7.75%。从统计数据中可以看出，虽然大多数上市公司的独立董事比例满足了上市公司监管部门的最低要求，但仍有部分上市公司的独立董事比例偏低，需要进一步推进独立董事制度在中国上市公司的建立和完善。见表4-34。

表 4-34 独立董事比例分布情况

问题	项目	样本数	比例(%)
独立董事比例分布情况	独立董事比例小于1/3	535	46.04
	独立董事比例等于1/3	182	15.66
	独立董事比例大于1/3，且小于1/2	291	25.04
	独立董事比例等于1/2	64	5.51
	独立董事比例大于1/2	90	7.75
合 计	—	1162	100.00

资料来源：南开大学公司治理研究中心数据库。

4.2.3.13 独立董事参加会议情况

作为独立的第三方，独立董事与公司无利益关系的地位有利于其独立、客观、公允地发表意见。然而，意见的发表是基于对上市公司经营状况的了解。如果独立董事不能充分地获取公司信息,其意见发表的效果将会大打折扣。因此,独立董事积极参加董事会会议就非常重要。通过参与董事会会议,独立董事可以更多地了解上市公司的经营状况。并且,与其他董事的意见沟通和交流也会促进独立董事对上市公司的认知程度,从而为独立董事的有效履职提供充分的信息支撑。如表4-35所示,有87家公司的全部独立董事都未能参加2006年度的全部董事会会议,所占比例为7.49%;参加全部会议的独立董事比例在0—50%(含50%)之间的公司有341家,所占比例为29.35%;参加全部会议的独立董事比例在50%—100%(含100%)之间的公司有733家,所占比例为63.08%;另外有1家公司没有披露独立董事的参会情况,所占比例为0.08%。总体而言,独立董事的参会状况并不令人满意,要进一步提高独立董事的参会比例。

表4-35 参加全部会议的独立董事比例

问题	项目	样本数	比例(%)
参加全部会议的独立董事比例	0	87	7.49
	(0,50]	341	29.35
	(50,100]	733	63.08
	未披露	1	0.08
合计	—	1162	100.00

资料来源:南开大学公司治理研究中心数据库。

4.2.3.14 独立董事专业背景

独立董事的专业背景在一定程度上决定了独立董事理解问题的角度、视野以及决策的方式和程序。不同专业背景的独立董事具有不同的学识、经验、信念和偏好,从而为董事会的决策提供了多角度的意见和看法,有利于董事会决策的科学性。如表4-36所示,736家公司的独立董事不具备法律专业背景,占总样本的63.34%;395家公司中有1名独立董事具备法律专业背景,占总样本的33.99%;28家公司中有2名独立董事具备法律专业背景,占总样本的2.41%;拥有3名及以上法律专业背景独立董事的公司数目较少,只有3家,占总样本的0.26%。

表4-36 具有法律专业背景的独立董事人数

问题	项目	样本数	比例(%)
具有法律专业背景的独立董事人数	0	736	63.34
	1	395	33.99
	2	28	2.41
	3	2	0.17
	4	1	0.09
合计	—	1162	100.00

资料来源:南开大学公司治理研究中心数据库。

如表 4-37 所示,217 家公司的独立董事不具备管理经济专业背景,占总样本公司的 18.67%;447 家公司有 1 名独立董事具备管理经济专业背景,占样本公司的 38.47%;352 家公司有 2 名独立董事具备管理经济专业背景,占总样本的 30.29%;120 家公司有 3 名独立董事具备管理经济专业背景,占总样本的 10.33%;21 家公司有 4 名独立董事具备管理经济专业背景,占总样本的 1.81%;拥有 5 名及以上管理经济专业背景独立董事的公司数目较少,为 5 家,占总样本的 0.43%。

表 4-37 具有管理经济专业背景的独立董事人数

问题	项目	样本数	比例(%)
具有管理经济专业背景的独立董事人数	0	217	18.67
	1	447	38.47
	2	352	30.29
	3	120	10.33
	4	21	1.81
	5 人及以上	5	0.43
合 计	—	1162	100.00

资料来源:南开大学公司治理研究中心数据库。

如表 4-38 所示,797 家公司的独立董事不具备技术专业背景,占总样本的 68.59%;291 家公司有 1 名独立董事具备技术专业背景,占总样本的 25.04%;63 家公司有 2 名独立董事具备技术专业背景,占总样本的 5.42%;拥有 3 名及以上技术专业背景独立董事的公司数目较少,为 11 家,占总样本的 0.95%。从独立董事具备法律、管理经济和技术专业背景的统计数据可以看出,上市公司更倾向于聘用具有管理经济专业背景的独立董事,并且大多数上市公司更愿意聘用具有不同背景的独立董事。

表 4-38 具有技术专业背景的独立董事人数

问题	项目	样本数	比例(%)
具有技术专业背景的独立董事人数	0	797	68.59
	1	291	25.04
	2	63	5.42
	3 人及以上	11	0.95
合 计	—	1162	100.00

资料来源:南开大学公司治理研究中心数据库。

4.2.3.15 独立董事津贴情况

独立董事津贴是对独立董事付出工作的一种回报。过高的独立董事津贴可能会影响独立董事的独立性,使独立董事依赖上市公司的这份薪酬,从而不愿意发表公允的意见。过低的独立董事津贴则可能会影响独立董事的工作积极性。因此,为上市公司的独立董事制定合理、适度的津贴有利于提高独立董事的工作积极性和努力程度。如表4-39所示,独立董事津贴低于2万元(含2万元)的样本公司有278家,所占比例为23.92%;独立董事津贴在2万—5万元(含5万元)之间的样本公司有718家,所占比例为61.79%;独立董事津贴在5万—10万元(含10万元)之间的样本公司有151家,所占比例为12.99%;独立董事津贴在10万—20万元(含20万元)之间的样本公司有12家,所占比例为1.04%;独立董事津贴超过20万元的公司有3家,所占比例为0.26%。总体来看,我国上市公司独立董事津贴主要介于2万—5万元之间。

表4-39 独立董事津贴的区间分布情况

问题	项目	样本数	比例(%)
独立董事津贴的区间分布情况(万元)	(0,2]	278	23.92
	(2,5]	718	61.79
	(5,10]	151	12.99
	(10,20]	12	1.04
	(20,80]	3	0.26
合 计	—	1162	100.00

资料来源:南开大学公司治理研究中心数据库。

4.3 中国上市公司董事会治理100佳分析

4.3.1 上市公司董事会治理100佳董事会治理情况

董事会是公司重大决策的控制系统,对公司的战略发展和运营至关重要。对董事会治理效率的研究长期以来是学术界的热点问题,很多研究都支持董事会治理的溢价效应,即董事会治理较好的公司,其绩效也较好,从而为投资者带来了溢价。在描述性统计的基础上,我们将董事会治理100佳样本公司与总样本进行比较分析,为董事会与公司绩效之间的关系提供证据。

从表4-40可以看出,100佳上市公司董事会治理指数的平均值为64.51,较总样本平均水平(55.67)高8.84。100佳上市公司中董事会治理指数的最大值为71.25,最小值为62.51,相差8.74。100佳上市公司间董事会治理指数标准差为1.76,比总样本标准差(4.78)小3.02,说明中国上市公司董事会治理100佳的治理状况的差异性较小。

表4-40 董事会治理100佳与总样本的董事会治理状况对比

董事会治理指数	平均值	标准差	最小值	最大值
总样本(1162家)	55.67	4.78	42.38	71.25
100佳上市公司	64.51	1.76	62.51	71.25

资料来源:南开大学公司治理研究中心数据库。

从表4-41董事会治理100佳与总样本董事会治理各子因素指数平均值对比表可以看出,100佳公司所有子因素指数平均值均高于总样本平均值。其中,100佳公司董事薪酬指数($CCGI_{BOD4}^{NK}$)的平均值比总样本平均值高出最多,达到16.27;100佳公司独立董事制度指数($CCGI_{BOD5}^{NK}$)的平均值比总样本平均值高出11.03,差距位居第二;董事会运作效率指数($CCGI_{BOD2}^{NK}$)的平均值比总样本平均值高出最少,为5.15。这说明,董事会治理100佳样本在董事会治理各个维度的表现均优于总样本的平均值,但是各维度的差距则大小不一。

表4-41 董事会治理100佳与总样本董事会治理各子因素指数平均值的比较

董事会治理子因素指数	总样本	100佳
董事权利与义务指数($CCGI_{BOD1}^{NK}$)	53.62	59.85
董事会运作效率指数($CCGI_{BOD2}^{NK}$)	59.74	64.89
董事会组织结构指数($CCGI_{BOD3}^{NK}$)	55.80	61.96
董事薪酬指数($CCGI_{BOD4}^{NK}$)	45.76	62.03
独立董事制度指数($CCGI_{BOD5}^{NK}$)	57.17	68.20

资料来源:南开大学公司治理研究中心数据库。

4.3.2 董事会治理指数100佳上市公司的行业分布

表4-42是董事会100佳的行业分布表。从整体上看,各个行业进入董事会治理100佳的公司数具有一定的差异性。社会服务业、传播与文化产业和房地产业进入董事会100佳的公司数目占该行业公司数目的比重位居前三位,分别为25.71%、

22.22% 和 15.69%；采掘业和制造业进入董事会 100 佳的公司所占比重较低，分别为 5.26% 和 6.62%；农、林、牧、渔业中并没有公司进入董事会 100 佳的行列。从公司数目上来说，制造业中位列董事会治理 100 佳的公司数目最多，为 44 家公司；社会服务业和房地产业次之，其进入董事会治理 100 佳的公司数目分别为 9 家和 8 家。在董事会治理 100 佳公司中，董事会治理指数均值最高的前三个行业分别为交通运输、仓储业、社会服务业和信息技术业，其均值分别达到 65.47、65.14 和 64.79；采掘业、批发和零售贸易业与房地产业在董事会治理指数的均值方面数值较低，分别为 63.50、63.60 和 63.65。从变幅程度上来说，交通运输、仓储业、制造业和社会服务业位居前三，其变幅分别达到 7.98、7.32 和 5.41。各个行业董事会治理指数的差异程度也各不相同，标准差最大的前三个行业分别为交通运输、仓储业、制造业和社会服务业，其标准差分别为 2.95、1.93 和 1.89；标准差最小的前三个行业是传播与文化产业、建筑业和房地产业，分别为 0.08、0.51 和 0.78。

表 4−42　董事会治理 100 佳的行业分布

行业	样本数	样本比例（%）	平均值	中位数	最小值	最大值	变幅	标准差
农、林、牧、渔业	0	0.00	—	—	—	—	—	—
采掘业	1	5.26	63.50	63.50	63.50	63.50	0	—
制造业	44	6.62	64.58	64.24	62.52	69.84	7.32	1.93
电力、煤气及水的生产和供应业	7	13.73	64.61	64.68	62.54	66.95	4.41	1.61
建筑业	2	8.70	63.82	63.82	63.46	64.18	0.72	0.51
交通运输、仓储业	6	10.91	65.47	64.58	63.27	71.25	7.98	2.95
信息技术业	7	10.00	64.79	64.33	63.56	65.96	2.40	0.93
批发和零售贸易业	7	8.97	63.60	62.76	62.51	66.05	3.54	1.60
金融、保险业	1	12.50	64.23	64.23	64.23	64.23	0	—
房地产业	8	15.69	63.65	63.56	62.88	64.92	2.04	0.78
社会服务业	9	25.71	65.14	64.76	63.08	68.49	5.41	1.89
传播与文化产业	2	22.22	64.53	64.53	64.47	64.58	0.11	0.08
综合类	6	8.45	64.26	64.24	62.87	66.60	3.73	1.37
合　计	100	8.61	64.51	64.24	62.51	71.25	8.74	1.76

资料来源：南开大学公司治理研究中心数据库。

4.3.3 董事会治理指数100佳上市公司的地区分布

表4-43董事会治理100佳公司的地区分布表显示,中国上市公司董事会治理指数100佳主要集中在经济发展水平较高的地区,比如广东省、上海市和北京市,这三个地区进入董事会100佳的公司数目分别为24家、23家和14家,占该地区上市公司的比重分别为17.52%、19.66%和18.18%;河北省、吉林省、江西省、广西壮族自治区、海南省、贵州省、云南省、陕西省、甘肃省、宁夏回族自治区的上市公司都未进入董事会治理100佳的行列。董事会治理均值最高的前三个省份是青海省、内蒙古自治区和天津市,其均值分别达到69.82、69.59和68.49;浙江省、重庆市和安徽省董事会治理的平均水平较低,分别为63.40、63.53和63.55。从各省区进入100佳上市公司董事会治理质量的差异程度来说,辽宁省的差异性最大,其标准差达到了4.40;山东省次之,为2.83;江苏省位居第三,为1.76;差异性较小的三个省区是黑龙江省、重庆市和湖北省,标准差分别为0.16、0.22和0.30。

表4-43 董事会治理100佳公司的地区分布

省份	样本数	所占比例(%)	平均值	中位数	最小值	最大值	变幅	标准差
北京市	14	18.18	64.71	64.53	62.51	67.35	4.83	1.42
天津市	1	4.76	68.49	68.49	68.49	68.49	0.00	—
河北省	0	0.00	—	—	—	—	—	—
山西省	1	4.55	65.50	65.50	65.50	65.50	0.00	—
内蒙古自治区	1	5.00	69.59	69.59	69.59	69.59	0.00	—
辽宁省	3	6.38	66.30	64.78	62.86	71.25	8.39	4.40
吉林省	0	0.00	—	—	—	—	—	—
黑龙江省	2	8.00	65.22	65.22	65.11	65.34	0.23	0.16
上海市	23	19.66	64.04	63.72	62.54	66.63	4.10	1.29
江苏省	4	5.33	64.36	64.42	62.53	66.05	3.52	1.44
浙江省	7	11.29	63.40	62.93	62.52	64.51	1.99	0.88
安徽省	2	5.56	63.55	63.55	62.65	64.45	1.80	1.27
福建省	2	5.88	63.69	63.69	62.76	64.62	1.86	1.32
江西省	0	0.00	—	—	—	—	—	—

续表

山东省	5	7.94	65.99	64.31	63.43	69.84	6.41	2.83
河南省	2	6.67	63.57	63.57	62.81	64.33	1.52	1.08
湖北省	2	4.00	64.87	64.87	64.66	65.09	0.43	0.30
湖南省	1	2.86	63.67	63.67	63.67	63.67	0.00	—
广东省	24	17.52	64.25	64.11	62.54	67.41	4.86	1.28
广西壮族自治区	0	0.00	—	—	—	—	—	—
海南省	0	0.00	—	—	—	—	—	—
重庆市	2	8.00	63.53	63.53	63.38	63.69	0.32	0.22
四川省	1	1.69	66.14	66.14	66.14	66.14	0.00	—
贵州省	0	0.00	—	—	—	—	—	—
云南省	0	0.00	—	—	—	—	—	—
西藏自治区	1	14.29	63.63	63.63	63.63	63.63	0.00	—
陕西省	0	0.00	—	—	—	—	—	—
甘肃省	0	0.00	—	—	—	—	—	—
青海省	1	14.29	69.82	69.82	69.82	69.82	0.00	—
宁夏回族自治区	0	0.00	—	—	—	—	—	—
新疆维吾尔自治区	1	5.56	64.27	64.27	64.27	64.27	0.00	—
合 计	100	8.61	64.51	64.24	62.51	71.25	8.74	1.76

资料来源:南开大学公司治理研究中心数据库。

4.3.4 董事会治理指数100佳上市公司的大股东性质

从不同性质控股股东上市公司董事会治理指数100佳统计表可以看出,在不同控股股东性质的公司之间,董事会治理指数之间的差异较小。在董事会治理100佳公司中,国有控股和外资控股公司的董事会治理指数较高,分别为64.66和64.62;集体控股表现最差,董事会治理指数的平均值为63.43;除集体控股公司外,进入董事会治理100佳的其他控股类型的公司董事会治理指数的均值都超过64。从各类控股公司进入董事会100佳的数量上来说,职工持股会控股公司和外资控股公司虽然进入100佳的公司数目不多,分别为3家和1家,但是其在该类型公司中所占的比重较高,分别为

21.43%和14.29%;国有控股和民营控股公司位列董事会治理100佳的公司数目分别为75家和20家,所占比例分别为9.53%和5.93%;社会团体控股公司、其他类型控股公司都没有进入董事会治理100佳的行列。从各类控股公司董事会治理水平的差异程度来说,国有控股公司、民营控股公司和职工持股会控股公司董事会治理指数的标准差依次为1.94、1.00和0.64。见表4-44。

表4-44 控股股东性质不同的董事会治理100佳描述性统计

控股股东性质	样本数	所占比例(%)	平均值	中位数	最小值	最大值	变幅	标准差
国有控股	75	9.53	64.66	64.22	62.52	71.25	8.73	1.94
集体控股	1	10.00	63.43	63.43	63.43	63.43	0	—
民营控股	20	5.93	64.05	64.26	62.51	66.05	3.54	1.00
社会团体控股	0	0.00	—	—	—	—	—	—
外资控股	1	14.29	64.62	64.62	64.62	64.62	0	—
职工持股会控股	3	21.43	64.18	64.40	63.46	64.68	1.22	0.64
其他类型	0	0.00	—	—	—	—	—	—
合计	100	8.61	64.51	64.24	62.51	71.25	8.74	1.76

资料来源:南开大学公司治理研究中心数据库。

4.4 董事会治理评价案例分析

4.4.1 董事会治理最佳的五家公司分析

董事会治理最佳的五家公司按照董事会治理评价指数排名由高到低依次是营口港(600317)、晨鸣纸业(000488)、盐湖钾肥(000792)、天山股份(000877)、津滨发展(000897)。从行业类型来看,营口港属于交通运输、仓储业;晨鸣纸业、盐湖钾肥、天山股份均属于制造业;津滨发展属于社会服务业。从实际控制人类型来看,上述五家公司都属于国有控股公司。

4.4.1.1 董事会治理整体情况分析

如图4-2所示,在董事会权利与义务方面,天山股份得分最高,而晨鸣纸业得分最低;在董事会运作效率方面,晨鸣纸业在五家公司中表现最好,而津滨发展在五家公司中表现最差;在董事会组织结构方面,营口港的组织结构最健全,而晨鸣纸业在五家公司中得分最低;在董事薪酬方面,晨鸣纸业的董事薪酬在五家公司中最高,而营口港的董事薪酬在五家公司中最低;在独立董事制度方面,营口港的得分最高,为75.75分,而晨鸣纸业的独立董事制度在五家公司中表现最差,为71.00分。

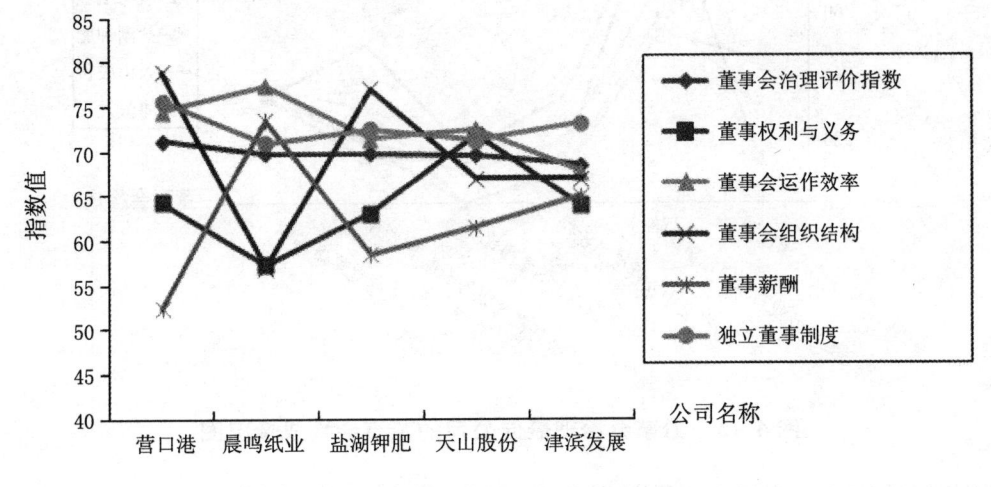

图4-2 董事会治理最佳公司的董事会治理情况图

4.4.1.2 董事会治理的具体项目分析

如图4-3所示,在本科以上学历的董事方面,天山股份和营口港所占比例较高,分别为100%和80.00%;津滨发展和盐湖钾肥位居中间水平,分别为45.45%和30.00%;晨鸣纸业所占比例最低,为14.29%。

在具有经济管理专业背景的董事比例方面,晨鸣纸业和天山股份的董事成员均具有经济管理专业背景;营口港、盐湖钾肥和津滨发展具有经济管理专业背景的董事比例分别为70.00%、60.00%和54.55%。

在董事会中女性成员比例方面,天山股份董事会中女性成员比例最高,达到了33.33%;营口港、晨鸣纸业和盐湖钾肥所占比例处于中间水平,分别为20.00%、14.29%和10.00%;津滨发展所占比例最低,为9.09%。

在董事会中超龄董事比例方面,盐湖钾肥和津滨发展表现最好,董事会成员的年龄都不到60岁;天山股份表现最差,董事会中有16.67%的董事年龄在60岁及以上;晨鸣纸业和营口港表现居中,董事会中超龄董事的比例分别为14.29%和10.00%。

在兼任高管职务的董事比例方面,天山股份最高,为50.00%;盐湖钾肥所占比例次之,为30.00%;营口港所占比例位居第三,为20.00%;津滨发展和晨鸣纸业所占比例较低,分别为18.18%和14.29%。

董事会治理最佳的五家公司,其独立董事所占比例都达到了30.00%。盐湖钾肥

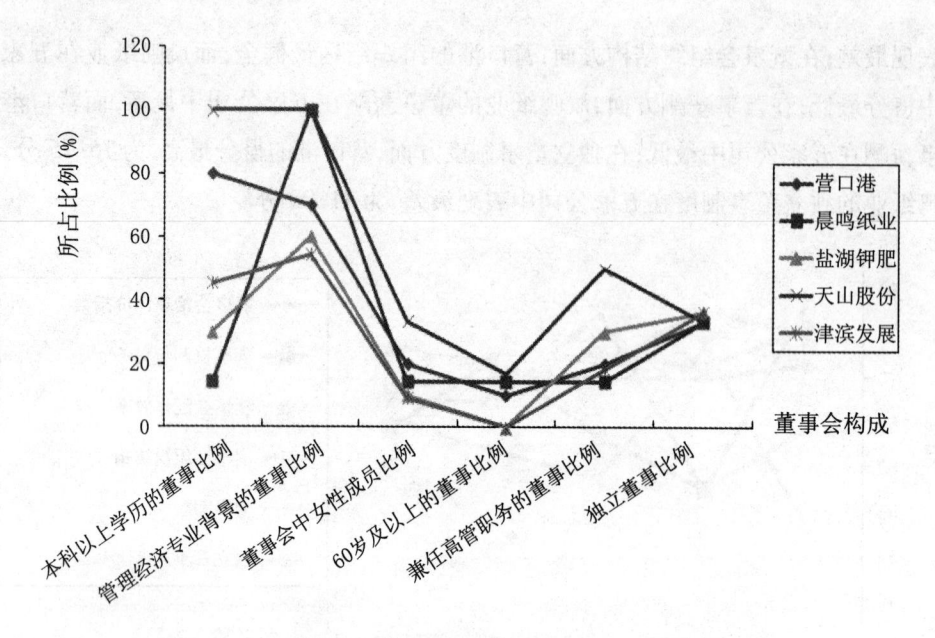

图 4-3 董事会治理最佳公司的董事会构成情况图

和津滨发展的独立董事比例最高,均为 36.36%;营口港、晨鸣纸业、天山股份的独立董事比例刚好达到 1/3。

如图 4-4 所示,在董事会规模方面,晨鸣纸业和天山股份的董事会规模最大,为 15 人;营口港的董事会人数居中,为 12 人;盐湖钾肥和津滨发展的董事会规模最小,均为 11 人。

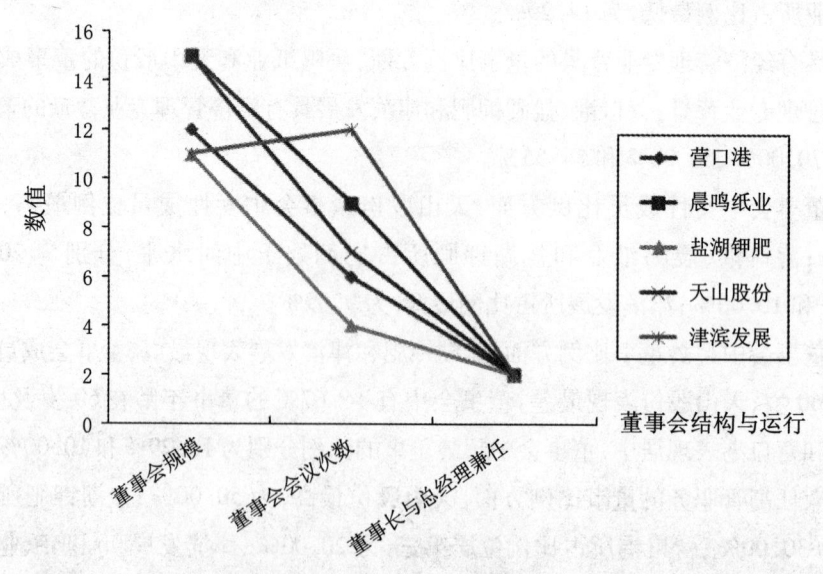

图 4-4 董事会治理最佳公司的董事会结构与运行项目情况图

在董事会会议次数方面,津滨发展2006年共召开了12次董事会会议,位居首位;晨鸣纸业、天山股份和营口港位于中间水平,分别召开了9次、7次和6次董事会会议;盐湖钾肥召开的董事会会议次数最少,为4次。

在董事会结构与运作项目方面,董事会治理最佳的五家公司在董事会领导结构方面表现最为一致,五家公司的董事长与总经理都由不同的人担任,实现了董事长与总经理的两职分离(在统计数据的过程中,如果董事长与总经理兼任,则取值为1;如果董事长与总经理没有兼任,则取值为2)。

如图4-5,在最高前三名董事薪酬的平均数额方面,晨鸣纸业的数值最高,为1297300元;津滨发展次之,为380983.3元;盐湖钾肥、天山股份和营口港的薪酬平均数额没有超过20万元,分别为199333.3元、183333.3元和159480元。

在独立董事津贴方面,津滨发展最高,为65000元;天山股份和晨鸣纸业位于中间水平,其独立董事津贴分别为50000元和40000元;营口港和盐湖钾肥的独立董事津贴最低,仅为20000元。

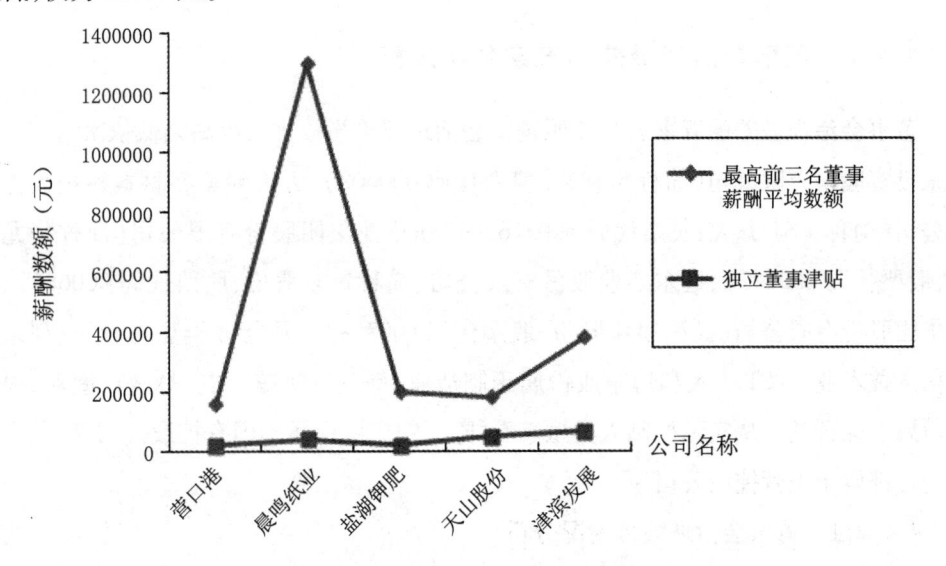

图4-5 董事会治理最佳公司的董事薪酬情况图

如图4-6所示,董事会治理最佳的五家公司在持股董事比例方面的差异较大。晨鸣纸业位居首位,为66.67%;天山股份的持股董事比例位居第二,为20.00%;盐湖钾肥次之,为9.09%;营口港和津滨发展的董事均未持股。在董事会持股比例方面,晨鸣纸业的比例为1.00%;天山股份为0.03%;盐湖钾肥的董事会持股数量为34944股,所占比例非常小;营口港和津滨发展的董事会持股比例为0。

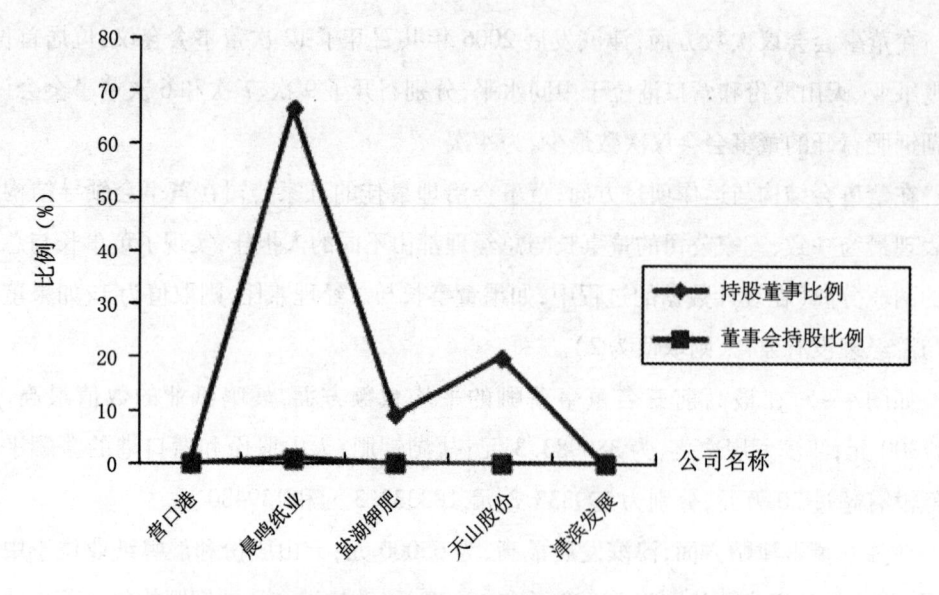

[图表：董事会治理最佳公司的董事持股比例情况图，纵轴为比例（%），横轴为公司名称，包括营口港、晨鸣纸业、盐湖钾肥、天山股份、津滨发展，图例为持股董事比例、董事会持股比例]

图 4-6 董事会治理最佳公司的董事持股比例情况图

4.4.2 董事会治理最差的五家公司分析

董事会治理最差的五家公司按照董事会治理评价指数排名由高到低依次是广东宝利来投资股份有限公司(简称宝利来,股票代码000008)、方大炭素新材料科技股份有限公司(简称*ST方大,股票代码600516)、广东华龙集团股份有限公司(简称华龙集团,股票代码600242)、远东实业股份有限公司(简称远东股份,股票代码000681)、银座集团股份有限公司(简称银座股份,股票代码600858)。从行业类型来看,宝利来属于信息技术业,*ST方大和远东股份属于制造业,华龙集团属于农、林、牧、渔业,银座股份属于综合类。从实际控制人类型来看,除了银座股份属于国有控股公司外,其余四家公司都属于民营控股公司。

4.4.2.1 董事会治理整体情况分析

如图4-7所示,五家公司的董事会治理指数的整体水平差异不大。宝利来的董事会治理指数得分最高,银座股份的董事会治理质量最差;在董事权利与义务方面,远东股份在五家公司中表现最好,*ST方大在五家公司中表现最差;在董事会运作效率方面,*ST方大的董事会运作最为有效,银座股份的董事会运作效率最差;在董事会组织结构方面,宝利来拥有最健全的组织结构,而银座股份的董事会组织结构指数得分最低;在董事薪酬方面,银座股份的董事薪酬较高,其余四家公司的董事薪酬指数值相同,处于较低水平;在独立董事制度方面,银座股份的独立董事制度最为完善,而*ST方大的独立董事制度指数得分最低。

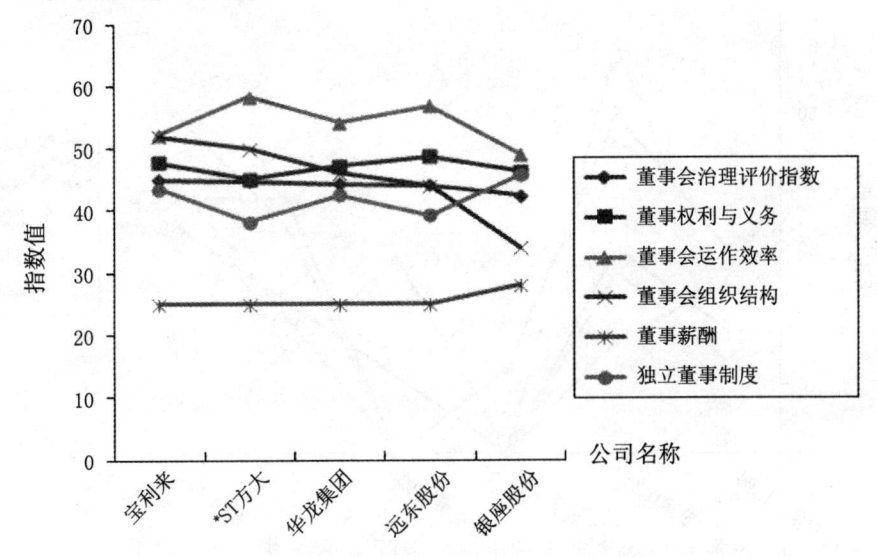

图4-7 董事会治理最差公司的董事会治理情况图

4.4.2.2 董事会治理的具体项目分析

如图4-8所示,在本科以上学历的董事方面,*ST方大所占比例最高,为30.00%;宝利来和华龙集团位于中间水平,所占比例分别为25.00%和20.00%;远东股份和银座股份的董事会构成中本科以上学历的董事较少,所占比例分别为18.18%和13.33%。

在具有经济管理专业背景的董事比例方面,华龙集团和*ST方大所占比例较高,分别为60.00%和50.00%;远东股份、银座股份和宝利来所占比例较低,分别为30.00%、26.67%和16.67%。

在董事会中女性成员比例方面,*ST方大董事会中女性成员比例最高,为12.50%;宝利来、华龙集团、远东股份和银座股份的董事会中没有女性董事。

在董事会超龄董事比例方面,宝利来、*ST方大和银座股份表现较好,董事会成员中没有超龄董事;华龙集团和远东股份董事会成员中超龄董事比例较高,分别为28.57%和11.11%。

在兼任高管职务的董事比例方面,有三家公司所占比例超过20.00%。其中,*ST方大最高,为37.50%;宝利来次之,为33.33%;远东股份位居第三,为22.22%。银座股份和华龙集团中兼任高管职务的董事比例处于较低水平,分别为20.00%和14.29%。

董事会治理最差的五家公司在独立董事比例方面表现较好,主要是因为上述公司

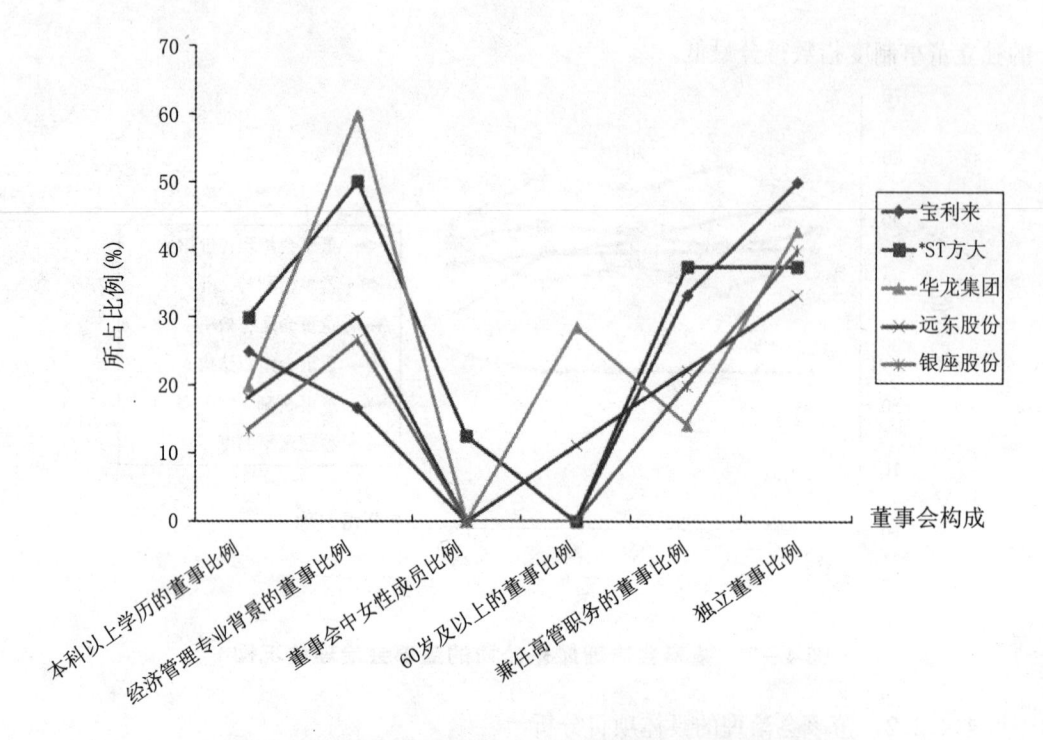

图 4-8 董事会治理最差公司的董事会构成情况图

的董事会规模较小,为数不多的独立董事人数就可以达到较高的独立董事比例。宝利来、华龙集团和银座股份的独立董事比例较高,分别为 50.00%、42.86% 和 40.00%;*ST方大和远东股份的独立董事比例较低,分别为 37.50% 和 33.33%。

如图 4-9 所示,在董事会规模方面,五家公司按照从大到小的顺序排列,依次为远东股份、*ST方大、华龙集团、宝利来和银座股份,其董事会人数分别为 9 人、8 人、7 人、6 人和 5 人。

在董事会会议次数方面,*ST方大召开的董事会会议最多,为 15 次;华龙集团、远东股份和银座股份的董事会会议次数居中,均为 8 次;宝利来召开的董事会会议最少,为 4 次。

在董事会结构与运作项目方面,董事会治理最差的五家公司在董事会领导结构方面表现一致,五家公司的董事长与总经理都没有兼任,实现了董事长与总经理的两职分离(在统计数据的过程中,如果董事长与总经理兼任,则取值为 1;如果董事长与总经理没有兼任,则取值为 2)。

如图 4-10,在董事薪酬方面,董事会治理最差的五家公司各不相同。在最高前三名董事薪酬的平均数额方面,银座股份和宝利来处于较高水平,分别为 100000 元和 90000 元;远东股份和*ST方大较低,分别为 51200 元和 47000 元;华龙集团并未在年报

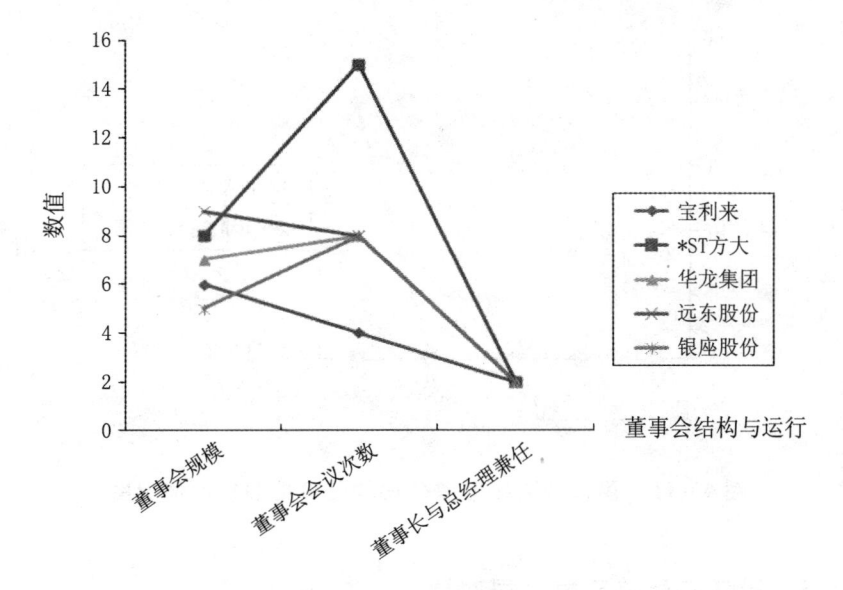

图 4-9　董事会治理最差公司的董事会结构与运行情况图

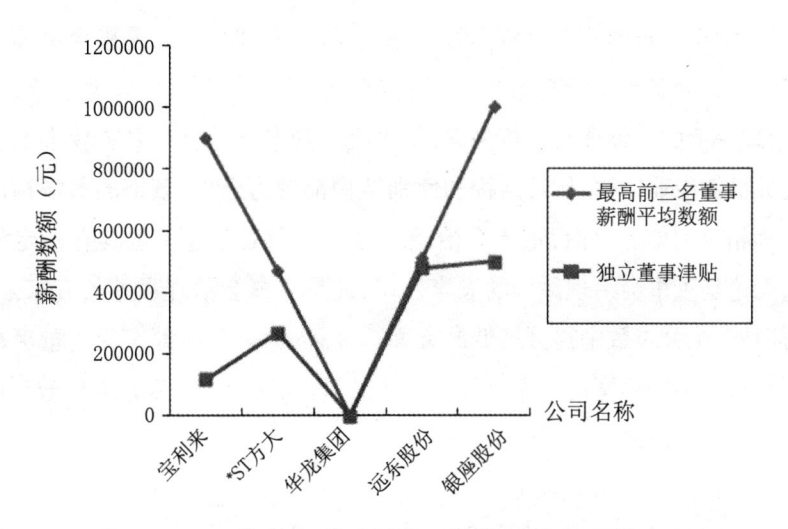

图 4-10　董事会治理最差公司的董事薪酬情况图

中披露最高前三名董事薪酬的平均数额。

在独立董事津贴方面,银座股份和远东股份的独立董事津贴较高,分别为 50000 元和 48000 元;*ST 方大和宝利来的独立董事津贴较低,分别为 26900 元和 12000 元;华龙集团并未披露独立董事的具体津贴数额。

如图 4-11 所示,董事会治理最差的五家公司在持股董事比例和董事会持股比例方面的表现较差。除银座股份的董事会成员中有一人持有公司 5750 股以外(持股比例非常低),宝利来、*ST 方大、华龙集团和远东股份的董事会成员均没有持股。

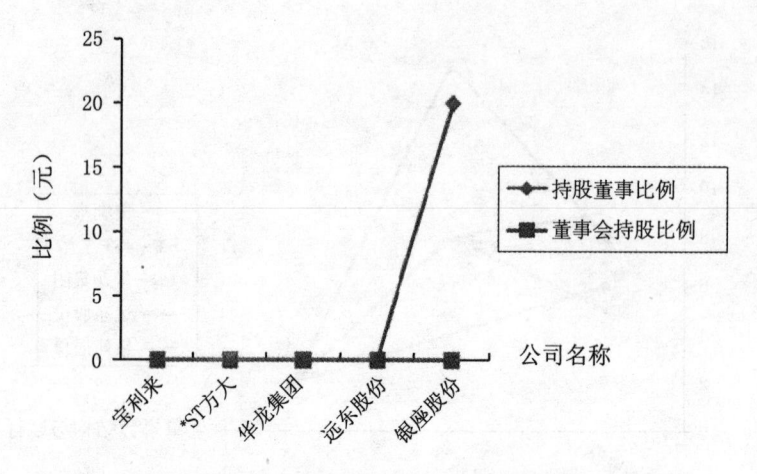

图 4-11 董事会治理最差公司的董事持股比例情况图

4.4.3 最佳与最差五家公司对比

从董事会治理评价的案例分析来看,董事会治理最佳公司的董事会治理水平显著优于总样本公司,而董事会治理最差公司的董事会治理水平则显著劣于总样本公司。从董事会治理评价的具体项目分析来看,董事会治理最佳的公司具有较大的董事会规模;董事会成员的专业结构、年龄结构和性别结构都较为合理;董事的薪酬构成较为完善,股权激励相对到位。然而,董事会治理最佳公司和最差公司也具有一定程度的共性。比如,无论是董事会治理最佳的五家公司,还是董事会治理最差的五家公司,董事薪酬指数都是五个分指数中得分最低的方面。并且,两类公司都实现了董事长与总经理的两职分离,都不同程度地包含超龄董事成员,且独立董事中来自高校教授的比例都较高等。

结论与建议

通过对我国 1162 家上市公司 2007 年董事会治理状况的分析,我们可以较为清晰地了解我国上市公司目前董事会治理发展的现状。在结合我国上市公司经营的外部治理环境的基础上,我们提出如下结论及政策建议:

1. 我国上市公司董事会治理水平呈现上升趋势,2007 年董事会治理均值比 2006 年高出 0.32。从董事会各子因素层来说,除董事会组织结构指数略微下降之外,其余分指数均比 2006 年的指数有所提升。董事会治理各维度的发展仍然表现出不均衡的态势,董事会运作效率指数、独立董事制度指数表现相对较好,董事权利与义务指数、董事会组织结构指数位居中间,董事薪酬指数仍然表现最差,成为董事会治理中的"短板"。并且,在1162家样本上市公司中,只有235家上市公司达到$CCGI_{BOD}^{NK}$ IV以上,所占比例仅为20.23%。我国上市公司应进一步加强董事会结构和机制的建设,并着重解决董事会发展中的瓶颈问题。

2. 从董事会治理的具体项目来看,我国上市公司的董事会规模主要集中在7—13人之间,大部分上市公司董事会中的女性董事、独立董事和兼任高管的董事比例都不会高于1/3,且超龄董事所占比例也不高。大部分上市公司年度董事会会议次数在4—10次之间;绝大部分上市公司都实现了董事长与总经理的两职分离;但是董事会专业委员会的建设不容乐观。在1162家样本上市公司中,只有281家上市公司全部设立了战略委员会、审计委员会、薪酬与考核委员会、提名委员会,所占比例为24.18,其他公司并未全部设立上述四个专业委员会。

3. 从行业划分来看,金融、保险业、社会服务业与电力、煤气及水的生产和供应业的董事会治理指数均值较高,而农、林、牧、渔业、综合类及采掘业均值较低。各行业董事会治理指数居于$CCGI_{BOD}^{NK}$ IV以上的公司数占该行业的百分比最高的前三个行业分别是金融、保险业、建筑业和社会服务业。农、林、牧、渔业无董事会治理指数位于$CCGI_{BOD}^{NK}$ IV以上的公司。总体来说,董事会治理质量存在典型的行业特征,金融保险行业的公司治理水平要高于非金融行业。从统计数据看,董事会治理指数存在明显的行业差异,建筑业、房地产业和金属、非金属业等行业的董事会治理指数上升明显,与这些行业近年的快速增长遥相呼应。农、林、牧、渔业、木材、家具业等传统行业董事会治理表现则有待提高。

从第一大股东性质来看,董事会治理指数平均值在不同性质控股股东的公司间有一定差异,由高到低依次是职工持股会控股、国有控股、外资控股、其他类型控股、民营控股、社会团体控股和集体控股公司。各类控股公司董事会治理指数达到$CCGI_{BOD}^{NK}$ IV以上的公司数目占比最高的是职工持股会控股公司,最低的是外资控股公司,国有控股公司和民营控股公司位居中间。

从地区分布看,广东省、上海市和北京市的上市公司数目较多,而西藏自治区、青海省和宁夏回族自治区的上市公司数目较少。从董事会治理指数平均值看,在所有的省份中,董事会治理指数平均值较高的是广东省、上海市和浙江省;平均值较低的是海南省、甘肃省和贵州省。从董事会治理指数达到$CCGI_{BOD}^{NK}$ IV以上的公司比例看,上海市、广东省和北京市的占比较高,而宁夏回族自治区和海南省则没有上市公司的董事会治理指数达到$CCGI_{BOD}^{NK}$ IV。总体来说,我国上市公司董事会治理指数的地区差异越来越明显,广东省、北京市和上海市等经济发达地区的董事会治理水平要明显高于欠发达地区,形成了东西部之间典型的董事会治理的"贫富差距"。

4.100佳上市公司的董事会治理指数、董事权利与义务指数、董事会运作效率指数、董事会组织结构指数、董事薪酬指数、独立董事制度指数的平均值均高于总样本的平均值。从行业分布来说,100佳上市公司董事会治理指数均值最高的前三个行业分别为交通运输、仓储业、社会服务业和信息技术业;最低的前三个行业分别为采掘业、批发和零售贸易业及房地产业。在不同控股股东性质的公司之间,100佳上市公司中的国有控股和外资控股公司的董事会治理指数较高;集体控股公司较低。从地区分布来说,100佳上市公司主要集中在经济发展水平较高的地区,比如广东省、上海市和北京市;河北省、吉林省、江西省、广西壮族自治区、海南省、贵州省、云南省、陕西省、甘肃省、宁夏回族自治区的上市公司都未进入董事会治理100佳的行列。100佳上市公司中董事会治理均值最高的前三个省份是青海省、内蒙古自治区和天津市;浙江省、重庆市和安徽省董事会治理的平均水平较低。

5.从董事会治理评价的案例分析来看,董事会治理最佳公司的董事会治理水平显著优于总样本公司平均水平,而董事会治理最差公司的董事会治理水平则显著劣于总样本公司。从董事会治理评价的具体项目分析来看,董事会治理最佳公司的董事会规模较大,董事会构成较为合理,独立董事参加会议情况较好,董事会股权激励相对到位,董事年度薪酬较高,专业委员会建设情况较好。然而,董事会治理最佳公司和最差公司也具有一定程度的共性,比如,两类公司都实现了董事长与总经理的两职分离,都不同程度地包含超龄董事成员,且独立董事中来自高校教授的比例都较高等。

6.我国上市公司应进一步完善独立董事制度和专业委员会建设,以促进董事会的科学决策。董事会的高效运作需要专业委员会提供有效的支撑,并且独立董事在专业委员会中应占据主导地位。然而,现实的情况是,我国上市公司的独立董事超过董事会半数的公司数目较少。虽然绝大部分上市公司建立了审计委员会、薪酬与考核委员会,但是战略委员会和提名委员会的建立比例还不足40%。在1162家样本公司中,只有24.18%的上市公司建立了上述四个专业委员会。因此,我国上市公司应进一步加强独立董事在专业委员会中作用的发挥,使独立董事制度真正落到实处。

7.我国上市公司应进一步完善董事的激励机制。董事薪酬指数长期以来是董事会评价中得分较低的一个维度,主要表现在上市公司的董事薪酬形式单一,注重短期的现金薪酬,相对忽视长期的股权激励。随着股权分置改革的进一步推进,我国上市公司应强化和完善股票期权、董事持股等长效激励机制,促进董事的决策更加注重公司的长远发展。

8.董事会是公司治理的核心环节,在公司的战略决策和有效监督方面发挥着越来越重要的作用。尽管在政府监管部门的有效引导和监督下,我国上市公司董事会治理质量逐年改善,但是董事会在公司治理中的重要地位决定了上市公司提升董事会治理质量的进程依然任重而道远。上市公司必须要把董事会治理的改善与提高作为重要工作来抓,只有这样才能从根本上实现我国上市公司的长远健康发展。

附表　中国上市公司董事会治理100佳

序号	股票代码	公司简称	董事会治理指数	序号	股票代码	公司简称	董事会治理指数
1	600317	营口港	71.25	30	600190	锦州港	64.78
2	000488	晨鸣纸业	69.84	31	000685	公用科技	64.76
3	000792	盐湖钾肥	69.82	32	000040	深鸿基A	64.68
4	000877	天山股份	69.59	33	600323	南海发展	64.68
5	000897	津滨发展	68.49	34	600860	北人股份	64.67
6	600309	烟台万华	68.14	35	000422	湖北宜化	64.66
7	000069	华侨城A	67.41	36	600870	厦华电子	64.62
8	600062	双鹤药业	67.35	37	600736	苏州高新	64.59
9	000539	粤电力A	66.95	38	600037	歌华有线	64.58
10	600019	宝钢股份	66.63	39	600177	雅戈尔	64.51
11	600832	东方明珠	66.60	40	000504	赛迪传媒	64.47
12	000786	北新建材	66.39	41	600418	江淮汽车	64.45
13	600085	同仁堂	66.30	42	600662	强生控股	64.40
14	600741	巴士股份	66.29	43	000916	华北高速	64.38
15	600505	西昌电力	66.13	44	600446	金证股份	64.33
16	002024	苏宁电器	66.05	45	600595	中孚实业	64.33
17	600536	中国软件	65.96	46	000756	新华制药	64.31
18	000063	中兴通讯	65.88	47	002008	大族激光	64.29
19	600500	中化国际	65.80	48	600415	小商品城	64.28
20	600428	中远航运	65.50	49	600089	特变电工	64.27
21	000825	太钢不锈	65.50	50	600487	亨通光电	64.26
22	000729	燕京啤酒	65.36	51	600030	中信证券	64.23
23	600289	亿阳信通	65.34	52	600623	轮胎橡胶	64.22
24	600143	金发科技	65.18	53	000423	东阿阿胶	64.22
25	600864	岁宝热电	65.11	54	600653	申华控股	64.21
26	600568	潜江制药	65.09	55	600797	浙大网新	64.20
27	600843	上工申贝	65.06	56	600266	北京城建	64.18
28	600650	锦江投资	64.99	57	000058	深赛格	63.99
29	600048	保利地产	64.92	58	600645	望春花	63.98

续表

59	600868	梅雁水电	63.92		80	600011	华能国际	62.95
60	000031	中粮地产	63.82		81	600790	轻纺城	62.93
61	002022	科华生物	63.81		82	600675	中华企业	62.91
62	600748	上实发展	63.72		83	600665	天地源	62.88
63	600138	中青旅	63.72		84	000507	粤富华	62.87
64	600666	西南药业	63.69		85	000715	中兴商业	62.86
65	600626	申达股份	63.68		86	600630	龙头股份	62.85
66	000549	湘火炬A	63.67		87	600469	风神股份	62.81
67	600326	西藏天路	63.62		88	600521	华海药业	62.78
68	600728	新太科技	63.56		89	600755	厦门国贸	62.76
69	000636	风华高科	63.51		90	600628	新世界	62.67
70	600508	上海能源	63.50		91	000060	中金岭南	62.66
71	000023	深天地A	63.46		92	000859	国风塑业	62.65
72	000739	普洛康裕	63.42		93	600530	交大昂立	62.63
73	000014	沙河股份	63.40		94	600460	士兰微	62.58
74	000625	长安汽车	63.38		95	600518	康美药业	62.58
75	600018	上港集团	63.27		96	600021	上海电力	62.54
76	600619	海立股份	63.25		97	600827	友谊股份	62.54
77	600008	首创股份	63.13		98	600713	南京医药	62.53
78	600754	锦江股份	63.08		99	600059	古越龙山	62.52
79	600684	珠江实业	62.96		100	000882	华联股份	62.51

资料来源:南开大学公司治理研究中心数据库。

声明:本项研究是南开大学公司治理评价课题组开展的学术研究,无任何商业目的,不存在引导投资的目的或意图,投资者依据此评价结果进行投资或入市产生的风险自负。

第5章 监事会治理评价

监事会是上市公司的专设监督机关,完善监事会的监督机制是提高公司治理质量、降低治理风险的关键。从各国公司立法看,尽管对监事会这一履行监督职责的机构称谓不同,有的称为监察人,也有的称为监察役等,但在本质和功能上并无大的差别。我国《公司法》规定,监事会是由股东会选举产生的,履行监督公司业务执行状况以及检查公司财务状况的权力机关。监事会主要职权包括:监督权,监事会有权检查公司业务执行状况以及公司财务状况;弹劾权,监事会有权对违反法律、行政法规、公司章程或者股东大会决议的董事、高级管理人员提出罢免的建议;股东大会的召集权与主持权,监事会有权提议召开临时股东大会会议,在董事会不履行本法规定的召集和主持股东大会会议职责时召集和主持股东大会会议;提案权,监事会有权向股东大会会议提出提案;起诉权,监事会有权对违反诚信义务的董事、高级管理人员提起诉讼。监事会作为公司内部专门行使监督权的常设监督机构,是公司内部治理结构与机制的一个重要组成部分。监事会监督权的合理安排及有效行使,是防止董事和高管独断专行、保护股东投资权益和公司债权人权益的重要措施。但目前我国上市公司现状是监事会功能不彰,效力不显,监事不独立,未能发挥应有的监督作用,致使监事会在现实中成为"花瓶"。因此,有必要对上市公司的监事会治理状况进行评价,使我国监事会逐步趋于健全与完善。基于此,本部分我们从监事会运行状况、监事会结构与规模和监事胜任能力三个方面对我国上市公司监事会参与治理的状况进行了评价。

5.1 中国上市公司监事会治理评价指标体系

5.1.1 监事会治理评价相关研究

对于监事会治理评价问题的研究,目前国内外基本上处于空白阶段,造成这种现状的原因是多方面的:

第一,以英美为代表的公司治理模式中没有监事会。在以处于国际主流地位的英、美为代表的"一元模式"的公司治理结构中,没有设置监事会,但这并不意味着没有监督机制,其监控主要是通过董事会中下设相关委员会和其中的外部独立董事以及外部市场来实现的。这是与英、美国家公众持股公司的股东人数众多、股权高度分散的现状相适应的,由于不可能由各个股东分别或共同监督,大量股东使得代理成本成为一个严重的问题,而且由于搭便车问题的存在,单个股东进行监督的动力不足。因此借助"外脑"力量,即引入外部独立董事对于克服内部利益掣肘不失为明智选择。同时,英美两个国家的经理人市场也比较发达,能够对经营者实施较强的外部监督。因此,尽管国际上一些知名公司治理评价公司,如标准普尔、戴米诺、里昂证券等都已推出了自身的公司治理评价体系,但其中均未单独涉及监事会评价问题。

第二,我国上市公司治理模式的现实状况。从公司治理结构的角度看,我国公司治理模式更接近于大陆法系的"二元模式",即在股东大会之下设立与董事会相独立的监事会。在国际上以"二元模式"为典型代表的德、日等国的监事会与两国证券市场不是很发达、管理层在企业中居于支配性地位为基本特征的公司治理状况相适应。德国实行董事会和监事会分设的双层制,其中监事会具有较强的监督职能。德国《股份法》规定,公司必须有双层制的董事会结构,即管理委员会和监事会,前者负责公司的日常事务,由担任公司实际职务的经理人员组成;后者是公司的控制主体,负责任命管理委员会的成员并且审批公司的重大决策,并监督其行为,但不履行具体的管理职能。日本的监事会制度既不同于美、英的单层制,也与德国的双层制有些许不同。在日本,董事会与监事会是并列的机构,二者均由股东大会选举产生,后者对前者进行监督。这些与我国监事会在性质和职权上有着诸多差异,使得来自"二元模式"国家的监事会评价的参考价值也极为有限。

第三,监事会治理评价没有受到足够重视。国内一些证券机构(如海通证券、大鹏证券)在进行中国上市公司治理评价体系研究过程中,主要集中在股东大会治理评价研究(反映在股权结构、股权集中度和股东大会召开情况等方面)、董事会治理评价研究(反映在董事会规模、董事会运作和董事的激励约束等方面)以及信息披露状况方面的评价研究(反映在信息披露的完整性、准确性和有效性),对监事会的评价几乎没有涉及。

对于监事会运行状况评价研究的欠缺,使我们难以判断作为上市公司三会之一的监事会在公司治理中是否发挥了应有的作用,其治理状况的改进与完善对于提高上市公司治理水平是否发挥着重要的作用,是否如有些专家认为的那样,在嫁接了国外的独立董事制度后,监事会已不再重要甚至是多余的。源于此,考虑监事会在我国公司治理结构中的特殊地位,充分借鉴国际上不同公司治理模式中内部监督经验,结合中国上市公司自身环境条件及改革进程,设计出一套能够客观评价上市公司监事会治理状况的指标体系具有重要的理论与现实意义。

5.1.2 中国上市公司监事会治理评价指标体系的设计思路

在我国上市公司中,监事会作为公司内部的专职监督机构,以出资人代表的身份行使监督权力,对股东大会负责。公司监事会的性质决定了它不得进行公司业务活动,对外也不代表公司开展业务。例如,德国《股份法》规定:监事会成员不得"同时隶属于董事会和监事会"。我国《公司法》规定董事、经理和财务负责人不得兼任监事,也是为了实现公司权责明确、管理科学、激励和约束相结合的内部管理体制。这种规定是为了保证监事会行使监督权的专一目标。

监事会的基本职能是以董事会和总经理为主要监督对象,监督公司的一切经营活动以及财务状况,在监督过程中,随时要求董事会和经理人员纠正违反公司章程的越权行为。

对监事会治理的评价我们以"有效监督"为目标,遵循科学性、可行性和全面性的原则,从监事会运行状况、监事会结构与规模和监事胜任能力三个方面,设计了获得独立董事制度补充后的监事会治理评价指标体系。

第一,监事会运行状况,这是评价监事会治理状况的关键性指标。监事会是否真正发挥作用以及发挥作用的程度是我们关注的焦点,即监事会是否召开过监事会会议,召开过多少次,其次数高于、等于还是低于我国《公司法》所规定的召开次数,以及在公司年报中发表的独立意见是否指出公司不足。据此,我们设计了监事会会议次数来衡量监事会运行状况,具体见表5-1。

第二,监事会结构与规模,这是评价监事会治理状况的重要指标。良好的监事会结构与规模是监事会有效运行的前提条件,为了保证监事会行使监督权的有效性,首先监事会在规模上应该是有效的,其次是监事会成员的构成上也应该有效。为此,我们设计了监事会人数和职工监事设置情况来反映监事会结构与规模状况,具体见表5-1。

第三,监事胜任能力,这是评价监事会治理状况的基础性指标。有了结构与机制后,没有具体的要素,整个监事会系统也无法正常运转。监事胜任能力包括监事会主席胜任能力和其他监事胜任能力两个方面。由于上市公司是一个占有庞大经济资源的复杂的利益集团,要求监事应具有法律、财务、会计等方面的专业知识或工作经验,具有与股东、职工和其他利益相关者进行广泛交流的能力。监事的学历和年龄等对其开展相应工作的胜任能力也具有重要的影响。监事持股有利于调动其履职的积极性。同时,新上任的监事会主席可能因对公司状况以及监事会相关工作不熟悉,影响其胜任能力。依据上述思路,我们设置了监事会主席职业背景、监事会主席学历、监事会主席年龄、监事会主席持股状况以及监事会主席是否发生变更指标来评价监事会主席胜任能力;设置了其他监事职业背景、其他监事年龄、其他监事学历以及其他监事持股状况指标来评价其他监事胜任能力,具体见表5-1。

表5-1 中国上市公司监事会评价指标体系一览表

二级指标	三级指标	指标说明	评价标准
监事会运行状况（$CCGI_{BOS1}^{NK}$）	监事会会议次数	考核监事会履行工作职能的基本状况	监事会应定期举行监事会会议,会议次数低于我国《公司法》规定的次数或者是远远高于法定次数都是不合理的,会议次数应适中
监事会结构与规模（$CCGI_{BOS2}^{NK}$）	监事会人数	考核监事会履行监督职能的人员基础	监事会人数或者是监事会的规模应符合我国《公司法》的有关规定,人数过少,保障不了监督职能的有效发挥,人数过多将导致监督成本增大
	职工监事设置情况	考核监事会代表职工行使监督权力的情况	职工监事应以维护公司和职工利益为根本出发点,设立职工监事的监事会,更能体现职工参与权
监事会胜任能力（$CCGI_{BOS3}^{NK}$）	监事会主席职业背景	考核监事会主席职业背景对其胜任能力的影响	经济管理、财会和法律职业背景相对于技术职业背景更利于其开展相关的工作
	监事会主席学历	考核监事会主席学历对其胜任能力的影响	高学历更能保障其胜任能力
	监事会主席年龄	考核监事会主席年龄对其胜任能力的影响	年龄小具有创新精神,但缺乏经验;年龄大经验丰富,但也有弊端
	监事会主席持股状况	考核监事会主席持股状况对其胜任能力的影响	持股能激励其履行监督职责,更能保障其胜任能力
	其他监事职业背景	考核其他监事职业背景对其胜任能力的影响	经济管理、财会和法律职业背景相对于技术职业背景更利于其开展相关的工作
	其他监事学历	考核监事学历对其胜任能力的影响	高学历更能保障其胜任能力
	其他监事年龄	考核监事年龄对其胜任能力的影响	年龄小具有创新精神,但缺乏经验;年龄大经验丰富,但也有弊端
	其他监事持股状况	考核监事持股状况对其胜任能力的影响	持股能激励其履行监督职责,更能保障其胜任能力

资料来源:南开大学公司治理研究中心数据库。

5.2　中国上市公司监事会治理状况

公司治理的本质是一个关于一系列制度契约的安排,其核心是保证有关各方权力的制衡。因此,不同的制度环境、行业背景以及公司自身的异质性,将会对监事会治理水平产生重要影响。为此,本节依据上述所构建监事会治理评价指标体系,结合1162家上市公司的公开披露数据,以中国上市公司监事会治理指数($CCGI_{BOS}^{NK}$)为依托,从不同的行业、地区等级以及企业性质等方面,对上市公司监事会治理状况进行分析。

5.2.1　中国上市公司监事会治理状况的描述性统计分析

5.2.1.1　中国上市公司监事会治理总体状况

从总体上看,样本公司监事会治理评价指数呈现正态分布。表5-2列出了监事会治理指数及三个分类指标的统计值。根据表5-2,在所有的样本公司中监事会治理指数的平均值为52.93,最大值为72.14,最小值为25.94,中位数为53.09,标准差为6.42。从决定监事会治理指数的三个要素来看,监事会运行状况指数的平均值为59.50,最大值80.00,最小值0.00,中位数为60.00;监事会结构与规模指数的平均值为51.52,最大值、最小值、中位数分别为80.00、10.00、50.00;监事胜任能力指数的平均值为48.71,最大值、最小值、中位数分别为63.52、37.50、48.27。三者的标准差分别为12.86、13.98和4.72。可见,对于样本公司而言,监事会治理状况总体上并不理想,在不同的公司之间差别也很大,样本公司的监事会运行状况指数高于监事会结构与规模指数,但也不是十分理想。这说明中国上市公司监事会具体运行机制方面已经有所改进,但还需要提高;而在监事会结构与规模和监事胜任能力方面目前存在诸多问题,急需改进。见表5-2。

表5-2　样本公司监事会治理指数描述性统计

描述性统计	$CCGI_{BOS}^{NK}$	$CCGI_{BOS1}^{NK}$	$CCGI_{BOS2}^{NK}$	$CCGI_{BOS3}^{NK}$
平均值	52.93	59.50	51.52	48.71
中位数	53.09	60.00	50.00	48.27
标准差	6.42	12.86	13.98	4.72
最小值	25.94	0.00	10.00	37.50
最大值	72.14	80.00	80.00	63.52

资料来源:南开大学公司治理研究中心数据库。

5.2.1.2 按监事会治理指数等级分析

为了进一步分析监事会治理状况,按照监事会治理指数的大小将其划分为六个等级,具体评价等级为:

$CCGI_{BOS}^{NK}$ Ⅰ:监事会治理指数 90%—100%;

$CCGI_{BOS}^{NK}$ Ⅱ:监事会治理指数 80%—90%;

$CCGI_{BOS}^{NK}$ Ⅲ:监事会治理指数 70%—80%;

$CCGI_{BOS}^{NK}$ Ⅳ:监事会治理指数 60%—70%;

$CCGI_{BOS}^{NK}$ Ⅴ:监事会治理指数 50%—60%;

$CCGI_{BOS}^{NK}$ Ⅵ:监事会治理指数 <50%。

依据上述等级划分标准,通过对样本公司监事会治理指数的排序得到了表 5-3。表中显示,在 1162 家上市公司中,有 1 家上市公司监事会治理等级达到 $CCGI_{BOS}^{NK}$ Ⅲ;13.94% 的公司达到 $CCGI_{BOS}^{NK}$ Ⅳ;51.98% 的公司处于 $CCGI_{BOS}^{NK}$ Ⅴ;33.99% 的公司处于 $CCGI_{BOS}^{NK}$ Ⅵ。这说明我国上市公司的监事会治理的总体水平仍然偏低。同一等级内不同公司之间的监事会治理指数($CCGI_{BOS}^{NK}$)和监事胜任能力指数($CCGI_{BOS3}^{NK}$)差别较小,但是在监事会运行状况指数($CCGI_{BOS1}^{NK}$)和监事会结构与规模指数($CCGI_{BOS2}^{NK}$)方面差别较大。

表 5-3 样本公司按等级划分后治理指数的描述性统计分析

等级	$CCGI_{BOS}^{NK}$Ⅲ				$CCGI_{BOS}^{NK}$Ⅳ			
样本	1				162			
比例(%)	0.09				13.94			
指标	$CCGI_{BOS1}^{NK}$	$CCGI_{BOS2}^{NK}$	$CCGI_{BOS3}^{NK}$	$CCGI_{BOS}^{NK}$	$CCGI_{BOS1}^{NK}$	$CCGI_{BOS2}^{NK}$	$CCGI_{BOS3}^{NK}$	$CCGI_{BOS}^{NK}$
平均值	80.00	80.00	57.54	72.14	69.75	70.31	49.68	62.92
中位数	80.00	80.00	57.54	72.14	60.00	70.00	48.95	62.54
标准差	0.00	0.00	0.00	0.00	10.03	9.55	4.89	2.27
最小值	80.00	80.00	57.54	72.14	60.00	40.00	40.81	60.05
最大值	80.00	80.00	57.54	72.14	80.00	80.00	63.52	69.76

续表

等级	$CCGI_{BOS}^{NK}$ V				$CCGI_{BOS}^{NK}$ VI			
样本	604				395			
比例(%)	51.98				33.99			
指标	$CCGI_{BOS1}^{NK}$	$CCGI_{BOS2}^{NK}$	$CCGI_{BOS3}^{NK}$	$CCGI_{BOS}^{NK}$	$CCGI_{BOS1}^{NK}$	$CCGI_{BOS2}^{NK}$	$CCGI_{BOS3}^{NK}$	$CCGI_{BOS}^{NK}$
平均值	62.22	53.97	49.05	54.72	51.09	40.00	47.79	46.05
中位数	60.00	60.00	48.96	54.68	60.00	40.00	47.15	47.37
标准差	9.55	10.48	4.90	2.73	13.43	8.98	4.18	3.72
最小值	40.00	20.00	37.50	50.02	0.00	10.00	38.16	25.94
最大值	80.00	80.00	63.01	59.99	80.00	70.00	62.58	49.99

资料来源：南开大学公司治理研究中心数据库。

5.2.1.3 监事会治理指数的公司性质差异

我们将1162家样本公司按照控股股东是国有还是民营进行划分，剔除第一大股股东为外资控股、集体控股、社会团体控股、职工持股会控股以及其他类型股，最终保留了787家国有控股上市公司和337家民营控股上市公司，并对它们的监事会治理状况进行了描述性统计分析，得到表5－4。其中国有控股上市公司是指政府、国有资产管理或其他政府部门、国有资产管理公司、国有或国有控股公司控股的上市公司。从整体上看，国有控股公司监事会治理状况略好于民营控股公司；就监事会运行状况而言，民营控股公司略好于国有控股公司；就监事会结构与规模来说，国有控股公司显著好于民营控股公司；而监事胜任能力方面，两者相差不大。

表5－4 国有上市公司和民营上市公司监事会治理指数

统计指标	国有控股公司				民营控股公司			
样本	787				337			
指标	$CCGI_{BOS1}^{NK}$	$CCGI_{BOS2}^{NK}$	$CCGI_{BOS3}^{NK}$	$CCGI_{BOS}^{NK}$	$CCGI_{BOS1}^{NK}$	$CCGI_{BOS2}^{NK}$	$CCGI_{BOS3}^{NK}$	$CCGI_{BOS}^{NK}$
平均值	59.47	52.33	48.67	53.19	60.18	49.97	48.78	52.62
中位数	60.00	50.00	48.30	53.37	60.00	50.00	48.07	52.73
标准差	12.81	14.03	4.69	6.43	12.49	13.96	4.81	6.29
最小值	0.00	10.00	37.50	29.75	20.00	10.00	38.70	25.94
最大值	80.00	80.00	63.52	69.76	80.00	80.00	62.58	67.43

资料来源：南开大学公司治理研究中心数据库。

5.2.1.4 监事会治理指数的行业差异

我们将1162家上市公司按照各自的主营业务类型,分别归类到采掘业、传播与文化产业、电力、煤气及水的生产和供应业、房地产业、建筑业、交通运输、仓储业、金融、保险业、农、林、牧、渔业、批发和零售贸易业、社会服务业、信息技术业、制造业以及综合类13个行业中,对监事会治理指数进行了统计分析,得到表5-5。

可以看出,不同行业内各公司间的监事会治理指数有着显著差异。但是就监事会总体治理水平而言,金融、保险业要明显好于其他行业,这可能是因为金融、保险业上市公司,从事的大都为关乎金融市场稳定的产业,因此政府规制较强,外部监管促使金融、保险业上市公司监事会从结构设计到运行机制都优于其他行业的上市公司。而建筑业和农、林、牧、渔业监事会治理水平表现最差,分别为50.03和51.76,其他行业的监事会治理指数平均值相差不大,在52—56之间变动。

表5-5 样本公司监事会治理指数描述性统计

监事会治理指数 行业样本	数目(A)	比例(%)	平均值	中位数	标准差	最小值	最大值
采掘业	19	1.64	53.09	53.16	9.51	32.26	66.76
传播与文化产业	9	0.77	55.25	53.68	6.05	47.70	69.03
电力、煤气及水的生产和供应业	51	4.39	54.09	54.58	6.76	40.38	69.42
房地产业	51	4.39	52.46	52.37	5.95	37.05	67.50
建筑业	23	1.98	50.03	48.23	9.00	34.17	64.69
交通运输、仓储业	55	4.73	54.54	55.24	6.28	42.00	68.89
金融、保险业	8	0.69	57.73	56.84	7.61	48.96	72.14
农、林、牧、渔业	27	2.32	51.76	50.51	5.65	41.62	64.85
批发和零售贸易业	78	6.71	53.20	53.44	5.56	42.17	68.68
社会服务业	35	3.01	52.89	52.80	4.50	43.34	62.21
信息技术业	70	6.02	52.40	52.46	6.75	35.44	65.51
制造业	665	57.23	52.82	52.88	6.41	25.94	69.76
综合类	71	6.12	53.02	53.57	6.00	30.99	64.73
合 计	1162	100.00	52.93	53.09	6.42	25.94	72.14

资料来源:南开大学公司治理研究中心数据库。

由于制造业样本数量很多,不同主营业务的上市公司间治理状况存在一定差异,结果见表5-6。表中数据显示,样本公司中,金属、非金属行业表现最好,监事会治理指数为54.03,而电子业、机械、设备、仪表业和其他制造业的监事会治理水平较低,指数分别为52.00、52.16、52.16。其他六个子行业的监事会治理水平相差不大。

表5-6 制造业中不同主营业务类型的上市公司监事会治理指数特征

统计指标	金属、非金属业	医药、生物制品业	石油、化学塑胶、塑料业	机械、设备、仪表业	纺织、服装、皮毛业
平均值	54.03	52.64	52.92	52.16	53.30
中位数	54.52	52.00	53.56	52.27	53.18
标准差	6.52	6.16	6.07	6.83	6.16
最小值	35.77	41.74	37.95	25.94	42.23
最大值	69.76	68.58	66.63	66.84	65.48
样本公司	111	72	125	181	47
统计指标	木材、家具业	食品、饮料业	造纸、印刷业	电子业	其他制造业
平均值	52.73	52.81	53.05	52.00	52.16
中位数	52.73	53.57	53.76	50.40	51.48
标准差	1.68	7.09	6.14	5.28	6.55
最小值	51.54	35.62	40.45	43.80	40.00
最大值	53.92	64.88	65.52	64.25	62.59
样本公司	2	53	22	40	12

资料来源:南开大学公司治理研究中心数据库。

5.2.1.5 监事会治理指数的地区差异

不同地域的上市公司监事会治理指数差异较大,其中吉林省、西藏自治区、甘肃省上市公司的监事会治理指数最差,分别为50.16、50.24、50.73。山西省、湖南省、上海市的上市公司的监事会治理指数表现最好分别为55.22、54.84、54.59。经济发达的省份如广东省、江苏省、北京市、天津市的上市公司监事会治理指数都低于总样本平均值52.93;而经济不发达省份如山西省、内蒙古自治区、新疆维吾尔自治区上市公司的监事会治理指数高于总样本平均值。因此,不同地域的上市公司监事会治理水平存在差异,但与该地区的经济发展水平不一定存在必然的联系。具体见表5-7。

表5-7 不同区域的上市公司监事会治理指数

样本省份	监事会治理指数 数目	比例(%)	平均值	中位数	标准差	最小值	最大值
安徽省	36	3.10	51.45	53.04	6.73	37.60	61.96
北京市	77	6.63	52.10	52.43	6.84	34.17	69.03
福建省	34	2.93	54.54	55.92	7.06	36.03	68.68

续表

甘肃省	16	1.38	50.73	50.01	5.99	41.70	58.85
广东省	137	11.79	52.19	52.27	6.82	25.94	72.14
广西壮族自治区	21	1.81	51.75	50.35	6.01	38.15	64.40
贵州省	12	1.03	52.89	51.53	4.53	47.11	60.82
海南省	18	1.55	51.42	52.60	4.83	41.82	59.21
河北省	30	2.58	53.88	54.81	5.75	43.24	64.36
河南省	30	2.58	54.05	54.45	7.34	38.94	66.97
黑龙江省	25	2.15	51.42	51.84	6.24	41.70	62.16
湖北省	50	4.30	52.86	53.40	5.45	43.42	63.36
湖南省	35	3.01	54.84	55.24	5.84	40.00	67.05
吉林省	30	2.58	50.16	50.70	5.99	35.62	61.31
江苏省	75	6.45	52.63	51.85	5.59	41.74	64.84
江西省	18	1.55	53.57	54.72	5.64	40.56	62.24
辽宁省	47	4.04	51.95	51.85	6.49	30.99	64.88
内蒙古自治区	20	1.72	54.13	55.07	7.81	38.51	64.88
宁夏回族自治区	11	0.95	51.69	51.04	7.75	42.53	69.76
青海省	7	0.60	52.47	51.79	5.95	43.75	59.67
山东省	63	5.42	51.83	52.30	6.89	32.26	65.08
山西省	22	1.89	55.22	54.98	7.05	40.43	67.74
陕西省	20	1.72	51.34	50.83	5.75	40.10	61.89
上海市	117	10.07	54.59	54.35	6.09	40.38	68.89
四川省	59	5.08	53.88	53.84	6.33	40.45	66.63
天津市	21	1.81	51.88	51.34	7.12	29.75	66.76
西藏自治区	7	0.60	50.24	51.74	3.43	44.20	52.76
新疆维吾尔自治区	18	1.55	53.94	53.00	6.60	42.18	67.43
云南省	19	1.64	52.56	51.71	5.57	42.89	64.73
浙江省	62	5.34	54.53	55.23	6.05	35.44	67.41
重庆市	25	2.15	54.21	55.71	7.19	41.87	68.58
合　计	1162	100.00	52.93	53.09	6.42	25.94	72.14

资料来源：南开大学公司治理研究中心数据库。

5.2.2 中国上市公司监事会治理状况子因素层分析

监事会各要素的状况对监事会治理的质量产生着直接的影响。我们从监事会会议次数、监事会人数、职工监事设置情况、监事会主席职业背景、监事会主席学历、监事会主席年龄、监事会主席持股状况、其他监事职业背景、其他监事学历、其他监事年龄和其他监事持股状况11个方面来刻画决定监事会治理质量的各要素的状况。

5.2.2.1 监事会会议次数

监事会应定期举行监事会会议,并且监事会成员应该保证出席监事会会议的次数。监事会会议因故不能如期召开,应向中国证监会派出机构递交书面说明,并对说明内容进行公告。在有效样本公司中,召开监事会会议次数平均数为4.07次,召开监事会会议次数最多的公司为13次,最少的为1次,中位数是4次。而且召开的监事会会议次数主要集中在3次、4次和5次,出现的频数合计788次,占总样本的67.81%。具体见表5-8。

表5-8 监事会会议次数描述性统计分析

次数	频数	百分比(%)	累计百分比(%)
1	31	2.67	2.67
2	154	13.25	15.92
3	252	21.69	37.61
4	319	27.45	65.06
5	217	18.67	83.73
6	115	9.90	93.63
7	40	3.44	97.07
8	19	1.64	98.71
9	7	0.60	99.31
10	3	0.26	99.57
11	2	0.17	99.74
13	3	0.26	100.00
合 计	1162	100.00	—

资料来源:南开大学公司治理研究中心数据库。

5.2.2.2 监事会人数

为了保证行使监督权的有效性,首先在监事会规模上应该是有效的,因为只有配备了足够的人员才能实现有效的监督,但是人员过多也会造成监督成本过大、监督中"搭便车"行为的发生。从总体上看,监事会人数最多者为13人,最少为2人,监事会的规模平均为4.14人,中位数为3.00人,平均值高出公司法所规定的最低数3人。监事会人数主要集中在3人和5人,其出现的频数分别为581和414次,二者合计占总样本的85.63%。具体见表5-9。

表5-9 监事会人数描述性统计分析

人数	频数	百分比(%)	累计百分比(%)
2	15	1.29	1.29
3	581	50.00	51.29
4	41	3.53	54.82
5	414	35.63	90.45
6	30	2.58	93.03
7	55	4.73	97.76
8	4	0.34	98.10
9	20	1.72	99.82
10	1	0.09	99.91
13	1	0.09	100.00
合 计	1162	100.00	—

资料来源:南开大学公司治理研究中心数据库。

5.2.2.3 职工监事设置情况

监事会规模有效是监事会有效履行监督职能的前提条件,但监事会成员的构成也应该是有效的。在成员来源中,应有来自企业内部的代表,但是来自企业内部的代表不宜高于外部的代表,否则不利于企业内部和企业外部监督力量的均衡。样本上市公司中,没有设置职工监事的样本为45家,占总样本的3.87%;只有1人职工监事的有532家,占总样本的45.78%;有2人职工监事的有408家,占总样本的35.11%;最多有8人职工监事。具体见表5-10。

表5-10 职工监事人数描述性统计分析

人数	频数	百分比(%)	累计百分比(%)
0	45	3.87	3.87
1	532	45.78	49.65
2	408	35.11	84.76
3	141	12.13	96.89

续表

4	24	2.07	98.96
5	9	0.77	99.73
6	1	0.09	99.82
7	1	0.09	99.91
8	1	0.09	100.00
合计	1162	100.00	—

资料来源:南开大学公司治理研究中心数据库。

5.2.2.4 监事会主席职业背景与其他监事职业背景

监事应当保证其具有相关的职业背景和足够的经验,以便能够独立有效地行使对董事、经理履行职务的监督以及对公司财务的监督和检查。在1162家上市公司样本中,有一家公司没有监事会主席。在剩余的1161名监事会主席中,具有经济管理职业背景的有841人,占总样本的72.38%,财会、法律和技术职业背景的分别为212人、16人和91人,具体见表5-11。在3645名其他监事中,具有经济管理、财会、法律和专业技术职业背景的为2219人、977人、86人和363人,分别占其他监事总人数的60.88%、26.80%、2.36%和9.96%,具体见表5-12。

表5-11 监事会主席职业背景描述性统计分析

	经济管理	财会	法律	技术
样本数	841	212	16	91
比例(%)	72.38	18.24	1.38	7.83

资料来源:南开大学公司治理研究中心数据库。

表5-12 其他监事职业背景描述性统计分析

	经济管理	财会	法律	技术
样本数	2219	977	86	363
比例(%)	60.88	26.80	2.36	9.96

资料来源:南开大学公司治理研究中心数据库。

5.2.2.5 监事会主席学历与其他监事学历

除监事的职业背景外,监事的学历等因素对其开展相应的工作也具有一定的影响。往往监事学历越高,其相关的专业技能越高,胜任能力越强。在1161名监事会主席中,具有博士学历者19人,占总样本的1.64%;具有硕士学历者183人,占总样本的

15.75%;具有本科学历者421人,占总样本的36.23%;具有大专及以下学历者538人,占总样本的46.30%,具体见表5-13。在3645名其他监事中,具有博士学历者36人,占其他监事总人数的0.99%;具有硕士学历者481人,占其他监事总人数的13.20%;具有本科学历者1356人,占其他监事总人数的37.20%;具有大专及以下学历者1772人,占其他监事总人数的48.61%,具体见表5-14。

表5-13 监事会主席学历描述性统计分析

	博士	硕士	本科	大专及以下
样本数	19	183	421	538
比例(%)	1.64	15.75	36.23	46.30

资料来源:南开大学公司治理研究中心数据库。

表5-14 其他监事学历描述性统计分析

	博士	硕士	本科	大专及以下
样本数	36	481	1356	1772
比例(%)	0.99	13.20	37.20	48.61

资料来源:南开大学公司治理研究中心数据库。

5.2.2.6 监事会主席年龄与其他监事年龄

监事的年龄也是影响其胜任能力的重要因素,年龄过高或过低都存在一定的弊端,适合的年龄利于其履行相应的职责。在1161名监事会主席中,董事会主席年龄在60岁以上和41岁以下的分别为105人和123人,占总样本的9.04%和10.59%;监事会主席年龄在41—50岁区间的有330人,占总样本的28.40%,在51—60岁区间的有603人,占总样本的51.89%,具体见表5-15。在3645名其他监事中,年龄在60岁以上的为141人,占其他监事总人数的3.87%;其他监事年龄在41岁以下的为999人,占其他监事总人数的27.41%;其他监事年龄在41—50岁区间的有1435人,在51—60岁区间的有1070人,分别占其他监事总人数的39.37%和29.36%,具体见表5-16。

表5-15 监事会主席年龄描述性统计分析

	60岁以上	51—60岁	41—50岁	41岁以下
样本数	105	603	330	123
比例(%)	9.04	51.89	28.40	10.59

资料来源:南开大学公司治理研究中心数据库。

表 5-16 其他监事年龄描述性统计分析

	60 岁以上	51—60 岁	41—50 岁	41 岁以下
样本数	141	1070	1435	999
比例(%)	3.87	29.36	39.37	27.41

资料来源:南开大学公司治理研究中心数据库。

5.2.2.7 监事会主席与其他监事持股状况

实践证明,高管人员持股有利于调动其积极性,当然,监事会主席及其他监事持股也不例外。监事作为经济人,其目标函数是自身效用的最大化,当其持有公司股份时,其自身目标函数与全体股东目标函数相一致。在1162家样本上市公司中,监事会主席持股的有273家,占总样本的23.49%;但监事会主席没有持股的公司有889家,占总样本的76.51%,具体见表5-17。在1162家样本上市公司中,有367家公司至少有一名其他监事持股,占总样本的31.58%;没有其他监事持股的公司有795家,占总样本的68.42%,具体见表5-18。

表 5-17 监事会主席持股描述性统计分析

是否持股	频数	百分比(%)	累计百分比(%)
否	889	76.51	76.42
是	273	23.49	100.00
合 计	1162	100.00	—

资料来源:南开大学公司治理研究中心数据库。

表 5-18 其他监事持股描述性统计分析

是否持股	频数	百分比(%)	累计百分比(%)
否	795	68.42	68.42
是	367	31.58	100.00
合 计	1162	100.00	—

资料来源:南开大学公司治理研究中心数据库。

5.3 中国上市公司监事会治理100佳分析

5.3.1 上市公司监事会治理100佳监事会治理情况

通过表5-19,对监事会治理100佳样本公司的监事会治理状况进行描述性统计分析。从表5-19可以看出,监事会治理100佳上市公司平均治理指数为64.32,较总样本平均水平52.93高11.39。从监事会治理三个分指数来看,监事会治理100佳公司的监事会运行状况指数平均值为70.40,较总样本平均水平59.50高10.90;监事会结构与规模指数的平均值为73.00,较总样本平均水平51.52高21.48;监事胜任能力指数的平均值为50.42,较总样本平均水平48.71高1.71。具体见表5-19。

表5-19 监事会100佳监事会治理指数描述性统计

指标	$CCGI_{BOS}^{NK}$	$CCGI_{BOS1}^{NK}$	$CCGI_{BOS2}^{NK}$	$CCGI_{BOS3}^{NK}$
100佳平均值	64.32	70.40	73.00	50.42
总样本平均值	52.93	59.50	51.52	48.71

资料来源:南开大学公司治理研究中心数据库。

5.3.2 监事会治理100佳的行业分布

如表5-20显示,监事会治理100佳上市公司的行业分布有较大的差异。制造业上市公司占的比重最大,为55家,紧跟其后的是交通运输、仓储业、电力、煤气及水的生产和供应业、采掘业和信息技术业四个行业。监事会治理100佳公司中占本行业比例较高的是采掘业、金融、保险业、交通运输、仓储业和电力、煤气及水的生产和供应业四个行业。具体见表5-20。

表5-20 监事会治理100佳行业分布

行业分类	总样本		100佳		
	数目	比例(%)	数目	比例(%)	占本行业比例(%)
采掘业	19	1.64	6	6.00	31.58
传播与文化产业	9	0.77	1	1.00	11.11
电力、煤气及水的生产和供应业	51	4.39	7	7.00	13.73
房地产业	51	4.39	3	3.00	5.88
建筑业	23	1.98	2	2.00	8.70
交通运输、仓储业	55	4.73	8	8.00	14.55
金融、保险业	8	0.69	2	2.00	25.00
农、林、牧、渔业	27	2.32	1	1.00	3.70
批发和零售贸易业	78	6.71	5	5.00	6.41

续表

社会服务业	35	3.01	1	1.00	2.86
信息技术业	70	6.02	6	6.00	8.57
制造业	665	57.23	55	55.00	8.27
综合类	71	6.12	3	3.00	4.23
合 计	1162	100.00	100	100.00	—

资料来源:南开大学公司治理研究中心数据库。

5.3.3 监事会治理100佳的第一大股东性质

我们按上市公司第一大股东性质将其分为国有控股、民营控股、外资控股、集体控股、社会团体控股、职工持股会控股以及其他类型。公司治理100佳上市公司的第一大股东性质有较大差异,具体见表5-21。其中,国有控股的上市公司为74家,民营控股的上市公司为25家,外资控股的上市公司为1家。监事会治理100佳公司占同类公司的比例,国有控股的上市公司为9.40%,民营控股的上市公司为7.42%。从监事会治理100佳公司占同类公司的比例来看,国有控股的上市公司其监事会治理水平要好于民营控股的上市公司。

表5-21 大股东性质不同的监事会治理100佳

第一大股东性质	总样本		100佳		
	数目	比例(%)	数目	比例(%)	占本行业比例(%)
国有控股	787	67.73	74	74.00	9.40
民营控股	337	29.00	25	25.00	7.42
外资控股	7	0.60	1	1.00	14.29

资料来源:南开大学公司治理研究中心数据库。

5.3.4 监事会治理100佳公司的地区分布

如表5-22表明,上海市、广东省和江苏省的上市公司在监事会治理100佳中所占的比重较高,分别有17家、9家和9家;一些省市在监事会治理100佳中没有入围或只有1家入围。在监事会治理100家公司占本地区比例方面,内蒙古自治区、山西省、上海市位居前列,分别为20.00%、18.18%、14.53%,上市公司监事会治理水平较高。具体见表5-22。

表 5-22　监事会治理 100 佳的地区分布

省份	总样本		100 佳		
	数目	比例(%)	数目	比例(%)	占本地区比例(%)
安徽省	36	3.10	1	1.00	2.78
北京市	77	6.63	6	6.00	7.79
福建省	34	2.93	5	5.00	14.71
甘肃省	16	1.38	0	0.00	0.00
广东省	137	11.79	9	9.00	6.57
广西壮族自治区	21	1.81	1	1.00	4.76
贵州省	12	1.03	0	0.00	0.00
海南省	18	1.55	0	0.00	0.00
河北省	30	2.58	4	4.00	13.33
河南省	30	2.58	4	4.00	13.33
黑龙江省	25	2.15	1	1.00	4.00
湖北省	50	4.30	1	1.00	2.00
湖南省	35	3.01	4	4.00	11.43
吉林省	30	2.58	0	0.00	0.00
江苏省	75	6.45	9	9.00	12.00
江西省	18	1.55	1	1.00	5.56
辽宁省	47	4.04	3	3.00	6.38
内蒙古自治区	20	1.72	4	4.00	20.00
宁夏回族自治区	11	0.95	1	1.00	9.09
青海省	7	0.60	0	0.00	0.00
山东省	63	5.42	3	3.00	4.76
山西省	22	1.89	4	4.00	18.18
陕西省	20	1.72	1	1.00	5.00
上海市	117	10.07	17	17.00	14.53
四川省	59	5.08	7	7.00	11.86
天津市	21	1.81	2	2.00	9.52
西藏自治区	7	0.60	0	0.00	0.00
新疆维吾尔自治区	18	1.55	2	2.00	11.11
云南省	19	1.64	2	2.00	10.53

续表

浙江省	62	5.34	5	5.00	8.06
重庆市	25	2.15	3	3.00	12.00
合　计	1162	100.00	100	100.00	—

资料来源:南开大学公司治理研究中心数据库。

5.4　监事会治理评价案例分析

5.4.1　监事会治理最佳的三家公司分析

监事会治理最佳的三家公司按照监事会治理指数排名由高到低依次是深发展 A (000001)、上港集团(600018)和深南电 A(000037)。深发展 A 是外资控股的金融类上市公司;上港集团国有控股的交通运输、仓储业上市公司;深南电 A 国有控股的电力、煤气及水的生产和供应业上市公司。

三家公司的监事会治理评价分数分别为:深发展 A72.14,上港集团 69.66,深南电 A69.42。数据比较见表 5-23 和图 5-1。

表 5-23　深发展 A、上港集团和深南电 A 监事会数据对比

指标	$CCGI_{BOS}^{NK}$	$CCGI_{BOS1}^{NK}$	$CCGI_{BOS2}^{NK}$	$CCGI_{BOS3}^{NK}$
深发展 A	72.14	80.00	80.00	57.54
上港集团	69.66	80.00	80.00	50.43
深南电 A	69.42	80.00	80.00	49.77
监事会治理 100 佳	64.32	70.40	73.00	50.42
总样本	52.93	59.50	51.52	48.71

资料来源:南开大学公司治理研究中心数据库。

从监事会运行状况来看,三家公司的监事会召开次数分别为深发展 A13 次,上港集团 5 次,深南电 A 6 次,均在合理范围之内。

从监事会的规模和结构来看,深发展 A 共有监事 7 人,其中职工监事 3 人,外部监事 2 人;上港集团共有监事 5 人,其中职工监事 2 人;深南电 A 共有监事 8 人,其中职工监事 3 人。三家公司监事会规模适中,职工监事比例较合适,能够较好地保证职工的利益。

从监事会胜任能力来看,深发展 A 的监事会主席年龄 59 岁,硕士学历,职业背景

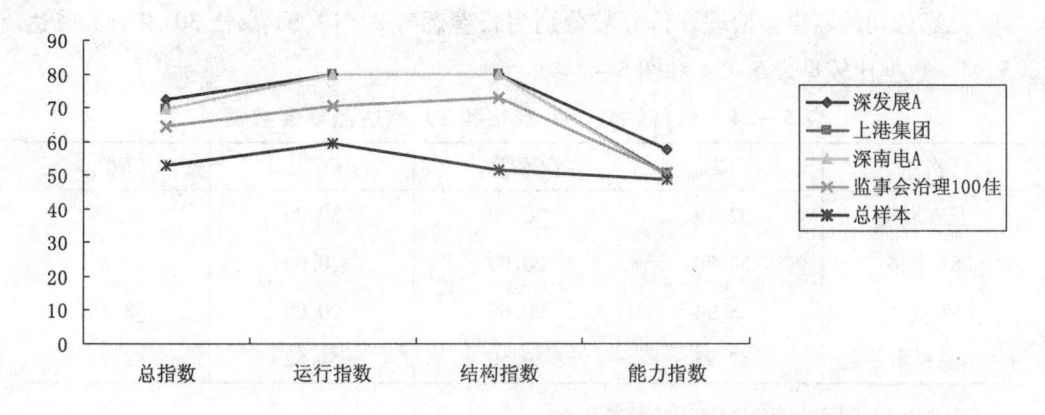

图 5-1　深发展 A、上港集团和深南电 A 的监事会治理指数图

为经济管理。其他 6 名监事中,1 人具有硕士学历,1 人具有博士学历,4 人拥有大学本科学历;职业背景方面,5 人是经济管理背景,1 人为财务背景;年龄方面,2 人在 60 岁以上,4 人在 41—60 岁之间。从整体上看深发展 A 监事会的胜任能力水平较高。

上港集团监事会主席年龄 58 岁,硕士学历,高级经济师。其他 4 名监事中,1 人具有硕士学历,2 人拥有大学本科学历,1 人具有大专学历;职业背景方面,2 人具有财务工作背景,1 人具有法律工作背景,1 人为经济管理背景,监事会成员职业背景搭配合理;从年龄来看,1 人年龄 39 岁,3 人年龄处于 41—60 岁之间。从整体上看上港集团监事会的胜任能力水平较高。

深南电 A 监事会主席年龄 58 岁,大学本科学历,注册会计师。其余 7 名监事中,1 人具有硕士学历,4 人具有大学本科学历,2 人具有大专学历;职业背景方面,2 人拥有经济管理背景,3 人拥有财务背景,2 人具有技术职业背景;在年龄方面,除 1 人为 37 岁较为年轻外,其余 6 人处于 41—60 岁之间。整体上看深南电 A 监事会的胜任能力水平较高。

综上所述,我们可以发现三家监事会治理最佳的公司在监事会运行和结构与规模方面都做得比较规范,而在监事会胜任能力方面我们可以发现深发展 A 和深南电 A 监事会成员中缺乏法律方面的专业人才。

5.4.2　监事会治理最差的三家公司分析

监事会治理最差的三家公司按照监事会治理综合指数排名由高到低依次是长春燃气(600333)、ST 泰格(000409)和 ST 威达(000603)。长春燃气属电力、煤气及水的生产和供应业,为国有控股上市公司;ST 泰格无固定的主营业务,为国有控股上市公司;

ST 威达属制造业,为民营控股上市公司。

三家公司的监事会治理评价分数分别为长春燃气 32.19,ST 泰格 30.80,ST 威达 25.94。数据比较见表 5-24 和图 5-2。

表 5-24 长春燃气、ST 泰格和 ST 威达监事会数据

指标	$CCGI_{BOS}^{NK}$	$CCGI_{BOS1}^{NK}$	$CCGI_{BOS2}^{NK}$	$CCGI_{BOS3}^{NK}$
长春燃气	32.19	20.00	30.00	44.84
ST 泰格	30.80	20.00	30.00	40.86
ST 威达	25.94	20.00	20.00	38.58
总样本	52.93	59.50	51.52	48.71

资料来源:南开大学公司治理研究中心数据库。

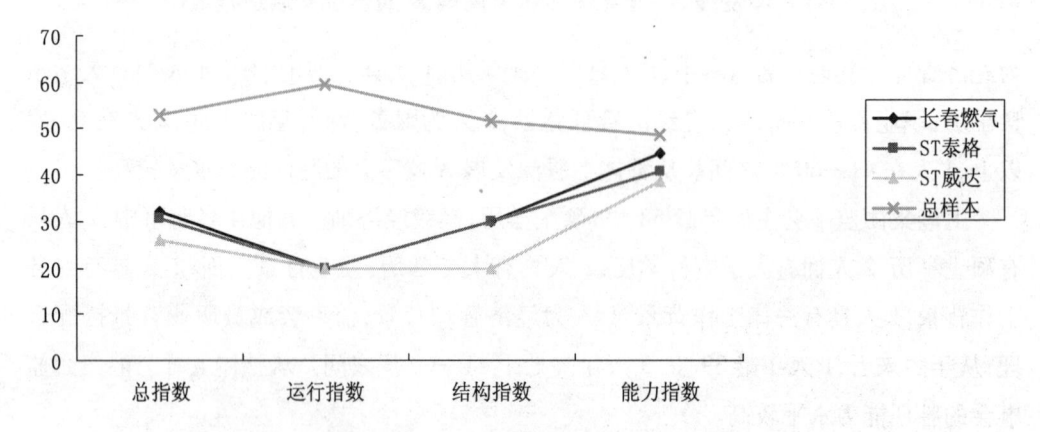

图 5-2 长春燃气、ST 泰格和 ST 威达监事会数据图

从监事会运行状况来看,长春燃气、ST 泰格和 ST 威达只召开过 1 次会议,监事会的运行较差。

从监事会的规模和结构来看,长春燃气和 ST 泰格监事会总人数为 3 人,ST 威达监事会总人数为 2 人,三家公司各有 1 名职工监事。三家公司监事会规模偏小。

从监事会胜任能力来看,长春燃气监事会主席年龄 53 岁,具有研究生学历,职业背景为经济管理;2 名其他监事 1 人 50 岁,1 人 45 岁;2 人均为会计职业背景;2 名监事中,1 人为大学本科学历,1 人为大专学历;监事会成员年富力强,具有财务方面的经验,监事会的履职能力较强。

ST 泰格监事会主席职业背景为经济管理,大专学历,年龄 57 岁。另 2 名监事 1 人职业背景是经济管理,1 人职业背景为财会;从学历来看,1 人为大学本科,1 人为大专;2 名监事年龄都在 40 岁以下。监事会成员学历较低,履职能力偏低。

ST 威达无监事会主席。其他 2 名监事一人具有大学学历,法律职业背景,年龄 42

岁;一人大专学历,会计职业背景,年龄 45 岁。监事会成员的学历水平较低,年富力强,职业背景良好,但监事会没有主席,监事会的胜任能力水平较差。

综上所述,三家监事会治理最差的公司均只召开了一次监事会会议,在监事会运行方面做得较差;三家公司在监事会结构与规模方面刚刚达到甚至没有达到公司法的要求;长春燃气和 ST 泰格在监事会胜任能力方面,应增加具有法律背景的监事,ST 威达应推举监事会主席。

结 论 与 建 议

1. 监事会治理总体状况不理想。从总体上看,上市公司监事会治理水平整体较低,其中,监事会运行状况指数平均值最高,监事胜任能力平均值最低。上市公司监事会的胜任能力水平有待提高,造成这种现状的主要原因一方面是监事学历整体偏低,监事职业背景与其工作不匹配,监事年龄过大或过小等;另一方面是监事会结构与规模有效性较差,监事会人数过少,部分公司没有设置职工监事等。

2. 大股东所有权性质对监事会治理水平影响不大。从整体上看,国有上市公司监事会治理状况略好于民营上市公司。就监事会运行状况而言,国有上市公司略差于民营上市公司;就监事会结构与规模来说,国有上市公司监事会结构与规模指数显著高于民营上市公司;而就监事胜任能力来看,国有上市公司略高于民营上市公司。因此,民营上市公司可以借鉴国有上市公司在监事会结构与规模方面的做法。

3. 行业背景对监事会治理水平产生了重要影响。其中政府所参与的非竞争性行业较竞争性行业具有更高的治理水平。客观上说明,在经济转轨期间,政府对某些行业适当的、积极的参与,对监事会治理将会起到积极的作用。

4. 不同地区上市公司的监事会治理状况存在差异,但与该地区的经济发展水平无关。

附表　中国上市公司监事会治理100佳

序号	公司代码	公司名称	监事会治理指数	序号	公司代码	公司名称	监事会治理指数
1	000001	深发展A	72.14	30	600191	华资实业	64.88
2	600018	上港集团	69.56	31	600718	东软股份	64.88
3	000037	深南电A	69.42	32	600093	禾嘉股份	64.85
4	600037	歌华有线	69.03	33	625	长安汽车	64.84
5	600449	赛马实业	68.93	34	600122	宏图高科	64.84
6	600755	厦门国贸	68.68	35	600022	济南钢铁	64.75
7	600666	西南药业	68.58	36	600883	博闻科技	64.73
8	000673	大同水泥	67.74	37	600887	伊利股份	64.73
9	600638	新黄浦	67.50	38	600039	四川路桥	64.69
10	600888	新疆众和	67.43	39	600809	山西汾酒	64.67
11	600840	新湖创业	67.41	40	600875	东方电机	64.62
12	600961	株冶集团	67.05	41	000616	亿城股份	64.42
13	600020	中原高速	66.97	42	600310	桂东电力	64.40
14	600604	二纺机	66.84	43	600001	邯郸钢铁	64.36
15	000534	汕电力A	66.83	44	600104	上海汽车	64.32
16	600583	海油工程	66.76	45	600171	上海贝岭	64.25
17	000731	四川美丰	66.63	46	000568	泸州老窖	64.12
18	600842	ST中西	65.56	47	600328	兰太实业	64.10
19	600069	G银鸽	65.52	48	601111	中国国航	64.09
20	600601	方正科技	65.51	49	600827	友谊股份	64.05
21	600689	上海三毛	65.48	50	600713	南京医药	63.94
22	600508	上海能源	65.46	51	600031	三一重工	63.70
23	600172	黄河旋风	65.45	52	600825	华联超市	63.63
24	600668	尖峰集团	65.26	53	600770	综艺股份	63.54
25	600121	郑州煤电	65.18	54	600997	开滦股份	63.54
26	600882	大成股份	65.08	55	001696	宗申动力	63.45
27	600408	安泰集团	65.02	56	600644	乐山电力	63.40
28	600630	龙头股份	65.00	57	600345	长江通信	63.36
29	600660	福耀玻璃	64.97	58	600029	S南航	63.33

续表

59	600057	夏新电子	63.26	80	600062	双鹤药业	62.57
60	000531	穗恒运 A	63.25	81	600626	申达股份	62.57
61	600478	力元新材	63.16	82	600490	中科合臣	62.55
62	600724	宁波富达	63.16	83	000046	泛海建设	62.52
63	000425	徐工科技	63.12	84	000970	中科三环	62.49
64	000562	宏源证券	63.12	85	600489	中金黄金	62.42
65	600803	威远生化	63.12	86	600828	成商集团	62.38
66	600309	烟台万华	63.03	87	600071	凤凰光学	62.24
67	600970	中材国际	62.98	88	600741	巴士股份	62.21
68	000429	粤高速 A	62.93	89	600010	包钢股份	62.16
69	600550	天威保变	62.93	90	600152	维科精华	62.16
70	000989	九芝堂	62.92	91	600864	岁宝热电	62.16
71	600475	华光股份	62.90	92	000681	远东股份	62.15
72	601001	大同煤业	62.90	93	000902	中国服装	62.15
73	000666	经纬纺机	62.80	94	600781	ST 民丰	62.12
74	600067	冠城大通	62.78	95	600459	贵研铂业	62.04
75	600654	飞乐股份	62.69	96	600190	锦州港	61.99
76	600268	国电南自	62.65	97	600971	恒源煤电	61.96
77	600857	工大首创	62.61	98	600080	金花股份	61.89
78	600525	长园新材	62.59	99	600087	南京水运	61.88
79	000507	粤富华	62.57	100	000753	漳州发展	61.87

资料来源：南开大学公司治理研究中心数据库。

声明：本项研究是南开大学公司治理研究中心公司治理评价课题组开展的学术研究，无任何商业目的，不存在引导投资的目的或意图，投资者依据此评价结果进行投资或入市产生的风险自负。

第6章 经理层治理评价

经理层治理是从客体视角对上市公司治理状况进行的评价。本部分从经理层的任免制度、执行保障以及激励约束机制三个方面,从不同行业、第一大股东的性质等视角对中国上市公司经理层的治理状况进行评价,并对经理层治理与公司绩效的关系进行了实证研究。

6.1 中国上市公司经理层治理评价指标体系

6.1.1 国内外经理层治理评价的实践

国际上大多数公司治理评价系统中都将经理层治理方面的评价指标分列于不同的评价结构中。S&P公司治理服务系统(2004)将管理层成员的任命、薪酬结构及人员更换状况作为董事会治理状况进行了反映。ICLG、ICRA和ISS(2004)在对跨国公司全球评价标度与内部评价标度上都分别有专门的高管层结构及管理层薪酬与股权状况的评价,经理层的薪酬也一直作为GMI对公司治理考察的核心因素。Demínor公司治理评价系统(2002)则注重公司期权和董事长与CEO两职关系情况的测评。里昂证券公司治理评估系统(CLSA)将管理者的高股份激励及股东现金流分配等列入重要的评价范畴。南开大学公司治理研究中心在设置上市公司治理评价指标系统的初期,将经理层评价作为一个重要维度,$CCGI^{NK}$主要从任免制度、执行保障和激励机制三个维度评价中国上市公司高管层治理状况,进行经理层治理指数与绩效指数的回归分析(李维安、张国萍,2003,2005)。随着公司治理评价的深入与优化,公司高管层的监督、约束、变更及效率保障逐渐成为研究重点。

6.1.2 中国上市公司经理层治理评价指标体系

经理层治理评价指数由三个维度构成:一是经理层任免制度。在$CCGI^{NK}_{TOP}$的经理层治理评价系统中,我们选择总经理的选聘方式、其他高管人员的选聘方式、高管人员的行政度、董事长与总经理的两职设置状况及高管稳定性构建了评价公司经理层任免制度的指标。随着上市公司高管人员选聘制度化程度提高以及高管变更频度的加大，我们强化了高管稳定性的指标评价。二是执行保障机制。经理层的执行保障评价包括总经理及其他高管人员学历指标对经理层的支持保障、学识胜任能力、经理层对日常经营的控制程序、经理层内部控制程度以及高层经理人员在股东单位或股东单位的关联单位兼职情况等内容，特别地，高层经理人员的兼职情况受到重视。三是激励与约束机制。我们从经理层薪酬与股权总量、结构、薪酬及股权与公司业绩的关系等多角度设计指标，从强度和动态性两个角度评测激励与约束程度。关于经理层评价的详细指标请详见表6-1。

表6-1 经理层治理评价指标体系

主因素层	子因素层
任免制度	总经理选聘方式、其他高管人员的选聘方式、高管层的行政度、总经理与董事长两职设置、高管稳定性
执行保障	总经理学历、其他高管人员学历、经营控制、双重任职、内部人控制、CEO设置
激励与约束机制	薪酬水平、薪酬结构、薪酬动态激励、总经理及其他高管持股数量、经理层持股比例、股权流通性

资料来源：李维安、张国萍，"经理层治理评价指数与相关绩效的实证研究——基于中国上市公司治理评价的研究"，《经济研究》，2005年第11期。

6.2 中国上市公司经理层治理状况

6.2.1 经理层治理整体状况描述统计

从表6-2可以看出，样本公司经理层治理指数最高值为79.26，最低值为39.90，平均值为57.88，标准差为5.77。从经理层评价的三个主因素层来看，样本公司经理层任免制度指数平均值为67.48，样本标准差为6.39，最大值和最小值分别是87.78和43.33；经理层执行保障指数的平均值为65.82，样本标准差8.70，最大值为95.00，最小值为35.00；经理层激励与约束机制指数平均值仍为最低，样本离散程度和离差也最大，平均值仅为42.21，样本标准差为11.20。相比较2006年数据，经理层各项评价指数均有提升，上市公司经理层治理三个维度离散情况都有所上升，说明经理层治理评价指数分布均匀性有所减弱。样本公司经理层总体治理状况呈现增长趋势，激励约束机制相对任免和执行保障制度仍表现弱化，但得到较大改善。图6-1为样本公司经理层治理总指数正态分布图。

表6-2 经理层治理总指数及各要素指数描述性统计

指标	经理层治理指数	任免制度	执行保障	激励与约束机制
平均值	57.88	67.48	65.82	42.21
标准差	5.77	6.39	8.70	11.20
极差	39.36	44.45	60.00	61.43
最小值	39.90	43.33	35.00	21.43
最大值	79.26	87.78	95.00	82.86

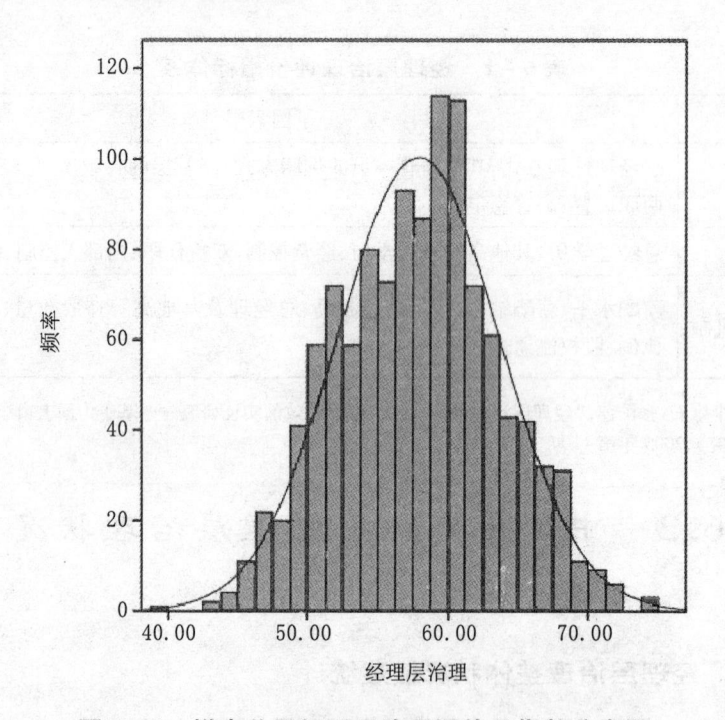

资料来源:南开大学公司治理研究中心数据库。

图6-1 样本公司经理层治理评价总指数分布图

按照南开公司治理指数的等级划分,我们将经理层治理指数分为六级。分别是:

$CCGI_{TOP}^{NK}$ Ⅰ:治理指数≥90%;

$CCGI_{TOP}^{NK}$ Ⅱ:治理指数80%—90%;

$CCGI_{TOP}^{NK}$ Ⅲ:治理指数70%—80%;

$CCGI_{TOP}^{NK}$ Ⅳ:治理指数60%—70%;

$CCGI_{TOP}^{NK}$ Ⅴ:治理指数50%—60%;

$CCGI_{TOP}^{NK}$ Ⅵ:<50%。

经理层治理指数分布详见表6-3。

1162 家样本公司中不存在经理层治理指数达到 $CCGI_{TOP}^{NK}$ Ⅰ 和 $CCGI_{TOP}^{NK}$ Ⅱ 水平的公司，达到 $CCGI_{TOP}^{NK}$ Ⅲ 的样本公司为 19 家，比 2006 年增加了 17 家。达到 $CCGI_{TOP}^{NK}$ Ⅳ 的有 405 家公司，占总样本的 34.85%，这一等级样本公司比例较 2006 年增加了 19.32%。共有 637 家上市公司处于 $CCGI_{TOP}^{NK}$ Ⅴ 水平，占总样本的 54.82%，该等级样本公司比例较 2006 年减少了 16.52%。101 家上市公司经理层治理指数处于 $CCGI_{TOP}^{NK}$ Ⅵ，占总样本的 8.7%。中国上市公司经理层治理指数众数仍处于 $CCGI_{TOP}^{NK}$ Ⅴ，但处于 $CCGI_{TOP}^{NK}$ Ⅳ 的样本公司数较 2006 年有明显增加，表明大多上市公司经理层治理状况整体得到改善。

经理层任免制度指数仍然是经理层治理的三个主因素层中水平最高的，其中 27 家公司达到 $CCGI_{TOP}^{NK}$ Ⅱ，较 2006 年度增加 22 家；418 家公司和 611 家公司分别达到 $CCGI_{TOP}^{NK}$ Ⅲ 和 $CCGI_{TOP}^{NK}$ Ⅳ，分别占总样本的 35.97% 和 52.58%；103 家公司处于 $CCGI_{TOP}^{NK}$ Ⅴ，占总样本的 8.87%。达到 $CCGI_{TOP}^{NK}$ Ⅳ 的公司仍占多数，而达到 $CCGI_{TOP}^{NK}$ Ⅲ 的公司比 2006 年增加了 286 家。此外还有 3 家公司处于 $CCGI_{TOP}^{NK}$ Ⅵ。

样本公司的经理层执行保障指数的离散状态居于经理层治理的三个主因素之中，众数出现在 $CCGI_{TOP}^{NK}$ Ⅲ 和 $CCGI_{TOP}^{NK}$ Ⅳ 上，分别有 403 家和 484 家上市公司，占总样本的 34.68% 和 41.65%。分别有 9 家和 33 家公司达到 $CCGI_{TOP}^{NK}$ Ⅰ 和 $CCGI_{TOP}^{NK}$ Ⅱ 水平，有 191 家和 42 家公司分别处于 $CCGI_{TOP}^{NK}$ Ⅴ 和 $CCGI_{TOP}^{NK}$ Ⅵ 水平，占总样本的 16.44% 和 3.61%。与 2006 年相比，达到 $CCGI_{TOP}^{NK}$ Ⅰ 和 $CCGI_{TOP}^{NK}$ Ⅱ 的上市公司样本数均有增加，众数公司提升等级至 $CCGI_{TOP}^{NK}$ Ⅲ 和 $CCGI_{TOP}^{NK}$ Ⅳ 级。

激励与约束机制指数相对较低，公司间治理指数离散程度也最大，有 1 家和 15 家公司分别达到 $CCGI_{TOP}^{NK}$ Ⅱ 和 $CCGI_{TOP}^{NK}$ Ⅲ，较 2006 年增加 9 家；有 875 家公司处于 $CCGI_{TOP}^{NK}$ Ⅵ，为该指数的众数。达到 $CCGI_{TOP}^{NK}$ Ⅳ 的公司比例占 7.05%，较 2006 年增加 2.65%，处于 $CCGI_{TOP}^{NK}$ Ⅴ 和 $CCGI_{TOP}^{NK}$ Ⅵ 的公司比例分别为 16.27% 和 75.30%，有 875 家公司处于 $CCGI_{TOP}^{NK}$ Ⅴ 以下。可见激励与约束机制仍是上市公司经理层治理需要着重关注的要素。

表 6-3 经理层治理指数等级分布

经理层治理指数等级	$CCGI_{TOP1}^{NK}$		$CCGI_{TOP2}^{NK}$		$CCGI_{TOP3}^{NK}$		$CCGI_{TOP}^{NK}$	
	数目	比例(%)	数目	比例(%)	数目	比例(%)	数目	比例(%)
$CCGI_{TOP}^{NK}$ Ⅰ	0	0.00	9	0.78	0	0.00	0	0.00
$CCGI_{TOP}^{NK}$ Ⅱ	27	2.32	33	2.84	1	0.09	0	0.00
$CCGI_{TOP}^{NK}$ Ⅲ	418	35.97	403	34.68	15	1.29	19	1.63

续表

$CCGI_{TOP}^{NK}$ IV	611	52.58	484	41.65	82	7.05	405	34.85
$CCGI_{TOP}^{NK}$ V	103	8.87	191	16.44	189	16.27	637	54.82
$CCGI_{TOP}^{NK}$ VI	3	0.26	42	3.61	875	75.30	101	8.70

资料来源：南开大学公司治理研究中心数据库。

6.2.2 经理层治理分类描述性统计分析

6.2.2.1 经理层治理评价指数的行业比较分析

（1）经理层治理总指数的行业比较分析

表6-4、表6-7、表6-9和表6-11列出了样本上市公司13个行业的经理层治理指数的分布状况。其中表6-4显示样本公司在经理层治理评价总指数 $CCGI_{TOP}^{NK}$ 行业分布情况。样本公司的平均值为57.88，农、林、牧、渔业、制造业、交通运输、仓储业、信息技术业、金融、保险业和房地产业均高于样本公司的平均水平。而建筑业、传播与文化产业和综合类这三个行业的经理层平均治理水平列于样本企业平均治理指数的最后三位，且均低于57。其中，经理层治理评价指数平均值最高的行业为金融、保险业，均值为59.54；而经理层治理评价指数平均值最低的行业则为综合类，均值为55.47，仅相差4.07，这说明各行业上市公司之间的经理层治理状况差距保持稳定。上市公司中经理层治理水平的差异在各个行业内也都有不同程度的扩大或缩小的趋势，其中信息技术业、传播与文化产业、批发与零售贸易业、金融保险业、综合类等公司间保持稍大的治理差异，标准差在6以上。与2006年相比，传播与文化产业的标准差提高3.04，差距显著加大。社会服务业、批发与零售贸易业、综合类的经理层治理指数标准差提高超过1.40，表明这些行业内的上市公司治理水平差距有所加大。而农、林、牧、渔业的标准差降低了1.59，表明此行业的治理差距减小。2007年数据显示，经理层治理指数最大值超过70的行业包括电力、煤气及水的生产和供应业、房地产业、交通运输、仓储业、金融、保险业、信息技术业、制造业和综合类。而在全部样本公司中，经理层治理指数最小值不超过40的行业为批发和零售贸易业。

表6-4 经理层治理指数分行业描述性统计

行业性质	数目	比例（%）	平均值	标准差	极差	最小值	最大值
采掘业	19	1.64	57.36	5.34	19.28	48.01	67.29
传播与文化产业	9	0.77	56.46	6.38	18.32	46.58	64.90
电力、煤气及水的生产和供应业	51	4.39	57.81	5.75	25.28	48.77	74.05

续表

房地产业	51	4.39	58.39	5.60	27.22	45.19	72.41
建筑业	23	1.98	56.78	4.92	17.94	49.20	67.14
交通运输、仓储业	55	4.73	58.68	5.69	23.15	47.50	70.65
金融、保险业	8	0.69	59.54	7.06	20.11	53.91	74.02
农、林、牧、渔业	27	2.33	59.34	4.27	18.32	48.83	67.15
批发和零售贸易业	78	6.71	57.05	6.12	30.05	39.90	69.95
社会服务业	35	3.01	57.29	5.27	22.63	46.71	69.34
信息技术业	70	6.02	58.18	6.28	26.94	43.34	70.28
制造业	665	57.23	58.12	5.70	35.29	43.97	79.26
综合类	71	6.11	55.47	6.21	28.84	43.15	71.99

资料来源:南开大学公司治理研究中心数据库。

由于制造业样本数量很多,不同细类的上市公司间经理层治理状况存在差异,我们进一步按照制造业进行细分,以观察主营业务不同的制造业上市公司经理层治理质量的差异。制造业的平均治理水平比样本总体的平均治理水平略高,制造业的样本公司的治理水平主要集中在56到61之间。从表6-5可见,样本公司中,包括电子业、金属、非金属业、木材、家具业、石油、化学、塑胶、塑料业、医药、生物制品业、食品、饮料业和其他制造业的经理层治理总指数均高于制造业的平均水平58.12,造纸、印刷业的经理层治理指数与制造业相当。其他制造业、木材、家具业、医药、生物制品业的经理层治理指数的均值分别为60.35、59.93和59.33,构成了制造业上市公司经理层治理状况最佳的三个细类行业。在制造业门类中,经理层治理指数均值最高的大类是其他制造业,均值为60.35;经理层治理指数均值最低的大类是纺织、服装、皮毛业,均值为56.65,相差较显著。

表6-5 按细类划分的制造业公司经理层治理总指数描述性统计

行业	样本	平均值	中位数	标准差	最小值	最大值
电子业	40	58.39	58.58	5.62	44.51	69.12
纺织、服装、皮毛业	47	56.65	56.08	5.95	45.44	70.17
机械、设备、仪表业	181	57.71	58.53	5.65	43.97	70.45
金属、非金属业	111	58.14	58.02	5.78	44.20	79.26
木材、家具业	2	59.93	59.93	—	59.57	60.30
石油、化学、塑胶、塑料业	125	58.16	58.63	5.82	46.68	74.78

续表

食品、饮料业	53	58.68	59.06	5.56	46.04	71.41
医药、生物制品业	72	59.33	59.32	5.21	49.07	72.31
造纸、印刷业	22	57.19	57.40	6.58	45.70	70.82
其他制造业	12	60.35	59.76	5.09	51.65	68.23

资料来源：南开大学公司治理研究中心数据库。

(2) 不同行业的经理层治理指数等级分布

按照南开公司治理指数的等级分类（表6-6），各行业的经理层治理状况显示出较大的差异性，不同行业发展不平衡。在1162家样本公司中，制造业和交通运输、仓储业分别有11家和3家上市公司达到$CCGI_{TOP}^{NK}$ Ⅲ，电力、煤气及水的生产和供应业、信息技术业、金融、保险业、房地产业和综合类均有1家上市公司达到$CCGI_{TOP}^{NK}$ Ⅲ，而2006年仅有制造业和信息技术业的2家公司达到这一水平。在经理层治理水平达到$CCGI_{TOP}^{NK}$ Ⅳ的上市公司中，大多集中于制造业、信息技术业、批发和零售贸易业、房地产业，均超过20家，制造业达到$CCGI_{TOP}^{NK}$ Ⅳ的上市公司为243家，主要集中于机械、设备、仪表、石油、化学、塑胶、塑料、金属、非金属，均超过35家。传播与文化产业则打破了2006年没有一家公司达到经理层治理水平 $CCGI_{TOP}^{NK}$ Ⅳ的状况，上榜2家，建筑业这一等级则相比2006年增加了2家。农、林、牧、渔业、房地产业、制造业中的医药、生物制品、电子业、木材、家具和其他制造业等行业均有40%以上的上市公司达到$CCGI_{TOP}^{NK}$ Ⅳ水平，而信息技术业、交通运输、仓储业以及制造业中的机械、设备、仪表、石油、化学、塑胶、塑料等行业的上市公司这一比例也超过35%，但制造业中造纸、印刷业仅有18%的上市公司达到这一等级。处于$CCGI_{TOP}^{NK}$ Ⅵ水平的样本公司占总样本公司的8.69%，其中采掘业、传播与文化产业、综合类以及制造业中的纺织、服装、皮毛业、造纸、印刷业上市公司中分别有10.53%、11.11%、26.76%、12.77%、18.18%的公司处于这一较低等级，经理层治理质量有待提升。

表6-6 不同行业的经理层治理指数等级分布

行业	行业样本构成		$CCGI_{TOP}^{NK}$ Ⅲ	$CCGI_{TOP}^{NK}$ Ⅳ	$CCGI_{TOP}^{NK}$ Ⅴ	$CCGI_{TOP}^{NK}$ Ⅵ
	数目	比例(%)	数目	数目	数目	数目
农、林、牧、渔业	27	2.33	0	14	11	2
采掘业	19	1.64	0	4	13	2
制造业	665	57.23	11	243	357	54
其中：食品、饮料	53	4.56	1	22	25	5
纺织、服装、皮毛	47	4.04	1	12	28	6

续表

	木材、家具	2	0.17	0	1	1	0
	造纸、印刷	22	1.89	1	4	13	4
	石油、化学、塑胶、塑料	125	10.76	3	45	69	8
	电子	40	3.44	0	16	21	3
	金属、非金属	111	9.55	2	38	61	10
	机械、设备、仪表	181	15.59	2	69	93	17
	医药、生物制品	72	6.20	1	30	40	1
	其他制造业	12	1.03	0	6	6	0
电力、煤气及水的生产和供应业		51	4.39	1	16	31	3
建筑业		23	1.98	0	6	16	1
交通运输、仓储业		55	4.73	3	19	29	4
信息技术业		70	6.02	1	25	40	4
批发和零售贸易		78	6.71	0	23	48	7
金融、保险业		8	0.69	1	2	5	0
房地产业		51	4.39	1	22	26	2
社会服务业		35	3.01	0	11	22	2
传播与文化产业		9	0.77	0	2	6	1
综合类		71	6.11	1	18	33	19

资料来源：南开大学公司治理研究中心数据库。

(3) 经理层治理任免指数的行业比较分析

从经理层的任免制度（$CCGI_{TOP1}^{NK}$）来看（见表6-7），今年治理状况最好的为农、林、牧、渔业，取代了2006年的金融、保险业，平均指数为68.68；其次为传播与文化产业和制造业，其平均治理指数均为67.84。此外，采掘业、房地产业、交通运输、仓储业、信息技术业的任免指数也处于平均值67.48以上。说明在这些行业中，经理人员的任免较为科学、公开，并且行政干预的现象较少，有利于选拔优秀的经理人员。任免制度建设情况较差的行业依次为金融、保险业、综合类、批发和零售贸易业，分别仅为64.44、65.55和66.03，总体比上年有一定的提升，其中金融、保险业平均水平下降了3.34，建筑业下降了0.42，样本公司该项指标的标准差数据显示，所有行业内差距进一步加大，传播与文化产业标准差上升了3.96，其他行业均有不同程度的增长，只有农、林、牧、渔业这个行业的标准差下降了1.07。

表 6-7　任免制度评价指数的行业比较

行业	平均值	标准差	最小值	最大值
采掘业	67.60	7.20	53.33	77.78
传播与文化产业	67.84	7.84	57.78	85.56
电力、煤气及水的生产和供应业	67.30	6.32	53.33	80.00
房地产业	67.76	5.94	54.44	78.89
建筑业	67.20	6.61	55.56	78.89
交通运输、仓储业	67.77	6.66	53.33	81.11
金融、保险业	64.44	3.89	56.67	67.78
农、林、牧、渔业	68.68	4.52	58.89	76.67
批发和零售贸易业	66.03	6.80	52.22	82.22
社会服务业	66.32	5.99	53.33	78.89
信息技术业	67.83	6.54	52.22	83.33
制造业	67.84	6.41	47.78	87.78
综合类	65.55	5.99	43.33	76.67

资料来源：南开大学公司治理研究中心数据库。

表 6-8 显示，在制造业细类不同业务类型的上市公司的经理层任免质量的差异上，样本公司中制造业的行业平均水平为 67.84，比 2006 年略有上升，其中木材、家具业、食品、饮料业、医药、生物制品业和其他制造业行业的经理层治理任免制度指数平均值高于平均水平，其他制造业取代金属、非金属业成为制造业中经理层任免制度表现最好的行业。制造业各行业细类中大多数行业细类的治理指数在 67—70，行业间差距较小。排前三位的其他制造业、医药、生物制品业和食品、饮料业，分别是 70.09、69.27 和 68.34，与 2006 年相比均有所增加。与 2006 年数据相比，所有行业的任免制度指数均有一定提高，其中木材、家具业从 2006 年的最后一位上升至第四位，增加了 5 个百分点，其他制造业增加幅度最大，比 2006 年上升了 5.8。较 2006 年相比，制造业中金属、非金属行业的高管任免的制度行业差距仍为最大，但相比下降了 0.95，另外纺织、服装、皮毛业和其他制造业的行业差距分别是 5.94 和 3.89，也较 2006 年有所减小。行业差距最小的依次是其他制造业（3.89）、木材、家具业（3.93）和造纸、印刷业（5.57）。行业内样本最大值出现在电子业、机械、设备、仪表业、金属、非金属业、石油、化学、塑胶、塑料业、食品、饮料业和医药、生物制品业，均超过了 84。与此同时，最小值 47.78 也出现在石油、化学、塑胶、塑料业。可见个别行业内上市公司间的差距仍然比较明显。

表6-8 按细类划分的制造业公司经理层治理任免制度指数描述性统计

统计指标	电子业	纺织、服装、皮毛业	机械、设备、仪表业	金属、非金属业	木材、家具业
样本	40	47	181	111	2
平均值	67.42	67.47	67.35	67.77	68.33
中位数	67.78	67.78	67.78	67.78	68.33
标准差	6.52	5.94	6.10	6.80	3.93
最小值	53.33	53.33	48.89	50.00	65.56
最大值	84.44	78.89	87.78	85.56	71.11
统计指标	石油、化学、塑胶、塑料业	食品、饮料业	医药、生物制品业	造纸、印刷业	其他制造业
样本	125	53	88	22	12
平均值	67.65	68.34	69.27	67.75	70.09
中位数	67.78	68.89	68.89	68.33	70.00
标准差	6.73	6.69	6.68	5.57	3.89
最小值	47.78	55.56	56.00	55.56	64.44
最大值	87.78	84.44	88.00	77.78	78.89

资料来源:南开大学公司治理研究中心数据库。

(4)经理层治理执行保障指数的行业比较分析

由表6-9可以看出,在执行保障维度($CCGI_{TOP2}^{NK}$)上,今年表现较好的行业分别是金融、保险业、交通运输、仓储业、信息技术业、社会服务业、传播与文化产业、采掘业、房地产业以及电力、煤气及水的生产和供应业,均高于样本平均水平65.82。其中提升最大的前三大行业分别是建筑业、交通运输、仓储业和信息技术业,分别提升7.24、6.92和5.08。整体上,除了房地产业、农、林、牧、渔业、批发与零售贸易业行业的执行保障制度指数有所下降外,其他行业相比2006年都有进步。行业中上市公司经理层执行保障机制发展不平衡的状况明显,除农、林、牧、渔业和金融、保险业的标准差分别下降了1.53和0.89以外,其余行业的上市公司样本间的执行保障指数差距均进一步上升了,其中社会服务业和批发与零售贸易业分别上升3.97和2.07。

表6-9 执行保障评价指数的行业比较

行业	平均值	标准差	最小值	最大值
采掘业	66.40	8.11	43.33	83.33
传播与文化产业	66.48	10.36	47.00	80.00

续表

电力、煤气及水的生产和供应业	65.92	8.40	47.00	90.00
房地产业	66.11	7.35	46.67	93.33
交通运输、仓储业	68.79	7.50	51.67	86.67
金融、保险业	74.17	5.98	63.33	85.00
建筑业	63.91	5.70	53.33	73.33
农、林、牧、渔业	64.88	6.79	48.33	75.00
批发和零售贸易业	64.17	9.44	35.00	82.00
社会服务业	67.10	9.25	41.67	90.00
信息技术业	67.65	8.79	41.67	91.67
制造业	65.68	8.68	35.00	95.00
综合类	63.76	10.14	37.00	95.00

资料来源：南开大学公司治理研究中心数据库。

表 6-10 显示不同细类的制造业上市公司经理层执行保障质量的状况差异。其中木材、家具业、医药、生物制品业、金属、非金属行业的经理层执行保障制度指数位列前三位，依次为 74.17、67.43 和 66.74，其中木材、家具业从 2006 年的最后一位跃居 2007 年第一。造纸、印刷业、纺织、服装、皮毛业和电子业占据最后三位。最大值和最小值之间相差 12.43。与 2006 年相比，除纺织、服装、皮毛业和造纸、印刷业的平均值分别下降 3.64、4.26 以外，其他行业均有不同程度的上升，其中木材、家具业上升达 12.50，食品、饮料业也上升 4.66。在行业间差距变化方面，除纺织、服装、皮毛业下降了 2.15 以外，制造业各细类均表现出差异的增加，其中木材、家具业和造纸、印刷业的标准差均上升 3 以上。就今年数据而言，造纸、印刷业行业内差距最大，达到 10.89，表现最好的是木材、家具业，仅为 3.54。大部分行业的业内差距集中在 7—10 之间。可见行业内各细类行业内部的公司间治理差异依然较大。从制造业各细类中执行保障状况最好的公司来看，金属、非金属业、机械、设备、仪表业和医药、生物制品业等行业的执行保障指数最大，样本的最大值分别达到了 95.00、93.33 和 88.33。其中机械、设备、仪表业执行保障指数最小值为 35.00，是制造业样本中的最低水平。

表 6-10 按细类划分的制造业公司经理层治理执行保障机制指数描述性统计

统计指标	电子业	纺织、服装、皮毛业	机械、设备、仪表业	金属、非金属业	木材、家具业
样本	40	47	181	111	2
平均值	64.75	62.13	65.85	66.74	74.17

续表

中位数	65.00	63.33	66.67	66.67	74.17
标准差	7.54	8.09	9.15	8.16	3.54
最小值	48.00	40.00	35.00	41.67	71.67
最大值	77.00	76.67	93.33	95.00	76.67
统计指标	石油、化学、塑胶、塑料业	食品、饮料业	医药、生物制品业	造纸、印刷业	其他制造业
样本	125	53	72	22	12
平均值	65.22	66.60	67.43	61.74	66.39
中位数	66.67	66.67	68.33	60.00	67.50
标准差	8.61	8.15	8.52	10.89	7.52
最小值	43.33	48.33	45.00	43.00	55.00
最大值	86.67	83.33	88.33	83.00	78.33

资料来源:南开大学公司治理研究中心数据库。

(5) 经理层治理激励约束指数的行业比较分析

激励约束机制方面($CCGI_{TOP3}^{NK}$)(见表6-11),总样本公司的治理状况依旧较差,且行业内差异仍然较大。与2006年相比,建筑业行业平均值下降最大,降幅达18.94,信息技术业也相比下降了0.35。而交通运输、仓储业、金融、保险业和农、林、牧、渔业是上涨最多的三个行业,分别上升了7.41、5.61和4.17。行业内差异减小明显的只有农、林、牧、渔业,下降了2.83,其他行业的激励约束机制评价指数的标准差均比2006年有不同幅度增加,其中金融、保险业上升5.03,行业内差距有所扩大。行业的最小值是21.43,分属信息技术业和制造业;最大值是82.86,属于房地产业。金融、保险业、信息技术业和批发和零售贸易业的行业激励约束指数标准差依次为14.01、12.73和11.76,传播与文化产业、社会服务业和农、林、牧、渔业则是在行业内差距相对较小的三个行业。这些数据说明了目前我国上市公司在公司高管激励制度的设置和创新上仍有较大的空间。

表6-11 激励约束机制评价指数的行业比较

行业	平均值	标准差	最小值	最大值
采掘业	40.15	11.23	25.71	62.86
传播与文化产业	37.38	8.70	27.14	48.57
电力、煤气及水的生产和供应业	42.10	10.67	27.00	74.00
房地产业	43.14	11.39	27.14	82.86

续表

交通运输、仓储业	41.64	10.82	25.71	62.86
金融、保险业	42.50	14.01	31.43	71.43
建筑业	41.06	10.81	28.57	62.86
农、林、牧、渔业	45.96	10.05	27.14	71.43
批发和零售贸易业	42.67	11.76	27.00	69.00
社会服务业	40.57	9.86	25.71	60.00
信息技术业	41.17	12.73	21.43	75.71
制造业	42.68	11.09	21.43	79.29
综合类	39.06	11.39	23.00	70.00

资料来源:南开大学公司治理研究中心数据库。

表6-12显示不同细类的制造业上市公司经理层激励约束指数差异。其中,其他制造业、电子业和造纸、印刷业的经理层激励约束制度指数依次为46.19、44.61和43.54,占据前三位,其中其他制造业取代了2006年第一的造纸、印刷业。而木材、家具业、机械、设备、仪表业和金属、非金属业为最低的三位。最差行业与最好行业的激励约束平均水平相差6.19。与2006年相比,所有行业的激励约束指数均上涨,最高的上涨幅度达到7.75,属于金属、非金属业。食品、饮料业和其他制造业的上涨幅度也超过了5。行业内激励约束指数标准差增大最多的是木材、家具业,增幅为6.06;其次是造纸、印刷业,增幅为5.79。机械、设备、仪表业和医药、生物制造业均涨幅在0.2以内。大部分细类制造业内公司间差异都超过10,其中造纸、印刷业、电子业、其他制造业的业内公司间差异最大,均超过了12。木材、家具业由于样本公司数量较小,差异相对最小为8.08。总体来说,行业内激励约束指数差异较大,状况不如2006年。制造业各行业细类中激励约束指数最大值与最小值之间则依旧存在较大的差距,石油、化学、塑胶、塑料业和造纸、印刷业的激励约束状况最好公司的治理指数均为79.29,而激励约束指数最小值仅为21.43,也出现在石油、化学、塑胶、塑料业公司中。可见制造业不同行业间和行业内的激励约束指数仍存在一定的差异。

表6-12 按细类划分的制造业公司经理层治理激励约束机制指数描述性统计

统计指标	电子业	纺织、服装、皮毛业	机械、设备、仪表业	金属、非金属业	木材、家具业
样本	40	47	181	111	2
平均值	44.61	41.98	41.85	41.89	40.00
中位数	42.86	40.00	42.85	42.86	40.00

续表

标准差	12.62	11.72	11.15	11.03	8.08
最小值	28.57	24.29	24.00	23.57	34.29
最大值	70.00	70.00	73.00	72.14	45.71
统计指标	石油、化学、塑胶、塑料业	食品、饮料业	医药、生物制品业	造纸、印刷业	其他制造业
样本	125	53	72	22	12
平均值	43.37	42.96	43.20	43.54	46.19
中位数	42.86	42.86	42.86	42.86	42.86
标准差	10.65	10.01	10.32	14.31	12.11
最小值	21.43	24.29	27.14	24.29	27.14
最大值	79.29	62.86	67.14	79.29	64.29

资料来源：南开大学公司治理研究中心数据库。

中国上市公司中各行业经理层治理水平2007年总体而言较2006年均有提高，行业内涨幅最大的为金融、保险业和农、林、牧、渔业，分别上涨了8.19和5.69。总体上各行业间的经理层治理水平也趋于相近，最高的金融、保险业与最低的综合类相差4.07。从上市公司中经理层治理总水平的行业内差异的年度变化分析，传播与文化产业、综合类和社会服务业的行业经理层治理指数标准差分别上升了3.04、1.92和1.48，变化较明显，采掘业上升了0.24，而农、林、牧、渔业的治理指数标准差则下降了1.59。从任免制度评价指数、执行保障评价指数和激励约束机制评价指数标准差分析，上市公司行业内部治理机制性差异仍然较大，指数标准差最小值分别为3.89、5.70、8.70，最大值分别为7.84、10.36、12.73。

综合而言，金融、保险业样本公司数2006年只有1家，2007年为8家，该行业经理层平均治理指数最高，但任免制度指数处在最后一位。而农、林、牧、渔业经理层平均治理指数排名第二，其在任免制度、执行保障和激励约束机制指数上分别处在第一位、第五位和第一位，农、林、牧、渔业是2007年经理层平均治理状况最好的行业。交通运输、仓储业指数位于第三位，该行业的任免制度、执行保障和激励约束机制指数分别排名第五位、第二位和第七位。平均治理指数排名最后三位的是综合类、传播与文化产业和建筑业。

(6) 2004—2007年三年经理层治理评价指数的行业比较分析

从表6-13的统计数据可以看出，样本公司2007年较前三年度经理层治理指数都有改善。2006年大部分行业上市公司经理层治理指数平均水平比2004年与2005年两个年度有小幅度提高,而2006年建筑业、交通运输、仓储业、金融、保险业等行业较前两年度治理状况呈现下降特征。

表6-13 经理层治理指数分行业描述性统计四年比较

行业	均值				标准差			
	2004	2005	2006	2007	2004	2005	2006	2007
农、林、牧、渔业	52.83	54.01	53.65	59.34	6.90	4.73	5.86	4.27
采掘业	55.87	55.56	56.19	57.36	5.05	3.02	5.10	5.34
制造业	54.56	54.75	55.21	58.12	5.87	5.10	4.84	5.70
电力、煤气及水的生产和供应业	54.35	55.59	56.09	57.81	5.74	4.91	4.77	5.75
建筑业	54.79	54.31	54.10	56.78	5.05	4.34	4.22	5.67
交通运输、仓储业	55.48	55.53	54.89	58.68	5.55	5.53	5.35	5.69
信息技术业	55.48	56.49	55.89	58.18	6.42	4.73	5.92	6.28
批发和零售贸易	54.66	54.86	55.47	57.05	5.21	5.11	4.70	6.12
金融、保险业	55.65	55.29	51.35	59.54	5.03	5.84	—	7.06
房地产业	54.38	54.02	54.70	58.39	5.59	4.97	5.21	5.60
社会服务业	54.19	54.28	55.51	57.29	3.90	5.31	3.79	5.27
传播与文化产业	51.09	53.25	52.82	56.46	4.69	5.44	3.35	6.38
综合类	54.35	53.55	55.15	55.47	6.49	5.30	4.29	6.21

资料来源:南开大学公司治理研究中心数据库。

6.2.2.2 按第一大股东性质进行的经理层治理评价分析

(1)大股东性质不同的经理层治理指数比较分析

表6-14显示,在七类第一大股东性质中,按经理层治理总指数大小依次排列为国有控股公司、外资控股公司、集体控股公司、社会团体公司、民营控股公司、职工持股会控股公司和其他类型控股公司,而2006年的指数排名为民营控股公司、职工持股会控股公司、集体控股公司、国有控股公司、社会团体公司和外资控股公司,今年国有控股公司取代民营控股跃居第一位。其中最高的国有控股公司的指数为58.22,最低的其他类型控股公司为52.40,经理层指数最高与最低差为5.82,高于2006年0.95,不同股东控股的上市公司经理层治理水平的差异有明显的增大。其中除了外资控股公司和国有控股公司的经理层治理指数高于平均水平57.88外,其余都低于平均水平。经理层治理指数标准差最大的三类公司是社会团体控股公司、民营控股公司和职工持股会控股公司,标准差分别达到6.64、6.10和5.94。此类上市公司间经理层治理制度与机制建

设仍存在较大的差异。与2006年比较,集体控股公司、外资控股公司的经理层治理指数标准差分别下降2.36和2.24,而民营控股和职工持股会控股公司分别增加1.17和1.26。经理层治理状况最好的出现在国有控股公司。治理状况最好的前十位上市公司中,国有控股公司8家,民营控股公司2家。治理状况最差的十家上市公司中,国有控股公司5家,民营控股公司3家,集体控股和职工持股会控股公司各1家。说明虽然国有控股公司和民营控股公司这两类股东所在公司的治理整体水平虽然不断提升,但是,其内部公司间仍有较大的差异。从样本公司治理状况反映,国有控股公司在加强高管人员激励机制建设,对经理人员市场化、制度化选聘方面有力地促进了经理层治理水平的提升,形成了比例较多的治理状况较好的上市公司,而民营控股公司经理层治理状况有待完善。

表 6-14 大股东性质不同的经理层治理指数描述性统计

第一大股东性质	平均值	标准差	最小值	最大值
国有控股	58.22	5.61	43.15	79.26
集体控股	57.39	5.77	44.57	64.52
民营控股	57.23	6.10	44.20	74.78
社会团体控股	57.33	6.64	48.86	64.12
外资控股	58.21	4.23	52.08	63.44
职工持股会控股	55.58	5.94	39.90	63.68
其他类型	52.40	5.13	47.25	57.51
合 计	57.88	5.77	39.90	79.26

资料来源:南开大学公司治理研究中心数据库。

(2) 不同大股东性质的经理层治理指数等级分布

按照南开公司治理指数的等级分类(表6-15),第一大股东不同性质的上市公司,其经理层治理状况有所差异。在1162家样本公司中,国有控股公司和民营控股公司分别有15家和4家样本公司达到$CCGI_{TOP}^{NK}$ Ⅲ,这一比例分别占两类上市公司样本的1.91%和1.19%,而2006年仅有民营控股的2家上市公司达到这一水平。在经理层治理达到$CCGI_{TOP}^{NK}$ Ⅳ的上市公司中,大多集中于国有控股与民营控股的上市公司中,分别为280家和114家,全部上市公司样本中有34.85%的公司达到这一等级,其中国有控股、集体控股、民营控股、社会团体控股、外资控股及职工持股会控股公司中分别有35.58%、40.00%、33.83%、50.00%、28.57%、21.42%的公司达到这一水平。处于$CCGI_{TOP}^{NK}$ Ⅵ的样本公司占全体样本公司的8.69%,其中国有控股与民营控股分别有49家和48家上市公司,分别占各自上市公司总样本的6.23%和14.24%。除外资控股的上市公司外,其余第一大股东性质类别的上市公司均有 1 家处于这一等级,集体控股、社会团体控股和职工持股会控股上市公司样本中,处于 $CCGI_{TOP}^{NK}$ Ⅵ水平的上市公司比例分别为 10.00%、25.00% 和 7.14%。

表 6-15 不同行业的经理层治理指数等级分布

经理层治理指数 $CCGI_{TOP}^{NK}$			$CCGI_{TOP}^{NK}$ Ⅲ	$CCGI_{TOP}^{NK}$ Ⅳ	$CCGI_{TOP}^{NK}$ Ⅴ	$CCGI_{TOP}^{NK}$ Ⅵ
第一大股东性质	数目	比例(%)	数目	数目	数目	数目
国有控股	787	67.73	15	280	443	49
集体控股	10	0.86	0	4	5	1
民营控股	337	29.00	4	114	171	48
社会团体控股	4	0.34	0	2	1	1
外资控股	7	0.60	0	2	5	0
职工持股会控股	14	1.20	0	3	10	1
其他类型	3	0.26	0	0	2	1
合 计	1162	100.00	19	405	637	101

资料来源:南开大学公司治理研究中心数据库。

(3)大股东性质不同的经理层任免制度指数比较分析

表 6-16 按大股东性质不同的经理层任免制度评价指数显示,在经理层的任免制度建设方面,第一大股东为民营控股公司、国有控股公司和集体控股公司相对较好,其治理指数分别为 67.66、67.49 和 67.00,均处在样本总体平均水平以上。上市公司经理层任免指数最低的是社会团体控股和其他类型公司,其治理指数分别为 64.72 和 64.44,与最高的相比,分别相差 2.94 和 3.22。可见经理层任免制度指数在行业内的差距较为平缓。经理层任免制度最好的三家上市公司均是国有控股公司,前十位中除三家民营控股公司以外其余均为国有控股公司。同时任免制度最差的公司也均出现在国有控股公司,最大值和最小值之间相差 24.45,较 2006 年的最大最小值相差 50 减小了很多。行业内差距最大的是集体控股公司,达到了 8.81,其他类型控股公司表现最好,仅为 1.93。与 2006 年相比,除职工持股会控股公司和社会团体控股公司的标准差下降,集体控股公司保持不变以外,其他的控股公司的标准差均有不同程度的上升,其中国有控股公司差距上升 1.24,民营控股公司上升 1.28。

表 6-16 大股东性质不同的经理层任免制度指数

第一大股东性质	平均值	标准差	最小值	最大值
国有控股	67.49	6.52	43.33	87.78
集体控股	67.00	8.81	52.22	78.89

续表

民营控股	67.66	6.18	51.11	87.78
社会团体控股	64.72	2.92	62.22	67.78
外资控股	65.24	4.83	57.78	72.22
职工持股会控股	65.48	3.84	56.67	71.11
其他类型	64.44	1.93	63.33	66.67
合 计	67.48	6.39	43.33	87.78

资料来源:南开大学公司治理研究中心数据库。

(4)大股东性质不同的经理层执行保障治理指数比较分析

表6-17显示,第一大股东为外资控股公司、集体控股公司和国有控股公司经理层执行保障制度指数高于样本总体的平均水平,分别为69.05、67.67和66.38,较2006年均有所提升,其中集体控股公司提升3.82,国有控股公司和外资控股公司提升2以上。而其他类型控股公司和职工持股会控股公司经理层执行保障指数低于总体平均水平。经理层执行保障制度最好的三类上市公司分别出现在国有控股公司中、集体控股公司和民营控股公司中,治理指数分别达到95.00、95.00和93.33,较2006年都有提升。同时本年度执行保障指数最低的两类公司依次为国有控股公司和职工持股会控股公司,最低经理层执行保障指数仅为35.00。执行保障制度方面,国有控股公司存在两极分化的差异,而差异较大的类别分别是其他控股公司、职工持股会控股公司和集体控股公司,执行保障指数标准差均超过10,其中职工持股会控股公司达到了12.27,比2006年提高了4.51。

表6-17 大股东性质不同的经理层执行保障制度指数

第一大股东性质	平均值	标准差	最小值	最大值
国有控股	66.38	8.25	35.00	95.00
集体控股	67.67	11.01	55.00	95.00
民营控股	64.69	9.21	38.33	93.33
社会团体控股	65.00	8.50	53.33	73.33
外资控股	69.05	10.36	46.67	76.67
职工持股会控股	61.79	12.27	35.00	78.33
其他类型	52.78	13.98	36.67	61.67
合 计	65.82	8.70	35.00	95.00

资料来源:南开大学公司治理研究中心数据库。

(5) 大股东性质不同的经理层激励约束指数比较分析

从激励约束机制评价指数来看(见表6-18),社会团体控股公司、国有控股公司和外资控股公司指数较高,分别为43.93、42.68和42.45,集体控股公司指数最低,仅为39.71。全部上市公司整体激励约束水平仍然较低,与2006年相比,外资控股公司上升10.23,其他公司的上升幅度则在0.5至4.3左右。从行业内激励约束的标准差显示,不同大股东类别的上市公司间存在较大的差异,标准差最小的是其他类型控股公司,为7.87,而社会团体控股公司、民营控股公司分别达到了12.69和11.96。

表6-18 大股东性质不同的经理层激励约束机制评价指数

第一大股东性质	平均值	标准差	最小值	最大值
国有控股	42.68	10.92	21.43	82.86
集体控股	39.71	9.11	29.57	57.14
民营控股	41.22	11.96	21.43	79.29
社会团体控股	43.93	12.69	28.57	55.71
外资控股	42.45	10.55	28.57	58.57
职工持股会控股	41.12	10.21	28.57	58.71
其他类型	40.95	7.87	32.86	48.57
合 计	42.21	11.20	21.43	82.86

资料来源:南开大学公司治理研究中心数据库。

6.2.2.3 经理层治理评价指数的地区分布

(1) 经理层治理总指数地区比较分析

表6-19显示,经理层治理指数各地区相差不大,平均值最高的北京市和最低的海南省仅相差4.95,治理指数均值排名前十名的省市依次为北京市、浙江省、西藏自治区、内蒙古自治区、河南省、上海市、福建省、湖北省、辽宁省和江苏省,指数均值分别为59.62、59.61、58.88、58.81、58.72、58.50、58.47、58.46、58.42和58.37,且均高于平均值的57.88。其中浙江省、上海市、河南省、江苏省、辽宁省和西藏自治区仍保持前十位,而北京市从第11位升至第1位、西藏自治区从第十位上升至第三位,内蒙古自治区从第24位进入第四,以及福建省、湖北省均表现出了强劲的上升势头,进入前十。今年指数最低的十个地区分别是海南省、贵州省、重庆市、甘肃省、广西壮族自治区、黑龙江省、四川省、云南省、河北省和新疆维吾尔自治区。与2006年相比,经理层指数平均值提升最多的是福建省,提升4.69,除了海南省较2006年下降1.13外,其余30个省市的平均值都得到提升。另外从经理层治理指数的标准差变化情况来看,仅有7个省市的

标准差有一定程度的降低,降幅在 0.28 至 1.34。从各省市的标准差的差异来看,最低的贵州省为 3.76,最高的为云南省,达到 7.03。

表 6-19　经理层治理指数的地区分布描述性统计

省份	数目	比例(%)	平均值	标准差	最小值	最大值
安徽省	36	3.10	57.01	4.92	46.04	68.62
北京市	77	6.63	59.62	5.73	43.97	71.41
重庆市	25	2.15	55.50	6.06	45.19	65.82
福建省	34	2.93	58.47	5.35	45.64	69.93
甘肃省	16	1.38	55.65	4.85	45.47	63.62
广东省	137	11.79	58.29	6.20	45.44	74.78
广西壮族自治区	21	1.81	55.73	5.70	47.07	70.16
贵州省	12	1.03	55.38	3.76	48.77	62.07
海南省	18	1.55	54.67	5.40	46.79	65.47
河北省	30	2.58	56.82	6.82	45.53	70.16
河南省	30	2.58	58.72	4.96	49.55	67.58
黑龙江省	25	2.15	56.02	5.28	43.15	65.23
湖北省	50	4.30	58.46	5.31	46.68	69.12
湖南省	35	3.01	57.42	5.38	49.26	72.30
吉林省	30	2.58	57.65	4.96	48.41	66.53
江苏省	75	6.45	58.37	6.16	44.57	71.99
江西省	18	1.55	57.16	5.66	47.34	67.96
辽宁省	47	4.04	58.42	5.71	45.25	69.10
内蒙古自治区	20	1.72	58.81	4.94	49.00	68.82
宁夏回族自治区	11	0.95	57.10	3.97	50.62	63.17
青海省	7	0.60	57.99	6.58	50.09	68.45
山东省	63	5.42	57.68	6.13	39.90	70.82
山西省	22	1.89	58.17	6.76	48.03	79.26
陕西省	20	1.72	57.75	6.48	45.70	69.34
上海市	117	10.07	58.50	5.40	46.71	70.45
四川省	59	5.08	56.22	6.20	44.51	68.89
天津市	21	1.81	57.45	4.80	47.25	66.71
西藏自治区	7	0.60	58.88	6.21	49.40	67.22

续表

新疆维吾尔自治区	18	1.55	56.99	4.84	44.20	65.74
云南省	19	1.64	56.80	7.03	47.01	67.42
浙江省	62	5.34	59.61	5.51	43.34	70.26

资料来源:南开大学公司治理研究中心数据库。

(2) 不同地区的经理层治理指数等级分布

按照南开公司治理指数的等级分类(表6-20),各地区的经理层治理状况显示出较大的差异性,不同地区发展不平衡,但相比较2006年有明显好转。在1162家样本公司中,北京市、广西壮族自治区、河北省、湖南省、山东省、山西省、浙江省均有1家上市公司达到 $CCGI_{TOP}^{NK}$ Ⅲ,江苏省有2家、上海市有3家、广东省则有7家公司达到了 $CCGI_{TOP}^{NK}$ Ⅲ,而2006年仅有北京市和广东省的2家。在经理层治理水平达到 $CCGI_{TOP}^{NK}$ Ⅳ 的上市公司中,大多集中于广东省、上海市、北京市、江苏省、浙江省、山东省和辽宁省,均超过20家。青海省、西藏自治区两个省区则突破了2006年没有公司达到经理层治理水平 $CCGI_{TOP}^{NK}$ Ⅳ 的局面,今年分别上榜2家和3家。同时广东省、上海市和北京市是今年上市公司中数量最多的三个省市,分别有137家、117家和77家,分别占11.79%、10.07%和6.63%。而发展较缓慢、上市公司数量最少的青海省、西藏自治区和宁夏回族自治区则仅为0.60%、0.60%和0.95%。上市公司主要集中在 $CCGI_{TOP}^{NK}$ Ⅴ,占总样本的54.82%,其中占前三位的是上海市、北京市和江苏省。处于 $CCGI_{TOP}^{NK}$ Ⅵ 水平的样本公司占总样本公司的8.69%,位居前三位的依次是广东省、四川省和上海市。

表6-20 不同地区的经理层治理指数等级分布

省份	样本省份构成		$CCGI_{TOP}^{NK}$ Ⅲ	$CCGI_{TOP}^{NK}$ Ⅳ	$CCGI_{TOP}^{NK}$ Ⅴ	$CCGI_{TOP}^{NK}$ Ⅵ
	数目	比例(%)	数目	数目	数目	数目
安徽省	36	3.10	0	11	21	4
北京市	77	6.63	1	34	40	2
重庆市	25	2.15	0	8	13	4
福建省	34	2.93	0	12	20	2
甘肃省	16	1.38	0	3	11	2
广东省	137	11.79	7	43	75	12
广西壮族自治区	21	1.81	1	3	14	3
贵州省	12	1.03	0	1	10	1
海南省	18	1.55	0	4	9	5

续表

河北省	30	2.58	1	9	14	6
河南省	30	2.58	0	15	12	3
黑龙江省	25	2.15	0	5	16	4
湖北省	50	4.30	0	20	27	3
湖南省	35	3.01	1	9	22	3
吉林省	30	2.58	0	9	19	2
江苏省	75	6.45	2	29	38	6
江西省	18	1.55	0	6	11	1
辽宁省	47	4.04	0	21	24	2
内蒙古自治区	20	1.72	0	8	11	1
宁夏回族自治区	11	0.95	0	3	8	0
青海省	7	0.60	0	2	5	0
山东省	63	5.42	1	24	33	5
山西省	22	1.89	1	5	14	2
陕西省	20	1.72	0	6	12	2
上海市	117	10.07	3	48	59	7
四川省	59	5.08	0	16	33	10
天津市	21	1.81	0	7	13	1
西藏自治区	7	0.60	0	3	3	1
新疆维吾尔自治区	18	1.55	0	4	13	1
云南省	19	1.64	0	8	7	4
浙江省	62	5.34	1	29	30	2
合 计	1162	100.00	19	405	637	101

资料来源:南开大学公司治理研究中心数据库。

6.2.3 经理层治理具体状况分析

表6-21表明,从经理层任免制度评价的子因素层来看,总经理选聘指数 $CCGI_{TOP11}^{NK}$、高管层行政度指数 $CCGI_{TOP13}^{NK}$、总经理与董事长两权设置指数 $CCGI_{TOP14}^{NK}$、高管人员稳定性指数 $CCGI_{TOP15}^{NK}$ 平均值分别为70.19、89.29、68.36和76.20,样本标准差分别为18.75、4.67、16.95和9.56。上市公司样本中,总经理选聘指数、高管层行政度

指数、高管人员稳定性指数提升,上市公司高管人员公开化与制度化任免程度进一步提升。总经理与董事长两权设置指数和较 2006 年有所下降。

表 6-21 经理层治理任免各要素指数描述性统计

任免指数 $CCGI_{TOP1}^{NK}$	$CCGI_{TOP11}^{NK}$	$CCGI_{TOP13}^{NK}$	$CCGI_{TOP14}^{NK}$	$CCGI_{TOP15}^{NK}$
平均值	70.19	89.29	68.36	76.20
标准差	18.75	4.67	16.95	9.56
极差	80.00	50.00	80.00	80.00
最小值	20.00	40.00	20.00	0.00
最大值	100.00	90.00	100.00	80.00

资料来源:南开大学公司治理研究中心数据库。

具体地,我们从表 6-22 可知样本公司中总经理(总裁)与董事长、董事、党委书记的兼职情况。其中,总经理与董事成员不存在兼职状况的公司为 168 家,占总样本的 14.46%,较 2006 年下降了 1.63%;总经理(总裁)与其他董事兼职的公司 745 家,占总样本的 64.11%,较 2006 年下降 6.35%;总经理(总裁)与董事长兼职的样本公司共 244 家,占总样本的 21.00%,较 2006 年有所上升;总经理既为董事长又为党委书记的上市公司样本共 5 家,占总样本的 0.43%,这一比例较以往年度进一步减少。

表 6-22 样本公司总经理兼职状况描述性统计

兼职方式	总经理兼职状况	
	数目	比例(%)
不存在兼职情况	168	14.46
总经理(总裁)与其他董事兼职	745	64.11
总经理(总裁)与董事长兼职	244	21.00
总经理与董事长、党委书记兼职	5	0.43

资料来源:南开大学公司治理研究中心数据库。

表 6-23 表明,从经理层执行保障评价的子因素层来看,总经理胜任指数 $CCGI_{TOP21}^{NK}$、双重任职指数 $CCGI_{TOP23}^{NK}$、内部人控制指数 $CCGI_{TOP24}^{NK}$、CEO 设置指数 $CCGI_{TOP25}^{NK}$ 平均值分别为 84.34、80.03、56.10 和 18.77,样本标准差分别为 8.82、26.54、15.04 和 22.01。上市公司样本中,上市公司总经理及经理层成员的学历状况有一定程度提升。上市公司高管人员在股东单位和关联单位的双重任职比例一定程度下降,双重任职和 CEO 设置状况呈现较大离散程度。

表6-23 经理层治理执行保障各要素指数描述性统计

执行保障指数 $CCGI_{TOP2}^{NK}$	$CCGI_{TOP21}^{NK}$	$CCGI_{TOP23}^{NK}$	$CCGI_{TOP24}^{NK}$	$CCGI_{TOP25}^{NK}$
平均值	84.34	80.03	56.10	18.77
标准差	8.82	26.54	15.04	22.01
极差	50.00	90.00	70.00	90.00
最小值	50.00	10.00	20.00	10.00
最大值	100.00	100.00	90.00	100.00

资料来源:南开大学公司治理研究中心数据库。

表6-24显示,在1162家样本公司中,有104家公司高管人员中没有1名是董事。兼任董事的高管人员人数小于公司董事总数的1/2,但超过三成的样本公司数目200家,在样本总数中所占比例为17.21%,较2006年减少39家,所占比例降低1.93%;经理层董事比例不超过10%的上市公司占总样本的9.90%。根据样本公司统计,经理层董事比例在10%至30%的上市公司最为普遍,这样的上市公司占样本总数的62.31%。在总样本公司中,有19家公司的经理层中有过半的高管人员同时兼为董事会成员。

表6-24 样本公司经理层董事占董事总数的比例

经理层董事占董事总数的比例	经理董事比例分布	
	数目	比例(%)
0	104	8.95
0—10%	115	9.90
10%—20%	381	32.79
20%—30%	343	29.52
30%—40%	139	11.96
40%—50%	61	5.25
50%—100%	19	1.64

资料来源:南开大学公司治理研究中心数据库。

表6-25表明,从经理层激励约束子因素层来看,经理层薪酬水平指数 $CCGI_{TOP31}^{NK}$、薪酬结构指数 $CCGI_{TOP32}^{NK}$、薪酬动态激励指数 $CCGI_{TOP33}^{NK}$、总经理股权激励指数 $CCGI_{TOP34}^{NK}$ 平均值分别为53.73、51.90、57.86和29.78,样本标准差分别为14.91、22.75、18.83和19.93。上市公司样本显示,经理层薪酬水平、动态激励性、薪酬结构的设置上有一定程

度的改善,薪酬结构指数和股权激励指数显示出较大的离散程度。

表6-25 经理层治理激励约束各要素指数描述性统计

薪酬激励约束指数 $CCGI_{TOP31-3}^{NK}$	$CCGI_{TOP31}^{NK}$	$CCGI_{TOP32}^{NK}$	$CCGI_{TOP33}^{NK}$	$CCGI_{TOP34}^{NK}$
平均值	53.73	51.90	57.86	29.78
标准差	14.91	22.75	18.83	19.93
极差	70.00	80.00	60.00	80.00
最小值	30.00	20.00	30.00	20.00
最大值	100.00	100.00	90.00	100.00

资料来源:南开大学公司治理研究中心数据库。

表6-26显示了1162家样本公司薪酬最高经理层人员平均薪酬的分布状况,其中22家上市公司前3名经理层成员的平均薪酬超过100万元,在50万元至100万元之间有79家公司,较2006年增加49家;高管平均薪酬在30万元以上的公司比例为21%,这一比例较2006年上升3.47%。多数上市公司高管薪酬维持在10万元至30万元,分布频率为50.69%;有216家公司高管薪酬水平处于5万元至10万元;高管薪酬低于5万元的公司数为113家,占9.72%。

表6-26 样本公司薪酬最高经理层人员平均薪酬

薪酬最高前五名高管人员平均薪酬	平均薪酬比例分布	
	数目	比例(%)
>100万元	22	1.89
50万元—100万元	79	6.80
30万元—50万元	143	12.31
10万元—30万元	589	50.69
5万元—10万元	216	18.59
<5万元	113	9.72
合计	1162	100.00

资料来源:南开大学公司治理研究中心数据库。

6.2.4 2004—2007年经理层治理整体状况比较

图6-2和表6-27列明了2004年至2007年连续四年中国上市公司经理层治理状况与趋势特征。

从2004年至2007连续四年经理层指数的发展趋势看,样本公司经理层治理指数平均值分别为57.88(2007年)、55.22(2006年)、54.80(2005年)、54.60(2004年),四年呈现逐年上升的态势。从2004年至2006年上市公司经理层治理差异化降低,2007年经理层治理指数标准差有所提高,上市公司治理状况差异化增加。样本公司经理层执行保障指数和激励约束指数均值逐年提升,指数标准差呈现递减的趋势,上市公司经理层执行保障和激励约束机制得到持续改善。上市公司经理层任免的制度化加强,行政度减弱。

表6-27 经理层治理指数描述性统计四年比较

治理指数	均值				标准差			
	2004	2005	2006	2007	2004	2005	2006	2007
经理层指数	54.60	54.80	55.22	57.88	5.81	5.08	4.90	5.77
任免制度	65.23	64.18	63.99	67.48	8.32	6.34	5.22	6.39
执行保障	61.46	62.72	63.84	65.82	9.23	8.93	8.22	8.70
激励约束	38.89	39.35	39.74	42.21	11.14	10.65	10.44	11.20

资料来源:南开大学公司治理研究中心数据库。

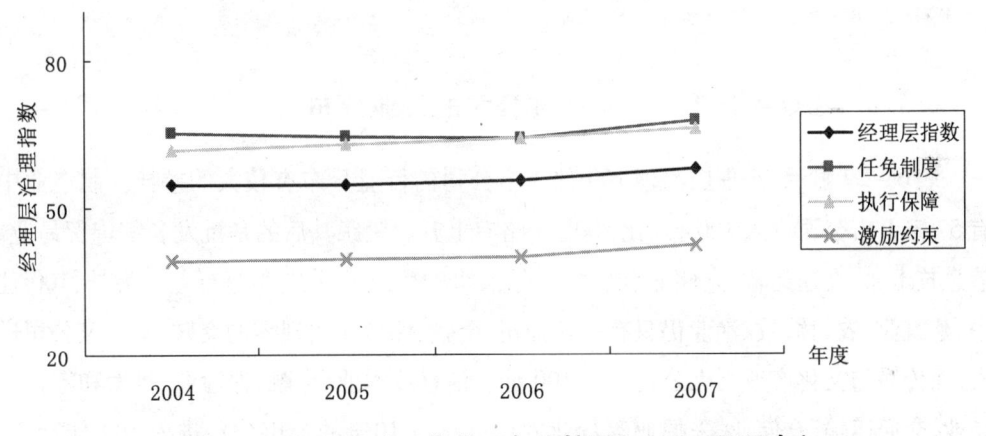

图6-2 经理层治理指数四年比较图(2004—2007年)

6.3 中国上市公司经理层治理评价100佳分析

6.3.1 经理层治理评价总指数100佳公司的比较分析

表6-28是样本公司和100佳公司经理层治理指数以及各分项指标的描述性统计结果,经理层治理100佳上市公司经理层治理指数平均值为68.51,任免制度、执行保

障机制和激励约束指数的均值依次为73.23、73.63和59.76。全部样本上市公司经理层治理指数平均值为57.88,任免制度、执行保障机制和激励约束指数的均值依次为67.48、65.82和42.21。100佳公司各项指标的平均水平显著高于全体样本的平均水平。

表6-28 上市公司经理层治理指数100佳描述性统计

项目	样本	平均值	中位数	标准差	极差	最小值	最大值
经理层指数	100佳	68.51	68.13	2.15	13.14	66.12	79.26
	样本总体	57.88	58.06	5.77	39.36	39.90	79.26
任免制度	100佳	73.23	72.22	5.17	24.45	63.33	87.78
	样本总体	67.48	67.78	6.39	44.45	43.33	87.78
执行保障	100佳	73.63	71.67	7.71	38.00	56.67	95.00
	样本总体	65.82	66.67	8.70	60.00	35.00	95.00
激励约束	100佳	59.76	60.00	8.53	43.00	40.00	82.86
	样本总体	42.21	41.43	11.20	61.43	21.43	82.86

资料来源:南开大学公司治理研究中心数据库。

6.3.2 经理层治理评价100佳公司的行业分布

表6-29显示,经理层治理100佳上市公司的行业分布有较大的差异。制造业中有57家上市公司进入100佳,比2006年略有上升。紧跟其后的是批发和零售贸易业、信息技术业、交通运输、仓储业、电力、煤气及水的生产和供应业等行业。另外,100佳中,建筑业、农、林、牧、渔业仍只有一家公司,金融、保险业实现零的突破,有一家公司进入,而传播与文化产业则无公司进入100佳。信息技术业、金融、保险业、批发和零售贸易业、交通运输、仓储业、采掘业等行业内均有超过10%的上市公司进入100佳行列,比例分别为12.86%、12.50%、11.54%、10.91%和10.53%。建筑业、农、林、牧、渔业、综合类行业进入100佳的公司不超过各行业样本公司总数的5%。

表6-29 经理层治理100佳行业分布

行业	全部样本		100佳		
	数目	比例(%)	数目	比例(%)	占本行业比例(%)
采掘业	19	1.64	2	2.00	10.53
传播与文化产业	9	0.77	0	0.00	0.00
电力、煤气及水的生产和供应业	51	4.39	5	5.00	9.80

续表

房地产业	51	4.39	4	4.00	7.84
建筑业	23	1.98	1	1.00	4.35
交通运输、仓储业	55	4.73	6	6.00	10.91
金融、保险业	8	0.69	1	1.00	12.50
农、林、牧、渔业	27	2.33	1	1.00	3.70
批发和零售贸易业	78	6.71	9	9.00	11.54
社会服务业	35	3.01	3	3.00	8.57
信息技术业	70	6.02	9	9.00	12.86
制造业	665	57.23	57	57.00	8.57
综合类	71	6.11	2	2.00	2.82
合　计	1162	100.00	100	100.00	8.61

资料来源:南开大学公司治理研究中心数据库。

6.3.3　经理层治理100佳公司第一大股东性质的分布

在公司治理100佳上市公司中,国有控股公司进入经理层治理100佳的公司数最多,为73家,其次是民营控股公司,有27家。国有控股公司占100佳公司比例73.00%,高于其样本数在上市公司总样本中的比例67.73%,说明本年度国有控股公司经理层治理状况好于其他类别样本公司。此外集体控股和外资控股公司均未进入100佳,而2006年则各有1家。

表6-30　大股东性质不同的经理层治理100佳

第一大股东性质	全部样本		100佳		
	数目	比例(%)	数目	比例(%)	占本类别比例(%)
国有控股	787	67.73	73	73.00	9.28
集体控股	10	0.86	0	0.00	0.00
民营控股	337	29.00	27	27.00	8.01
社会团体控股	4	0.34	0	0.00	0.00
外资控股	7	0.60	0	0.00	0.00
职工控股会控股	14	1.20	0	0.00	0.00
其他类型	3	0.26	0	0.00	0.00
合　计	1162	100.00	100	100.00	—

资料来源:南开大学公司治理研究中心数据库。

6.3.4 经理层治理 100 佳公司的地区分布

表 6-31 表明,广东省、北京市、江苏省、上海市、浙江省、辽宁省的公司最多,在 100 佳公司中所占的比例依次为 15%、13%、10%、10%、9%、7%。其中北京市上市公司在 100 佳所在比重,相对总样本数中的比数,高出 6.37 个百分点,表现出比其他省市更高的治理水平。此外浙江省、江苏省、广东省等省市 100 佳中的公司数目均高于其在总样本中的比例 3% 以上。而黑龙江省、重庆市、安徽省、湖南省等地在 100 佳中所占的比例要低于其在总样本中所占比例 2 个百分比以上。重庆市、甘肃省、贵州省、海南省、黑龙江省、宁夏回族自治区、新疆维吾尔自治区均未有企业进入 100 佳。经理层治理较好的公司仍集中在经济发展水平较高的东部沿海及长江沿岸的部分地区,而经济发展水平较低的中西部地区则较少。从具体省份观察,北京市、江苏省、辽宁省、浙江省分别有 16.88%、13.33%、14.89%、14.52% 的上市公司进入经理层治理 100 佳行列,在所有省市中比较突出。

表 6-31 经理层治理 100 佳的地区分布

省份	全部样本		100 佳		
	数目	比例(%)	数目	比例(%)	占本地区比例(%)
安徽省	36	3.10	1	1.00	2.78
北京市	77	6.63	13	13.00	16.88
重庆市	25	2.15	0	0.00	0.00
福建省	34	2.93	2	2.00	5.88
甘肃省	16	1.38	0	0.00	0.00
广东省	137	11.79	15	15.00	10.95
广西壮族自治区	21	1.81	1	1.00	4.76
贵州省	12	1.03	0	0.00	0.00
海南省	18	1.55	0	0.00	0.00
河北省	30	2.58	3	3.00	10.00
河南省	30	2.58	1	1.00	3.33
黑龙江省	25	2.15	0	0.00	0.00
湖北省	50	4.30	5	5.00	10.00
湖南省	35	3.01	1	1.00	2.86
吉林省	30	2.58	1	1.00	3.33
江苏省	75	6.45	10	10.00	13.33

续表

江西省	18	1.55	1	1.00	5.56
辽宁省	47	4.04	7	7.00	14.89
内蒙古自治区	20	1.72	1	1.00	5.00
宁夏回族自治区	11	0.95	0	0.00	0.00
青海省	7	0.60	1	1.00	14.29
山东省	63	5.42	5	5.00	7.94
山西省	22	1.89	2	2.00	9.09
陕西省	20	1.72	2	2.00	10.00
上海市	117	10.07	10	10.00	8.55
四川省	59	5.08	5	5.00	8.47
天津市	21	1.81	1	1.00	4.76
西藏自治区	7	0.60	1	1.00	14.29
新疆维吾尔自治区	18	1.55	0	0.00	0.00
云南省	19	1.64	2	2.00	10.53
浙江省	62	5.34	9	9.00	14.52
合 计	1162	100.00	100	100.00	8.61

资料来源：南开大学公司治理研究中心数据库。

6.4 经理层治理评价案例分析

6.4.1 经理层治理最佳的五家公司分析

经理层治理最佳的五家公司按照经理层治理评价综合指数排名由高到低依次是太钢不锈（000825）、金发科技（600143）、广州控股（600098）、中信证券（600030）和保利地产（600048）。其中金发科技、广州控股、中信证券和保利地产四家公司均为广东省上市公司，太钢不锈为山西省上市公司。太钢不锈、广州控股、中信证券和保利地产四家公司为国有控股上市公司，金发科技则为民营控股公司。太钢不锈、金发科技属于制造业，广州控股属于电力、煤气及水的生产和供应业，中信证券属于金融、保险业，保利地产属于房地产业。

太钢不锈、金发科技、广州控股、中信证券和保利地产五家公司的经理层治理指数分别为79.26、74.78、74.05、74.02和72.41。五家公司执行保障指数均超过70，其中太钢不锈和中信证券执行保障指数均超过85,而金发科技、广州控股、中信证券和保利地产四家公司的激励约束指数也均超过70,太钢不锈、金发科技、广州控股三家公司的任免指数超过72。如图6-3。

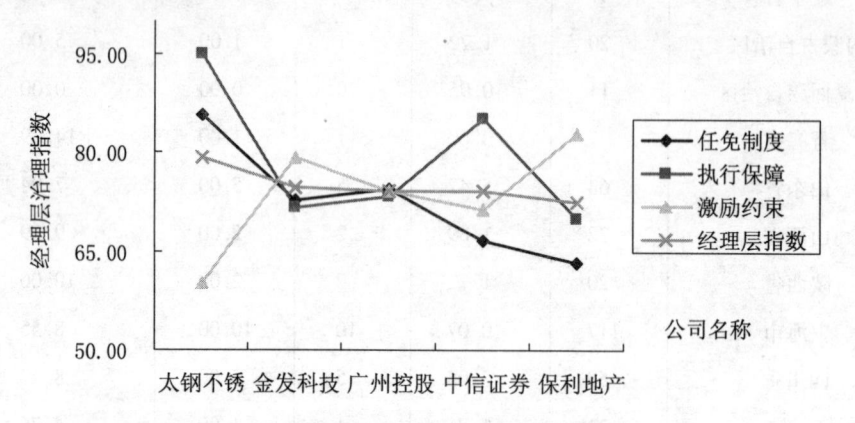

图6-3 经理层治理最佳公司评价指数比较图

太钢不锈、金发科技、广州控股三家公司总经理的薪酬总额均在35万元至50万元,中信证券和保利地产两家公司则超过百万元。太钢不锈、金发科技、广州控股、中信证券和保利地产五家公司总经理期初期末平均持股数分别为29391股、3349689股、181088股、800000股和1720000股。金发科技、广州控股、中信证券和保利地产等公司的经理层团队有较高的学历,太钢不锈、广州控股和保利地产等公司高管团队有丰富的从业背景。

6.4.2 经理层治理最差的五家公司分析

经理层治理最差的五家公司按照经理层治理评价综合指数排名由高到低依次是新疆众和(600888)、ST中房(600890)、甬成功(000517)、北亚集团(600705)和三联商社(600898)。五家公司分别来自新疆维吾尔自治区、北京市、浙江省、黑龙江省、山东省,其中,新疆众和属于制造业中的金属、非金属细类,ST中房属于制造业中的机械、设备、仪表细类,甬成功属于信息技术类,北亚集团和三联商社则分别是综合类和批发和零售贸易业的上市公司。五家上市公司中,ST中房、甬成功和北亚集团为国有控股公司,新疆众和为民营控股,三联商社为职工持股会控股。新疆众和、ST中房、甬成功、北亚集团和三联商社五家公司的经理层治理指数分别为44.20、43.97、43.34、43.15和39.90。三联商社和甬成功的执行保障指数不超过42,新疆众和、ST中房、北亚集团和三联商社四家公司的激励约束指数不超过30。如图6-4。

新疆众和、ST中房、甬成功、北亚集团和三联商社五家公司总经理的薪酬总额分别

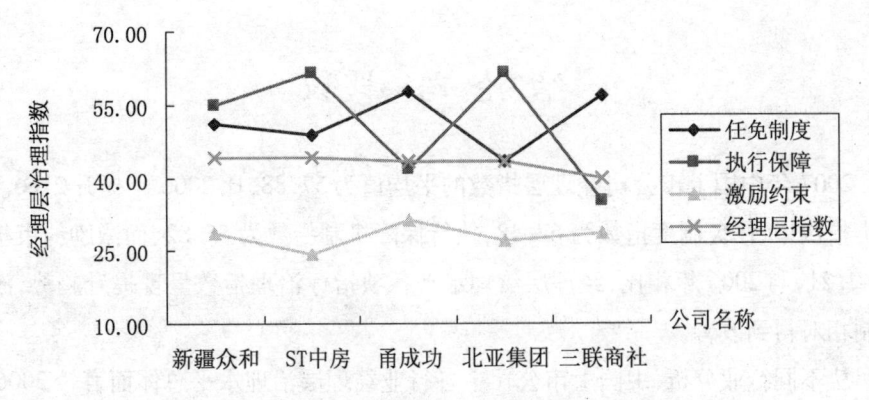

图 6-4　经理层治理最差公司评价指数比较图

为 15 万元、14.3 万元、39.6 万元、8.4 万元和 13 万元。五家公司的总经理期初期末平均持股数均为 0。

6.4.3　经理层治理最佳与最差的五家公司的简要对比

上市公司样本中经理层治理最佳五家公司与最差五家公司的经理层治理评价指数均值分别为 74.90 和 42.91，相差 31.99。其中任免制度指数分别为 72.56 和 51.56，执行保障指数分别为 79.00 和 51.00，激励约束指数分别 73.57 和 28.00，可见最好和最差的经理层治理公司，其执行保障与激励约束状况有较明显的差距。如图 6-5。

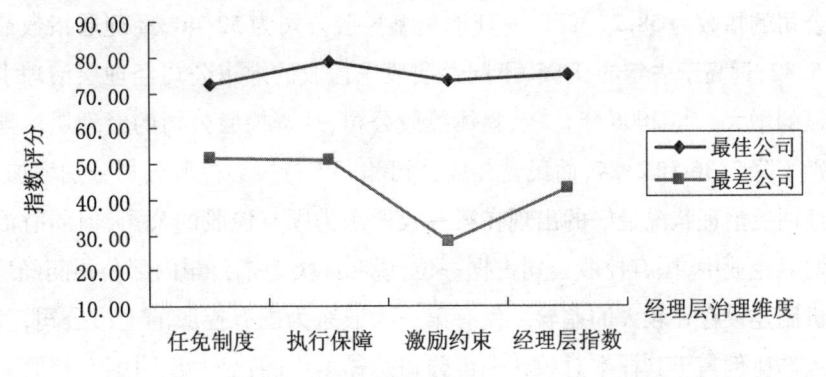

图 6-5　经理层治理最佳与最差公司评价指数比较图

经理层治理最佳五家公司总经理的薪酬总额均值为 73.95 万元，最差的五家公司薪酬最高的前 3 名高级管理人员的平均薪酬为 13.73 万元。两类公司除了在薪酬水平上有较大差异外，经理层治理最佳的公司更注重股权激励等长期激励措施。经理层治理最佳的上市公司在控股或参股单位任职的高管人数占高管总数的比例平均为 13%，而经理层治理最差的上市公司这一比例上升为 30%。

结论与建议

1. 2007 年中国上市公司经理层指数的平均值为 57.88，比 2006 年提升 2.66。在三个细类指数中，任免制度指数为 67.48，执行保障机制指数为 65.82，而激励约束机制指数为 42.21，与 2006 年相比，经理层治理水平各项指标治理指数呈现提升趋势，激励约束机制相对得到改善。

2. 从不同行业分析，中国上市公司中各行业经理层治理水平总体而言较 2006 年均有提高，行业内提升幅度最大的为金融、保险业，提升了 8.19。房地产业、交通运输、仓储业、农、林、牧、渔业、金融、保险业、信息技术业和制造业行业高出样本的平均水平。最大值和最小值差距为 4.07，较 2006 年有所增加。上市公司中经理层治理水平的差异在各个行业内也都有不同程度的扩大或缩小的趋势，其中信息技术业、传播与文化产业、批发与零售贸易业、金融、保险业和综合类等公司间保持稍大的治理差异，标准差在 6 以上。

3. 从第一大股东不同性质分析，国有控股上市公司成为 2007 年经理层治理指数平均水平最高的类型，取代 2006 年最高的民营控股公司。除了外资控股公司和国有控股公司的经理层治理指数高于平均水平 57.88 外，其余都低于平均水平。其中最高的国有控股公司的指数为 58.22，最低的其他类型控股公司为 52.40，经理层指数最高与最低差为 5.82，远高于去年的 0.95，不同性质股东控股的上市公司经理层治理水平的差异有明显的增大。与 2006 年比较，集体控股公司、外资控股公司的经理层治理指数标准差分别下降 2.36 和 2.24，而民营控股公司和职工持股会控股公司分别增加 1.17 和 1.26。经理层治理状况最好的出现在第一大股东为国有控股的公司，但同时治理状况最差的两家企业中，国有控股公司占据一位，说明此类上市公司内部公司间经理层治理制度与机制建设存在较大的差异。仅有第一大股东为国有控股的上市公司，其 100 佳公司的入选比例高于其样本总数在上市公司总样本中的比例，说明国有控股上市公司在经理层各方面建设上成效显著，能够较好地发挥经理层的能动性。民营控股公司在 100 佳公司中占了 27 席，在经理层激励机制及高管任免制度方面的建设有力地促进了经理层治理水平的提升，但民营上市公司执行保障机制却显示了不高的水平，有待完善。

4. 从地区分布来看，与 2006 年相比，前十位发生一定的变动，北京市、内蒙古自治区、福建省、湖北省取代陕西省、云南省、广东省和海南省进入前十位。其中，北京市跃居第一位，内蒙古自治区从第 24 位进入第四，福建省、湖北省均表现出了强劲的发展势头,进入前十。与 2006 年相比,经理层指数平均值提升最多的是福建省,提高了 4.69,除了海南省较 2006 年下降了 1.13,其余 30 个省份的平均值都得到提升。从经理层治理指数的标准差变化情况来看,仅有 7 个省市的标准差有一定程度的降低,基本降幅在 0.28 至 1.34 之间。

附表　中国上市公司经理层治理100佳

序号	公司代码	公司名称	经理层治理指数(%)	序号	公司代码	公司名称	经理层治理指数(%)
1	000825	太钢不锈	79.26	30	600111	稀土高科	68.82
2	600143	金发科技	74.78	31	600527	江南高纤	68.62
3	600098	广州控股	74.05	32	600539	狮头股份	68.62
4	600030	中信证券	74.02	33	600552	方兴科技	68.62
5	600048	保利地产	72.41	34	600597	光明乳业	68.62
6	600332	广州药业	72.31	35	600641	万业企业	68.62
7	600458	时代新材	72.30	36	600658	兆维科技	68.62
8	600200	江苏吴中	71.99	37	600663	陆家嘴	68.62
9	000782	美达股份	71.83	38	600674	川投能源	68.62
10	600195	中牧股份	71.41	39	600070	浙江富润	68.47
11	000488	晨鸣纸业	70.82	40	000987	广州友谊	68.45
12	600428	中远航运	70.65	41	000792	盐湖钾肥	68.45
13	600104	上海汽车	70.45	42	600051	宁波联合	68.39
14	600115	东方航空	70.45	43	600233	大杨创世	68.32
15	600845	宝信软件	70.28	44	600087	南京水运	68.31
16	600366	宁波韵升	70.26	45	600138	中青旅	68.31
17	600370	三房巷	70.17	46	000723	天宇电气	68.29
18	600368	五洲交通	70.16	47	000969	安泰科技	68.23
19	000778	新兴铸管	70.16	48	600510	黑牡丹	68.17
20	600058	五矿发展	69.95	49	600571	信雅达	68.17
21	600103	青山纸业	69.93	50	000063	中兴通讯	68.16
22	600446	金证股份	69.70	51	000939	凯迪电力	68.09
23	600229	青岛碱业	69.42	52	600071	凤凰光学	67.96
24	000610	西安旅游	69.34	53	600739	辽宁成大	67.95
25	600355	精伦电子	69.12	54	600099	林海股份	67.88
26	000597	东北药	69.10	55	600166	福田汽车	67.80
27	600410	华胜天成	69.03	56	600120	浙江东方	67.80
28	000628	倍特高新	68.89	57	600128	弘业股份	67.80
29	600100	同方股份	68.82	58	000066	长城电脑	67.80

续表

59	600061	中纺投资	67.80	80	000848	承德露露	66.85
60	600327	大厦股份	67.66	81	600309	烟台万华	66.84
61	002007	华兰生物	67.58	82	600062	双鹤药业	66.77
62	000585	ST东北电	67.49	83	000790	华神集团	66.76
63	600801	华新水泥	67.48	84	600158	中体产业	66.71
64	600072	江南重工	67.45	85	600151	航天机电	66.71
65	600183	生益科技	67.44	86	600429	三元股份	66.58
66	600396	金山股份	67.43	87	600317	营口港	66.56
67	000878	云南铜业	67.42	88	000875	吉电股份	66.53
68	000876	新希望	67.42	89	600331	宏达股份	66.47
69	600085	同仁堂	67.31	90	600482	风帆股份	66.35
70	600055	万东医疗	67.29	91	600210	紫江企业	66.26
71	600216	浙江医药	67.29	92	600160	巨化股份	66.26
72	600188	兖州煤业	67.29	93	600231	凌钢股份	66.26
73	000762	西藏矿业	67.22	94	000668	武汉石油	66.25
74	600161	天坛生物	67.21	95	000651	格力电器	66.24
75	000852	江钻股份	67.20	96	000061	农产品	66.24
76	600467	好当家	67.15	97	600459	贵研铂业	66.21
77	600512	腾达建设	67.14	98	000768	西飞国际	66.17
78	002027	七喜控股	66.98	99	600377	宁沪高速	66.13
79	600226	升华拜克	66.94	100	600280	南京中商	66.12

资料来源：南开大学公司治理研究中心数据库。

声明：本项研究是南开大学公司治理研究中心公司治理评价课题组开展的学术研究，无任何商业目的，不存在引导投资的目的或意图，投资者依据此评价结果进行投资或入市产生的风险自负。

第7章 信息披露评价

上市公司信息披露是公司向投资者和社会公众全面沟通信息的桥梁。信息披露评价有助于改善信息质量,降低交易成本;有利于投资者判断信息披露完整性、真实性,激励和约束经营者;有助于形成良好的公司治理结构,有效地保护作为"委托人"的外部投资者的利益,从而增强投资者的投资信心;有助于找出监管工作中的"盲区",进而采取切实有力的措施认真加以解决。信息供应链中如果缺乏信息披露评价环节,信息供应链就不完整。从信息披露角度评价公司治理效率,有其合理性和可行性。

7.1 中国上市公司信息披露评价指标体系

信息披露评价指标体系由信息披露可靠性($CCGI_{ID1}^{NK}$)、及时性($CCGI_{ID2}^{NK}$)、相关性($CCGI_{ID3}^{NK}$)三项评价指标(主因素)构成,共19项具体指标(子因素)及相应的评价标准,如表7-1所示。

7.1.1 信息披露的可靠性

可靠性指一项计量或叙述与其所要表达的现象或状况的一致性。可靠性是信息的生命,要求公司所公开的信息能够正确反映客观事实或经济活动的发展趋势,而且能够按照一定标准予以检验。但信息的可靠性具有相对性和动态性,相对可靠性体现了历史性,而且相对可靠性向绝对可靠性接近。一般情况下,作为外部人仅通过公开信息是无法完全判断上市公司资料可靠性的,但是可以借助上市公司及其相关人员违规历史记录等评价信息披露可靠性。从信息传递角度讲,监管机构和中介组织搜集、分析信息,并验证信息可靠性,这种检验结果用于评价信息披露可靠性是可行的、合理的。

信息披露可靠性的评价指标主要包括:(1)年度财务报告是否被出具非标准无保留意见或者被公开谴责;(2)年度内是否有会计政策或会计估计变更;(3)年度内是否更换会计师事务所;(4)是否有会计差错更正;(5)公司是否被公开批评。

7.1.2 信息披露的及时性

信息披露的及时性是指信息失去影响决策的功能之前提供给决策者。信息除了具备真实完整特征之外,还要有时效性。由于投资者、监管机构和社会公众与公司内部管理人员在掌握信息的时间上存在差异,为解决获取信息的时间不对称性可能产生的弊端,信息披露制度要求公司管理当局在规定的时期内依法披露信息,减少有关人员利用内幕信息进行内幕交易的可能性,增强公司透明度,降低监管难度,有利于规范公司管理当局经营行为,保护投资者利益;从公众投资者分析,及时披露的信息可以使投资者做出理性的价值判断和投资决策;从上市公司本身来看,及时披露信息使公司股价及时调整,保证交易的连续和有效,减少市场盲动。考虑信息披露及时性评价指标的可获得性,主要通过年度报告是否及时披露加以考察。

7.1.3 信息披露的相关性

信息披露相关性则要求上市公司必须提供公司完整的信息,不得忽略、隐瞒重要信息,使信息使用者了解公司治理结构、财务状况、经营成果、现金流量、经营风险及风险程度等。公开所有法定项目的信息,使投资者足以了解公司全貌、事项的实质和结果,披露的相关性包括形式上的完整和内容上的完整。

信息披露相关性的评价指标主要包括:(1)公司战略是否充分披露;(2)公司治理情况是否充分披露;(3)竞争环境是否充分披露;(4)产品和服务市场特征是否充分披露;(5)盈利预测的信息是否充分披露;(6)公司风险是否充分披露;(7)公司社会责任方面是否充分披露;(8)员工培训计划和费用是否充分披露;(9)对外投资项目是否充分披露;(10)业务分布信息是否充分披露;(11)控股公司及参股公司经营情况是否充分披露;(12)"五分开"信息是否充分披露;(13)资产负债表日后事项是否披露。

表 7-1 中国上市公司信息披露评价指标体系($CCGI_{ID}^{NK}$)一览表

主因素层 ($CCGI_{ID}^{NK}$)	子因素层	说明
信息披露可靠性 ($CCGI_{ID1}^{NK}$)	年度财务报告是否被出具非标准无保留意见或者被公开批评谴责;年度内是否有会计政策或会计估计变更;年度内是否更换会计师事务所;是否有会计差错更正;公司是否被公开批评	反映信息披露的质量
信息披露及时性 ($CCGI_{ID2}^{NK}$)	年度报告是否及时披露	反映信息披露是否及时

续表

信息披露相关性（$CCGI_{ID3}^{NK}$）	公司是否对以下项目进行了充分说明:公司战略;公司治理情况;公司竞争环境分析;产品和服务市场特征;盈利预测的信息;公司风险;公司社会责任;员工培训计划和费用;对外投资项目;业务分布信息;控股及参股公司经营情况;"五分开"信息;资产负债表日后事项	反映信息披露是否完整

资料来源:南开大学公司治理研究中心数据库。

7.2 中国上市公司信息披露评价描述性统计

依据实证调研的数据对上市公司信息披露的可靠性、及时性和相关性进行相关描述性统计分析并做出初步评价,同时进行相关的实证研究,以期发现存在的问题,为寻找相应的解决办法提供思路。

7.2.1 整体信息披露的描述性统计分析

整体上我们主要分析各个信息披露指数在2007年整个样本中的分布情况,进而在总体上对信息披露水平有一个总体把握。

7.2.1.1 信息披露评价总体分布

总体看来,所选1162家样本公司中,大部分公司在信息披露可靠性指数、及时性指数、相关性指数及信息披露指数上的表现较好。详见表7-2、图7-1。

表7-2 信息披露指标统计及信息披露综合指数($CCGI_{ID}^{NK}$)

等级	可靠性（$CCGI_{ID1}^{NK}$）		及时性（$CCGI_{ID2}^{NK}$）		相关性（$CCGI_{ID3}^{NK}$）		信息披露综合指数（$CCGI_{ID}^{NK}$）	
	数目	比例(%)	数目	比例(%)	数目	比例(%)	数目	比例(%)
$CCGI_{ID}^{NK}$ Ⅰ	0	0.00	0	0.00	0	0.00	0	0.00
$CCGI_{ID}^{NK}$ Ⅱ	276	23.75	37	3.18	41	3.53	26	2.24
$CCGI_{ID}^{NK}$ Ⅲ	136	11.70	196	16.87	144	12.39	266	22.89
$CCGI_{ID}^{NK}$ Ⅳ	307	26.42	440	37.87	456	39.24	388	33.39
$CCGI_{ID}^{NK}$ Ⅴ	199	17.13	369	31.76	331	28.49	312	26.85
$CCGI_{ID}^{NK}$ Ⅵ	244	21.00	120	10.32	190	16.35	170	14.63
合 计	1162	100.00	1162	100.00	1162	100.00	1162	100.00

资料来源:南开大学公司治理研究中心数据库。

信息披露可靠性指数、及时性指数、相关性指数及信息披露指数达到$CCGI_{ID}^{NK}$ Ⅱ以上的分别为23.75%、3.18%、3.53%和2.24%;而信息披露可靠性指数、及时性指数、相关性指数及信息披露指数评价值处于$CCGI_{ID}^{NK}$ Ⅵ以下的则分别为21.00%、10.32%、16.35%和14.63%。如图7-1所示,样本公司信息披露指数平均值为61.66,标准差为10.92,表明中国上市公司的信息披露质量达到了合格水平,但信息披露总体质量集中在中游水平,高水平的极其少,因此,信息披露水平有待进一步提高。

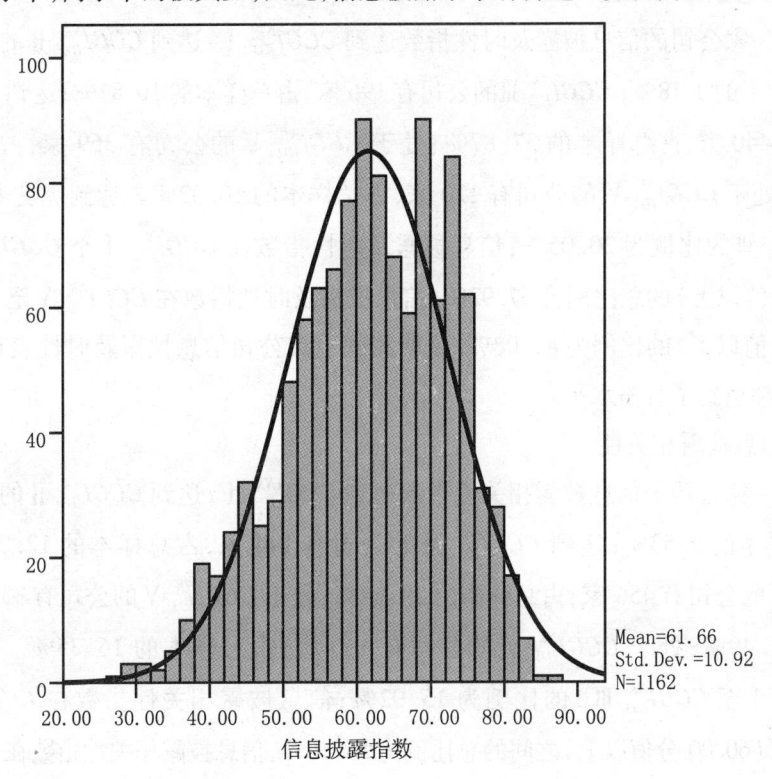

图7-1 信息披露指数($CCGI_{ID}^{NK}$)分布直方图

7.2.1.2 频数与比例(频率)分析

信息披露可靠性指数($CCGI_{ID1}^{NK}$)、及时性指数($CCGI_{ID2}^{NK}$)、相关性指数($CCGI_{ID3}^{NK}$)及信息披露评价指数($CCGI_{ID}^{NK}$)情况如下:

(1)信息披露可靠性

没有一家公司的信息披露可靠性指数达到$CCGI_{ID1}^{NK}$ Ⅰ;达到$CCGI_{ID1}^{NK}$ Ⅱ的公司有276家,占总样本的23.75%;达到$CCGI_{ID1}^{NK}$ Ⅲ的公司有136家,占总样本的11.70%;达到$CCGI_{ID1}^{NK}$ Ⅳ的公司有307家,占总样本的26.42%;处于$CCGI_{ID1}^{NK}$ Ⅴ的公司有199家,占总样本的17.13%;处于$CCGI_{ID1}^{NK}$ Ⅵ的公司有244家,占总样本的21.00%。评价分值

较高($CCGI_{ID1}^{NK}$ Ⅰ至$CCGI_{ID1}^{NK}$ Ⅲ)的比例为35.45%(0+23.75%+11.70%);信息披露指数在$CCGI_{ID1}^{NK}$ Ⅰ至$CCGI_{ID1}^{NK}$ Ⅳ(60.00分值以上)之间的总比例为61.87%(0+23.75%+11.70%+26.42%),信息披露评价值在$CCGI_{ID1}^{NK}$ Ⅴ至$CCGI_{ID1}^{NK}$ Ⅵ的比例为38.13%(17.13%+21.00%),说明我国上市公司信息披露可靠性方面表现尚可,大部分公司都达到了合格水平。

(2)信息披露及时性

没有一家公司的信息披露及时性指数达到$CCGI_{ID2}^{NK}$ Ⅰ;达到$CCGI_{ID2}^{NK}$ Ⅱ的公司有37家,占总样本的3.18%;$CCGI_{ID2}^{NK}$ Ⅲ的公司有196家,占总样本的16.87%;达到$CCGI_{ID2}^{NK}$ Ⅳ的公司有440家,占总样本的37.87%;处于$CCGI_{ID2}^{NK}$ Ⅴ的公司有369家,占总样本的31.76%;处于$CCGI_{ID2}^{NK}$ Ⅵ的公司有120家,占总样本的10.32%。达到优良$CCGI_{ID2}^{NK}$ Ⅰ至$CCGI_{ID2}^{NK}$ Ⅲ的比例为20.05%;信息披露及时性指数在$CCGI_{ID2}^{NK}$ Ⅰ至$CCGI_{ID2}^{NK}$ Ⅳ之间(60.00分值以上)的总比例为57.92%,信息披露及时性指数在$CCGI_{ID2}^{NK}$ Ⅴ至$CCGI_{ID2}^{NK}$ Ⅵ(60.00分值以下)的比例为42.08%,说明我国上市公司信息披露及时性表现尚可,大部分公司都达到了合格水平。

(3)信息披露相关性

没有一家公司的信息披露相关性指数达到$CCGI_{ID3}^{NK}$ Ⅰ;达到$CCGI_{ID3}^{NK}$ Ⅱ的公司有41家,占总样本的3.53%;达到$CCGI_{ID3}^{NK}$ Ⅲ的公司有144家,占总样本的12.39%;达到$CCGI_{ID3}^{NK}$ Ⅳ的公司有456家,占总样本的39.24%;处于$CCGI_{ID3}^{NK}$ Ⅴ的公司有331家,占总样本的28.49%;处于$CCGI_{ID3}^{NK}$ Ⅵ的公司有190家,占总样本的16.35%。达到优良($CCGI_{ID3}^{NK}$ Ⅰ至$CCGI_{ID3}^{NK}$ Ⅲ)的比例为15.92%;信息披露相关性指数在$CCGI_{ID3}^{NK}$ Ⅰ至$CCGI_{ID3}^{NK}$ Ⅳ(60.00分值以上)之间的总比例为55.16%,信息披露相关性指数在$CCGI_{ID3}^{NK}$ Ⅴ至$CCGI_{ID3}^{NK}$ Ⅵ(60.00分值以下)之间的比例为44.84%,说明中国上市公司信息披露相关性存在不足,虽然一半多的公司信息披露评价值在60.00以上,但信息披露相关性水平较低公司仍然占较大比例。

(4)信息披露指数

没有一家公司的信息披露指数达到$CCGI_{ID}^{NK}$ Ⅰ,高质量信息披露的公司比例极低;达到$CCGI_{ID}^{NK}$ Ⅱ的公司只有26家,占总样本的2.24%;达到$CCGI_{ID}^{NK}$ Ⅲ的公司有266家,占总样本的22.89%;达到$CCGI_{ID}^{NK}$ Ⅳ的公司有388家,占总样本的33.39%;处于$CCGI_{ID}^{NK}$ Ⅴ的公司有312家,占总样本的26.85%;处于$CCGI_{ID}^{NK}$ Ⅵ的公司有170家,占总样本的16.43%。达到较高值$CCGI_{ID}^{NK}$ Ⅰ至$CCGI_{ID}^{NK}$ Ⅲ的比例为25.13%;信息披露指数在$CCGI_{ID}^{NK}$ Ⅰ至$CCGI_{ID}^{NK}$ Ⅳ(60.00分值以上)之间的比例为58.52%,信息披露指数在

$CCGI_{ID}^{NK}$ Ⅴ至$CCGI_{ID}^{NK}$ Ⅵ(60.00分值以下)之间的比例为41.48%,说明中国上市公司信息披露总体质量集中在中游水平,高水平的极少,信息披露总体质量仍有待加强。

7.2.1.3 极端值、均值和标准差分析

样本公司信息披露评价的描述性统计分析如下:可靠性指数最小值为16.59,最大值为88.06,均值为62.66,信息披露可靠性方面表现要好于及时性和相关性;但标准差较大(19.77),说明样本公司内部信息披露可靠性方面存在较大差距。

相关性指数最小值为22.99,最大值为89.51,均值为59.97,信息披露的相关性表现弱于可靠性和及时性两个方面;信息披露相关性的标准差为10.99,相对较小,说明样本公司内部信息披露相关性方面存在的差异较小。

及时性指数最小值为32.75,最大值为87.37,均值为62.02,信息披露的及时性方面表现好于相关性;信息披露及时性的标准差9.59,小于信息披露可靠性与相关性,表明样本公司内部信息披露及时性方面存在的差异最小。

信息披露指数最小值为26.12,最大值为86.57,均值为61.66,标准差为10.92。尽管从总体来看,大部分上市公司都达到了合格水平,但是信息披露情况不太令人满意,这主要是因为优秀的上市公司较少。信息披露评价指数最让人满意的地方是信息披露水平的差异性较小,水平比较平均。见表7-3。

表7-3 信息披露评价指数($CCGI_{ID}^{NK}$)描述性统计

	最小值	最大值	均值	标准差
可靠性指数($CCGI_{ID1}^{NK}$)	16.59	88.06	62.66	19.77
相关性指数($CCGI_{ID3}^{NK}$)	22.99	89.51	59.97	10.99
及时性指数($CCGI_{ID2}^{NK}$)	32.75	87.37	62.02	9.59
信息披露指数($CCGI_{ID}^{NK}$)	26.12	86.57	61.66	10.92

资料来源:南开大学公司治理研究中心数据库。

7.2.2 分类别的信息披露描述性统计分析

主要从上市公司的行业分布、地区分布、大股东性质等几个方面来进行分析,进而可以更加细致地了解信息披露的情况。

7.2.2.1 信息披露评价指数的行业分布

表7-4显示,在中国证监会规定的13个行业中,信息披露指数在$CCGI_{ID}^{NK}$ Ⅳ以上的样本公司中所占比例最高的行业依次是金融、保险业、建筑业、电力、煤气及水的生产和供应业、农、林、牧、渔业、制造业、交通运输、仓储业、社会服务业、批发和零售贸易业

以及传播与文化产业,其比例分别为 87.50%、73.91%、72.55%、62.96%、60.30%、60.00%、57.15%、56.41% 和 55.55%。而信息披露指数在 $CCGI_{ID}^{NK}$ IV 以上的样本公司中,所占比例最低的行业依次是综合类、信息技术业、采掘业和房地产业,其比例分别为 43.67、44.29%、52.64% 和 52.94%。

表7-4 信息披露综合指数等级的行业分布

行业性质	行业样本构成		$CCGI_{ID}^{NK}$ I		$CCGI_{ID}^{NK}$ II		$CCGI_{ID}^{NK}$ III		$CCGI_{ID}^{NK}$ IV		$CCGI_{ID}^{NK}$ V		$CCGI_{ID}^{NK}$ VI	
	数目	比例(%)	数目	比例(%)	数目	比例(%)	数目	比例(%)	数目	比例(%)	数目	比例(%)	数目	比例(%)
采掘业	19	1.64	0	0.00	0	0.00	2	10.53	8	42.11	6	31.58	3	15.79
传播与文化产业	9	0.77	0	0.00	0	0.00	2	22.22	3	33.33	3	33.33	1	11.11
电力、煤气及水的生产和供应业	51	4.39	0	0.00	2	3.92	13	25.49	22	43.14	9	17.65	5	9.80
房地产业	51	4.39	0	0.00	3	5.88	9	17.65	15	29.41	16	31.37	8	15.69
建筑业	23	1.98	0	0.00	1	4.35	7	30.43	9	39.13	5	21.74	1	4.35
交通运输、仓储业	55	4.73	0	0.00	1	1.82	16	29.09	16	29.09	16	29.09	6	10.91
金融、保险业	8	0.69	0	0.00	0	0.00	0	0.00	7	87.50	1	12.50	0	0.00
农、林、牧、渔业	27	2.32	0	0.00	0	0.00	8	29.63	9	33.33	7	25.93	3	11.11
批发和零售贸易业	78	6.71	0	0.00	0	0.00	20	25.64	24	30.77	21	26.92	13	16.67
社会服务业	35	3.01	0	0.00	1	2.86	8	22.86	11	31.43	9	25.71	6	17.14
信息技术业	70	6.02	0	0.00	2	2.86	10	14.29	19	27.14	18	25.71	21	30.00
制造业	665	57.23	0	0.00	16	2.41	162	24.36	223	33.53	175	26.32	89	13.38
综合类	71	6.11	0	0.00	0	0.00	9	12.68	22	30.99	26	36.62	14	19.72
合计	1162	100.00	0	0.00	26	6.28	266	22.89	388	33.39	312	26.85	170	14.63

资料来源:南开大学公司治理研究中心数据库。

从表7-5分行业的统计中我们可以看出,建筑业公司信息披露情况好于其他行业,而且内部差异也较小(9.99);电力、煤气及水的生产和供应业次之;信息技术业上市公司信息披露指数最低且内部差异最大(13.39)。

表7-5 行业信息披露综合指数($CCGI_{ID}^{NK}$)极端值、均值和标准差统计

行业	样本	最小值	最大值	均值	标准差
采掘业	19	40.48	77.81	58.99	9.21
传播与文化产业	9	45.75	77.36	61.20	9.34
电力、煤气及水的生产和供应业	51	39.07	80.38	63.94	10.26
房地产业	51	37.43	84.93	60.86	11.37
建筑业	23	44.74	81.15	65.86	9.99
交通运输、仓储业	55	35.05	82.41	62.56	11.31
金融、保险业	8	58.06	67.43	61.82	2.79

					续表
农、林、牧、渔业	27	38.20	79.02	62.78	10.63
批发和零售贸易业	78	28.95	79.85	61.59	11.39
社会服务业	35	36.10	80.38	61.80	11.75
信息技术业	70	28.34	81.49	56.86	13.39
制造业	665	26.12	86.57	62.25	10.62
综合类	71	36.55	76.56	58.12	9.84
合 计	1162	26.12	86.57	61.66	10.92

资料来源：南开大学公司治理研究中心数据库。

由于制造业其样本数量很多，不同主营业务的公司间信息披露状况差异较大，我们进一步按照主营业务分类，以观察主营业务不同的制造业公司信息披露的差异，结果见表7-6。信息披露水平最高的两个细类行业分别为其他制造业和石油、化学、塑料业，均值分别为67.03和64.24；信息披露水平最低的两个细类行业分别为木材、家具业和造纸、印刷业，其信息披露均值分别为50.56和55.89。信息披露指数内部差异程度最大的两个细类行业分别为造纸、印刷业和纺织、服装、皮毛业，标准差分别为13.41和13.25；内部差异程度最小的两个细类行业分别为木材、家具业和金属、非金属业，标准差分别为0.15和9.63。

表7-6 对制造业细分的信息披露综合指数统计

行业	样本	最小值	最大值	均值	标准差	峰度	偏度	极差
电子业	40	32.42	80.48	60.79	9.75	0.81	-0.57	48.07
纺织、服装、皮毛业	47	31.09	81.44	59.86	13.25	-0.80	-0.49	50.35
机械、设备、仪表业	181	37.59	83.82	61.85	10.00	-0.69	-0.08	46.23
金属、非金属业	111	26.12	81.47	63.20	9.63	0.82	-0.80	55.35
木材、家具业	2	50.45	50.66	50.56	0.15	—	—	0.21
其他制造业	12	40.01	79.11	67.03	12.44	0.85	-1.26	39.10
石油、化学、塑胶、塑料业	125	33.91	86.57	64.24	10.54	-0.34	-0.37	52.66
食品、饮料业	53	39.15	81.38	61.75	10.36	-0.30	-0.29	42.23
医药、生物制品业	72	39.41	82.99	62.54	10.36	-0.63	-0.23	43.58
造纸、印刷业	22	31.61	79.40	55.89	13.41	-0.87	0.07	47.78
合 计	665	26.12	86.57	62.25	10.62	-0.30	-0.39	60.45

资料来源：南开大学公司治理研究中心数据库。

7.2.2.2 信息披露指数的地区分布

表7-7显示,在信息披露指数低于$CCGI_{ID}^{NK}$ Ⅵ的所占比例较高的省份是宁夏回族自治区、云南省、内蒙古自治区、黑龙江省和辽宁省,其所占样本的比例分别为27.27%、26.32%、25.00%、24.00%和21.28%,而江西省和新疆维吾尔自治区的上市公司没有一家在$CCGI_{ID}^{NK}$ Ⅳ以下。信息披露指数高于$CCGI_{ID}^{NK}$ Ⅳ的比例较高的省份有贵州省、江西省、新疆维吾尔自治区、湖南省、河北省和广西壮族自治区,所占比分别为83.34%、83.33%、72.22%、68.57%、66.67%和66.67%,甘肃省和黑龙江省在$CCGI_{ID}^{NK}$ Ⅳ以上的比例较低,分别为43.75%和44.00%。

表7-7 信息披露综合指数等级的地区分布

省份	样本省份构成		$CCGI_{ID}^{NK}$ Ⅰ		$CCGI_{ID}^{NK}$ Ⅱ		$CCGI_{ID}^{NK}$ Ⅲ		$CCGI_{ID}^{NK}$ Ⅳ		$CCGI_{ID}^{NK}$ Ⅴ		$CCGI_{ID}^{NK}$ Ⅵ	
	数目	比例(%)	数目	比例(%)	数目	比例(%)	数目	比例(%)	数目	比例(%)	数目	比例(%)	数目	比例(%)
安徽省	36	3.10	0	0.00	1	2.78	9	25.00	12	33.33	11	30.56	3	8.33
北京市	77	6.63	0	0.00	2	2.60	15	19.48	22	28.57	26	33.77	12	15.58
福建省	34	2.93	0	0.00	0	0.00	10	29.41	12	35.29	11	32.35	1	2.94
甘肃省	16	1.38	0	0.00	0	0.00	1	6.25	6	37.50	7	43.75	2	12.50
广东省	137	11.79	0	0.00	5	3.65	28	20.44	49	35.77	30	21.90	25	18.25
广西壮族自治区	21	1.81	0	0.00	1	4.76	7	33.33	6	28.57	5	23.81	2	9.52
贵州省	12	1.03	0	0.00	1	8.33	2	16.67	7	58.33	1	8.33	1	8.33
海南省	18	1.55	0	0.00	0	0.00	4	22.22	7	38.89	5	27.78	2	11.11
河北省	30	2.58	0	0.00	2	6.67	6	20.00	12	40.00	7	23.33	3	10.00
河南省	30	2.58	0	0.00	0	0.00	10	33.33	9	30.00	6	20.00	5	16.67
黑龙江省	25	2.15	0	0.00	0	0.00	5	20.00	6	24.00	8	32.00	6	24.00
湖北省	50	4.30	0	0.00	2	4.00	17	34.00	14	28.00	9	18.00	8	16.00
湖南省	35	3.01	0	0.00	1	2.86	7	20.00	16	45.71	6	17.14	5	14.29
吉林省	30	2.58	0	0.00	0	0.00	6	20.00	9	30.00	9	30.00	6	20.00
江苏省	75	6.45	0	0.00	3	4.00	13	17.33	24	32.00	28	37.33	7	9.33
江西省	18	1.55	0	0.00	0	0.00	6	33.333	9	50.00	3	16.67	0	0.00
辽宁省	47	4.04	0	0.00	2	4.26	10	21.28	14	29.79	11	23.40	10	21.28
内蒙古自治区	20	1.72	0	0.00	0	0.00	2	10.00	10	50.00	3	15.00	5	25.00
宁夏回族自治区	11	0.95	0	0.00	0	0.00	1	9.09	4	36.36	3	27.27	3	27.27
青海省	7	0.60	0	0.00	1	14.29	1	14.29	2	28.57	2	28.57	1	14.29
山东省	63	5.42	0	0.00	1	1.59	19	30.16	17	26.98	15	23.81	11	17.46
山西省	22	1.89	0	0.00	0	0.00	5	22.73	6	27.27	7	31.82	4	18.18
陕西省	20	1.72	0	0.00	0	0.00	3	15.00	6	30.00	7	35.00	4	20.00
上海市	117	10.07	0	0.00	2	1.71	23	19.66	40	34.19	38	32.48	14	11.97
四川省	59	5.08	0	0.00	0	0.00	17	28.81	13	22.03	18	30.51	11	18.64

续表

省份	样本	%												
天津市	21	1.81	0	0.00	0	0.00	4	19.05	9	42.86	5	23.81	3	14.29
西藏自治区	7	0.60	0	0.00	0	0.00	1	14.29	3	42.86	2	28.57	1	14.29
新疆维吾尔自治区	18	1.55	0	0.00	0	0.00	6	33.33	7	38.89	5	27.78	0	0.00
云南省	19	1.64	0	0.00	1	5.26	2	10.53	8	42.11	3	15.79	5	26.32
浙江省	62	5.34	0	0.00	0	0.00	20	32.26	20	32.26	15	24.19	7	11.29
重庆市	25	2.15	0	0.00	1	4.00	6	24.00	9	36.00	6	24.00	3	12.00
合 计	1162	100.00	0	0.00	26	2.24	266	22.89	388	33.39	312	26.85	170	14.63

资料来源：南开大学公司治理研究中心数据库。

从表7－8可以看出，按省份统计的信息披露水平最高的前10名分别为新疆维吾尔自治区(66.20)、江西省(65.10)、贵州省(64.91)、广西壮族自治区(64.46)、浙江省(63.86)、安徽省(63.56)、福建省(63.49)、湖南省(63.14)、湖北省(63.10)、河南省(62.95)。信息披露水平较低的10个省份分别是宁夏回族自治区(56.99)、甘肃省(57.45)、黑龙江省(58.04)、内蒙古自治区(59.20)、吉林省(59.46)、陕西省(59.76)、山西省(60.14)、北京市(60.35)、云南省(60.67)、辽宁省(60.83)。内部差异较大的5个省份，分别为青海省、广东省、四川省、山东省和湖北省。沿海以及经济发展水平相对高的省份不再具有优势。

表7－8 上市公司的地区分布统计表

省份	样本	最小值	最大值	均值	标准差	极差
安徽省	36	43.18	83.82	63.56	9.14	40.64
北京市	77	36.35	82.99	60.35	10.85	46.64
福建省	34	43.12	78.98	63.49	8.26	35.86
甘肃省	16	28.34	79.28	57.45	11.75	50.94
广东省	137	29.31	84.93	61.15	12.28	55.62
广西壮族自治区	21	41.68	80.38	64.46	10.62	38.70
贵州省	12	40.46	83.69	64.91	10.42	43.23
海南省	18	38.16	75.43	61.31	10.02	37.27
河北省	30	39.37	81.47	62.68	10.84	42.10
河南省	30	35.67	78.91	62.95	11.81	43.24
黑龙江省	25	39.74	76.98	58.04	10.70	37.25
湖北省	50	37.53	83.54	63.10	11.84	46.01

续表

湖南省	35	42.29	81.88	63.14	10.20	39.59
吉林省	30	38.51	78.96	59.46	10.29	40.45
江苏省	75	33.91	80.90	62.14	9.691	46.99
江西省	18	51.01	75.81	65.10	6.88	24.79
辽宁省	47	31.61	83.35	60.83	11.65	51.73
内蒙古自治区	20	39.80	72.04	59.20	10.28	32.24
宁夏回族自治区	11	41.66	75.46	56.99	11.25	33.80
青海省	7	38.09	86.57	61.53	15.88	48.49
山东省	63	26.12	83.66	61.69	11.90	57.54
山西省	22	40.27	75.10	60.14	10.50	34.82
陕西省	20	41.98	76.35	59.76	9.36	34.37
上海市	117	28.95	81.40	61.20	10.53	52.45
四川省	59	30.99	79.90	60.92	12.13	48.90
天津市	21	36.10	79.83	60.86	11.14	43.74
西藏自治区	7	49.83	73.38	62.12	7.25	23.55
新疆维吾尔自治区	18	50.45	79.02	66.20	8.64	28.57
云南省	19	39.15	80.02	60.67	11.33	40.88
浙江省	62	40.01	79.71	63.86	10.68	39.69
重庆市	25	35.05	81.32	61.85	11.81	46.27
合　计	1162	26.12	86.57	61.66	10.92	60.45

资料来源：南开大学公司治理研究中心数据库。

7.2.2.3 按第一大股东性质进行的统计分析

通过表 7-9 描述的上市公司的第一大股东的分布情况，可知信息披露指数低于 $CCGI_{ID}^{NK}$ Ⅵ 的各类上市公司中，外资控股的公司最多，其比例为 28.57%；社会团体控股公司和其他类型没有一家公司低于 $CCGI_{ID}^{NK}$ Ⅵ；民营控股公司和国有控股公司比例都处于中等水平，分别为 20.77% 和 11.82%。信息披露指数高于 $CCGI_{ID}^{NK}$ Ⅳ 的样本公司中，其他类型的公司所占比例最多，为 66.66%；其次是国有控股的公司，所占比例为 62.77%；再次是外资控股公司，比例为 57.14%。

表7-9 第一大股东性质不同的信息披露综合指数等级分布

信息披露指数等级		第一大股东性质	国有控股	集体控股	民营控股	社会团体控股	外资控股	职工持股会控股	其他类型	合计
		数目	787	10	337	4	7	14	3	1162
		比例(%)	67.74	0.86	29.00	0.34	0.60	1.20	0.27	100.00
$CCGI_{ID}^{NK}$ Ⅰ		数目	0	0	0	0	0	0	0	0
		比例(%)	0.00	0.00	0.00	0.00	0.00	0.00	0.00	0.00
$CCGI_{ID}^{NK}$ Ⅱ		数目	20	0	6	0	0	0	0	26
		比例(%)	2.54	0.00	1.78	0.00	0.00	0.00	0.00	6.28
$CCGI_{ID}^{NK}$ Ⅲ		数目	193	1	67	1	2	1	1	266
		比例(%)	24.52	10.00	19.88	25.00	28.57	7.14	33.33	22.89
$CCGI_{ID}^{NK}$ Ⅳ		数目	281	3	95	1	2	5	1	388
		比例(%)	35.71	30.00	28.19	25.00	28.57	35.71	33.33	33.39
$CCGI_{ID}^{NK}$ Ⅴ		数目	200	4	99	2	1	5	1	312
		比例(%)	25.41	40.00	29.38	50.00	14.29	35.71	33.34	26.85
$CCGI_{ID}^{NK}$ Ⅵ		数目	93	2	70	0	2	3	0	170
		比例(%)	11.82	20.00	20.77	0.00	28.57	21.44	0.00	14.63

资料来源:南开大学公司治理研究中心数据库。

从表7-10可以看出,在这些上市公司当中,其他类型的公司表现最佳,总体平均水平(63.84)最高,且内部差异(8.88)较小;集体控股的公司表现最差,平均水平(56.19)最低,且内部差异(12.83)也最大;职工持股会控股公司信息披露水平(58.62)仅好于集体控股公司,国有控股公司信息披露要相对好些,指数处于中上水平,职工持股会控股和社会团体控股公司的内部差异程度都较小。

表7-10 第一大股东描述性统计

控制人类型	样本	最小值	最大值	均值	标准差
国有控股	787	28.34	86.57	62.61	10.54
民营控股	337	29.31	83.54	59.74	11.59
外资控股	7	47.68	73.07	59.55	10.32
集体控股	10	26.12	71.85	56.19	12.83
社会团体控股	4	58.06	73.25	62.87	7.10
职工持股会控股	14	39.15	74.00	58.62	9.40
其他类型	3	57.32	73.95	63.84	8.88
合计	1162	26.12	86.57	61.66	10.92

资料来源:南开大学公司治理研究中心数据库。

7.2.3 信息披露具体项目分析

信息披露项目具体包括：审计意见类型、年度报告披露时间、行业背景信息、公司竞争环境分析、风险信息（经营风险及应对措施、财务风险及应对措施）、关联交易情况（关联交易定价、关联交易协议、关联交易发生原因及对公司独立性影响、关联交易额、关联方债务债权往来信息）、独立董事意见（独立董事对关联交易的意见、独立董事意见类型）、未来发展的相关信息（新年度经营计划、战略资金需求与使用计划、未来投资预测、未来现金流量预测）、有关新产品（或新业务、新项目）说明、公司治理情况、公司宗旨信息、公司主要产品或服务信息说明以及公司报告期经营活动产生的现金流量与净利润存在重大差异的情况说明。

7.2.3.1 审计意见类型

为了保证财务会计信息的可信度，上市公司披露的财务会计信息要经过注册会计师审计。因此，年度财务报告是否被出具标准无保留意见是评价信息披露可靠性的重要指标。样本公司中有21家公司（1.81%）拒绝说明审计意见类型；有1048家公司（90.19%）年度财务报告都被出具标准无保留意见；有61家公司（5.25%）被出具带有说明段的无保留意见；有32家公司（2.75%）被出具带有说明段的保留意见。见表7-11。

表7-11 年度财务报告是否被出具非标准无保留意见

问题	项目	代码	选择数目	比例（%）
年度报告是否被出具非标准无保留意见	标准无保留意见	0	1048	90.19
	带有说明段的无保留意见	1	61	5.25
	带有说明段的保留意见	2	32	2.75
	无法发表意见	3	21	1.81
合　计	—	—	1162	100.00

资料来源：南开大学公司治理研究中心数据库。

7.2.3.2 年度报告披露时间

年度报告是最能代表信息披露及时性的指标。一家公司信息披露得越早，那么该公司信息披露得就越及时。在所有的样本公司中，有30家公司是在2月份以前披露的，所占比重为2.58%；有104家公司是在2月份披露的，所占比重为8.95%；有421家公司是在3月份披露的，所占比重为36.23%；有607家公司是在4月份披露的，所占比重为52.24%；没有公司是在4月份以后披露。见表7-12。

表 7-12 年度报告披露时间

问题	项目	数目	比例(%)
年度报告披露时间	2007年2月以前披露	30	2.58
	2007年2月披露	104	8.95
	2007年3月披露	421	36.23
	2007年4月披露	607	52.24
	2007年4月以后披露	0	0.00
合 计	—	1162	100.00

资料来源:南开大学公司治理研究中心数据库。

7.2.3.3 公司行业背景信息

公司行业背景信息包括行业3年以上的发展历史、行业现状以及未来发展趋势,如未来是否有良好的发展前景和发展机遇的信息。行业背景信息,尤其是行业未来发展趋势分析,有利于投资者更好地了解公司所在行业的发展前景,结果会影响到投资者的投资决策。为了维护投资者的权益,行业背景信息是上市公司必须披露的信息内容之一。该指标根据上市公司对行业发展历史、行业现状以及未来发展趋势三方面信息是否披露来度量。样本公司中仅有37家上市公司对公司行业背景信息进行了充分披露,其比例为3.19%,说明在信息披露的具体项目中,只有少数公司能够考虑到投资者决策需求,体现了信息披露的相关性;有552家公司披露较为充分,其比例为47.50%;余下仍有573家(占49.31%)公司对行业背景信息披露的较少,其中,有118家(占10.15%)没有披露任何有关行业背景的信息,455家公司披露水平较低,所占比例为39.16%。这说明在行业信息披露方面,半数以上的公司对行业背景信息的披露水平都较低,需要加强。见表7-13。

表 7-13 公司行业背景信息

问题	项目	代码	选择数目	比例(%)
行业背景信息	没有披露任何信息(0)	0	118	10.15
	有披露,但披露程度较低(≤0.5)	1	455	39.16
	披露较充分(>0.5)	2	552	47.50
	充分披露(1)	3	37	3.19
合 计	—	—	1162	100.00

资料来源:南开大学公司治理研究中心数据库。

7.2.3.4 公司竞争环境分析

公司竞争环境分析是公司信息披露必不可少的一部分,如果没有竞争环境分析方面的信息,那公司信息披露就不能说是完整的。这个指标主要从公司在行业中的地位、行业市场信息和竞争对手信息来表示,是信息披露完整性的一个重要指标。在所有的样本公司中,仅有 11 家(占 0.94%)公司对竞争环境分析得透彻充分;大多数公司虽进行了公司竞争环境分析,但分析得不充分,有 567 家公司披露水平低于 0.5,比例高达 48.80%;有 424 家(占 36.49%)公司披露水平高于 0.5;剩余的 160 家公司(比例为 13.77%)都没有披露有关竞争环境方面的信息。因此,上市公司在竞争环境分析方面还有待于更透彻、更全面。详见表 7-14。

表 7-14 公司是否进行竞争环境分析

问题	项目	代码	选择数目	比例(%)
公司竞争环境分析情况	没有披露任何信息(0)	0	160	13.77
	有披露,但披露程度较低(≤0.5)	1	567	48.80
	披露较充分(>0.5)	2	424	36.49
	充分披露(1)	3	11	0.94
合　计	—	—	1162	100.00

资料来源:南开大学公司治理研究中心数据库。

7.2.3.5 风险信息的披露

风险信息披露是上市公司必须要加以披露的信息,是上市公司信息披露最重要的方面之一。风险信息包括经营风险和财务风险。

如表 7-15 所示,在所有的上市公司中,有 803 家公司对经营风险信息进行了披露,占总样本的 69.10%;余下 359 家(占 30.90%)公司没有对经营风险信息进行披露。这说明目前没有对经营风险信息进行披露的公司所占比重仍很大,因此,上市公司在经营风险信息披露方面有待于进一步改进和加强。

表 7-15 上市公司经营风险披露的情况

问题	项目	选择数目	比例(%)
是否有经营风险信息的披露	否(0)	359	30.90
	披露(1)	803	69.10
合　计	—	1162	100.00

资料来源:南开大学公司治理研究中心数据库。

如表 7-16 所示,总样本中仅有 406 家公司对财务风险信息进行了披露,所占比例为34.94%;剩余756家公司没有对财务风险信息进行披露,占总样本的65.06%。显然,上市公司对财务风险的披露要低于经营风险,而财务风险对投资者决策以及公司的战略定位极为重要,很多公司的倒闭都是因为财务风险带来的资金链断裂导致的,因此财务风险信息的披露非常重要,需要重视并加强。

表7-16　上市公司财务风险披露的情况

问题	项目	选择数目	比例(%)
是否有财务风险的披露	否(0)	756	65.06
	披露(1)	406	34.94
合计	—	1162	100.00

资料来源:南开大学公司治理研究中心数据库。

风险回避措施披露是风险信息披露的另一个重要方面,能够反映公司在未来应对风险的能力,是投资者进行投资决策所要考虑的一个重要因素。

如表7-17所示,样本中有568家公司没有披露具体的经营风险应对措施,所占比例为48.88%;而在披露经营风险应对措施的594家(占51.12%)公司中,仅有191家公司所披露的措施具体且有可操作性,比例为16.44%,余下的403家(占34.68%)公司虽然披露了经营风险应对措施,但是措施不具体,太笼统。因此,有关经营风险信息以及风险应对措施信息的披露工作有待加强,以利于投资者决策和投资者利益的保护。

表7-17　上市公司经营风险应对措施披露的情况

问题	项目	选择数目	比例(%)
经营风险应对措施披露情况	没有具体应对措施(0)	568	48.88
	有应对措施但笼统不具体(1)	403	34.68
	应对措施具体且可操作(2)	191	16.44
合计	—	1162	100.00

资料来源:南开大学公司治理研究中心数据库。

如表7-18所示,样本中有865家公司没有披露具体的财务风险应对措施,所占比例为74.44%;而在披露财务风险应对措施的297家(占25.56%)公司中,仅有96家公司所披露的措施具体且有可操作性,比例为8.26%,余下的201家(占17.30%)公司虽然披露了财务风险应对措施,但是措施不具体,太笼统。相比经营风险应对措施的披露情况,财务风险应对措施披露更差,很大程度上,这是因为对财务风险信息不进行披露的公司所占比例较大,没有风险信息,因此就不会披露风险应对措施。因此,有关财务风险信息以及风险应对措施信息的披露工作有待加强。

表7–18　上市公司财务风险应对措施披露的情况

问题	项目	选择数目	比例(%)
财务风险应对措施披露情况	没有具体应对措施(0)	865	74.44
	有应对措施但笼统不具体(1)	201	17.30
	应对措施具体且可操作(2)	96	8.26
合　计	—	1162	100.00

资料来源:南开大学公司治理研究中心数据库。

7.2.3.6　关联交易情况

关联交易是投资者和监管部门都非常关注的一个问题。关联交易定价政策情况、交易协议的内容、关联交易对公司的影响、关联交易额所占比重等,都会影响到公司财务报告的可靠性和相关性,因此,关联交易信息是公司信息披露的一个重要组成部分。

关联交易定价政策方面的信息包括定价政策、定价政策选择的理由、有无重大关联交易等披露。表7–19显示,有298家(占25.65%)上市公司没有对交易定价方面的信息进行披露;有864家公司对定价信息进行了不同程度的披露,比例为74.35%,其中,有764家公司披露得较充分,余下100家公司披露得不够充分,说明大多数公司对关联交易定价信息能够进行披露,以帮助投资者进行决策,但还需要进一步加强信息披露的详细程度。

表7–19　上市公司关联交易定价信息披露情况

问题	项目	选择数目	比例(%)
关联交易定价政策情况	没有披露任何信息(0)	298	25.65
	披露相关信息,但是不充分(≤0.5)	100	8.61
	披露相关信息,且较充分(>0.5)	764	65.74
合　计	—	1162	100.00

资料来源:南开大学公司治理研究中心数据库。

交易协议包括具体交易价格、交易结算方式、该项关联交易的未来年度预计交易总金额等。表7–20显示,有420家(占36.14%)上市公司没有对交易协议方面的信息进行披露;有742家公司对协议信息进行了不同程度的披露,比例为63.86%,其中,有322家公司披露得较充分,余下的420家公司披露得不够充分,显然,相对关联交易定价政策信息披露而言,公司披露的有关交易协议方面信息少,需要加强这方面的信息披露,以提高公司信息的可靠性和相关性,帮助投资者进行决策。

表7-20 上市公司关联交易协议信息披露情况

问题	项目	选择数目	比例(%)
关联交易协议信息	没有披露任何信息(0)	420	36.14
	披露相关信息,但是不充分(≤0.5)	420	36.14
	披露相关信息,且较充分(>0.5)	322	27.72
合计	—	1162	100.00

资料来源:南开大学公司治理研究中心数据库。

关联交易的持续性与关联交易的必要性,以及关联交易对上市公司独立性的影响、公司对关联方的依赖程度及相关解决措施,直接会影响到公司财务报告信息的可靠性,是关联交易信息中的核心内容之一。总样本中,有38家(占3.27%)公司没有对关联交易发生原因及对公司独立性影响的信息进行任何披露;有681家公司进行了披露,但披露水平较低,所占比例为58.61%;有443家公司能够较充分地披露相关信息,比例达38.12%。这说明,超过半数的公司不能较充分地披露有关关联交易发生原因及对公司独立性影响的信息,这势必会影响到公司财务信息的可靠性和相关性。见表7-21。

表7-21 关联交易发生原因及对公司独立性影响的信息披露情况

问题	项目	选择数目	比例(%)
关联交易发生原因以及对公司独立性影响的信息	没有披露任何信息(0)	38	3.27
	披露相关信息,但是不充分(≤0.5)	681	58.61
	披露相关信息,且较充分(>0.5)	443	38.12
合计	—	1162	100.00

资料来源:南开大学公司治理研究中心数据库。

关联交易金额以及关联交易额占同类交易的比例等信息对公司财务信息的可靠性有着重要的影响。表7-22显示,绝大多数公司都对关联交易额方面的信息进行了不同程度的披露,所占比例为96.21%(1118家公司),其中63.16%(734家)的公司不仅披露交易额信息而且披露得比较充分,余下的33.05%(384家)的公司虽然披露了,但较不充分。此外,有44家(占3.79%)公司没有披露任何相关信息。

表7-22 关联交易额方面的信息披露情况

问题	项目	选择数目	比例(%)
关联交易额信息	没有披露任何信息(0)	44	3.79
	披露相关信息,但是不充分(≤0.5)	384	33.05
	披露相关信息,且较充分(>0.5)	734	63.16
合计	—	1162	100.00

资料来源:南开大学公司治理研究中心数据库。

公司与关联方之间的债务债权往来关系、担保事项以及对公司形成的影响,直接会影响到公司财务报告信息的可靠性,是关联交易信息中的核心内容之一。总样本中,有293家(占25.22%)公司没有对公司与关联方是否存在担保和往来关系进行披露说明;有610家公司披露说明存在担保及往来的原因和影响,所占比例为52.50%;仅有259家公司明确说明不存在与关联方的担保和往来关系,比例为22.28%。这说明,与关联方存在担保与往来关系的上市公司为数较多,而四分之一的公司对担保及债务债权往来关系却未作披露。见表7-23。

表7-23 上市公司与关联方债务债权往来信息披露情况

问题	项目	选择数目	比例(%)
与关联方债务债权往来及担保事项的具体说明	没有披露(0)	293	25.22
	有说明存在担保及往来(1)	610	52.50
	明确说明无担保和往来(2)	259	22.28
合　计	—	1162	100.00

资料来源:南开大学公司治理研究中心数据库。

综上所述,上市公司对关联交易信息的披露,主要侧重于关联交易额以及关联交易定价政策信息的披露,而对关联交易协议内容、关联交易对公司独立性影响、与关联方债务债权往来等更为重要的信息披露得却很少,而这些信息恰好是反映关联交易实质、对投资者决策有重要影响的关键信息。因此,上市公司关联交易信息披露是值得监管部门关注的一个重要方面。

7.2.3.7 独立董事意见

独立董事制度是保证公司财务报告信息真实、可靠的一个重要方面,同时独立董事的身份与专业背景对公司发展与经营又起着重要的作用。但独立董事能否真正起到预期的作用,一直是学术界和实务界争论的热点问题之一。这一指标是根据独立董事在董事会会议中是否提出异议、是否对关联交易做出事前认可、年末是否发表意见等来衡量,在一定程度上反映了独立董事在公司中发挥作用的情况。总样本中,有115家公司的独立董事没有发表意见、提出异议等行为,所占比例为9.90%;有991家公司事前做出关联交易认可或者年末发表独立意见,比例为85.28%;仅有56家上市公司能够事前做出关联交易认可并且年末发表独立意见,比例为4.82%。这说明独立董事在某种程度上起到了一定的作用,但是在为数不少的公司中,独立董事仍没有发挥应有的作用。因此,独立董事如何更好地发挥作用及怎样激励独立董事发表有价值的意见,是一个亟待解决的问题。见表7-24。

表7-24 上市公司独立董事对关联交易的意见情况

问题	项目	选择数目	比例(%)
独立董事对关联交易发表意见	否(0)	115	9.90
	发表关联交易事前认可意见或年末独立意见(1)	991	85.28
	发表关联交易事前认可意见和年末独立意见(2)	56	4.82
合计	—	1162	100.00

资料来源:南开大学公司治理研究中心数据库。

7.2.3.8 未来发展的相关信息

公司未来发展相关信息,包括新年度的经营目标、新年度经营计划、增加公司竞争优势的无形资产、公司战略资源信息、公司战略目标、行业政策等,这些对公司战略的成功实施有着重要的影响作用。根据这些信息,在一定程度上能够预期公司未来的发展前景,因此,对投资者投资决策有着重要的作用。

新年度的经营目标包括提升公司竞争力/品牌形象、销售额的提升、市场份额的扩大、成本升降、生产能力提升、研发计划以及为达到上述经营目标拟采取的策略和行动。如表7-25所示,有100家公司(比例为8.61%)没有披露任何信息;有365家公司(比例为31.41%)虽然进行披露,但是披露水平较低;有697家公司(比例为59.98%)披露较为充分。

表7-25 公司新年度经营目标披露情况

问题	项目	代码	选择数目	比例(%)
公司战略资源信息披露	没有披露任何信息(0)	0	100	8.61
	有披露,但披露程度低(≤0.5)	1	365	31.41
	披露较充分,且披露程度高(>0.5)	2	697	59.98
合计	—	—	1162	100.00

资料来源:南开大学公司治理研究中心数据库。

新年度经营计划包括收入计划与费用计划的信息披露,有的公司采用定性分析,有的公司选择定量分析,对投资者投资决策的价值存在很大差异。如表7-26所示,有532家公司对新年度经营计划进行了定性分析,比例为45.78%;232家公司进行了定量分析,比例为19.97%;没有披露任何相关信息的公司为398家,所占比例为34.25%。

表7-26　公司新年度经营计划信息披露情况

问题	项目	代码	选择数目	比例(%)
新年度经营计划	没有披露任何信息(0)	0	398	34.25
	披露相关信息,以定性分析为主(≤0.5)	1	532	45.78
	披露相关信息,以定量分析为主(>0.5)	2	232	19.97
合　计	—	—	1162	100.00

资料来源:南开大学公司治理研究中心数据库。

增加公司竞争优势的无形资产主要包括政府荣誉、行业认证、知识产权、先进技术、专利、品牌价值、商誉、旅游资源使用权等。如表7-27所示,有506家公司没有披露任何信息,所占比例为43.55%;有656家公司对这方面信息进行了披露,所占比例为56.45%。

表7-27　增加公司竞争优势的无形资产披露情况

问题	项目	选择数目	比例(%)
增加公司竞争优势的无形资产	没有披露(0)	506	43.55
	有披露(1)	656	56.45
合　计	—	1162	100.00

资料来源:南开大学公司治理研究中心数据库。

公司战略资源有助于战略目标的实现,其信息披露包括对现有资源的分析、对未来需要资源的预计以及为获取资源所采取的行动和措施。样本公司中,有898家公司(占77.28%)没有披露任何有关公司战略资源方面的信息;有241家公司(占20.74%)虽然披露了相关信息,但是披露水平较低;仅有23家公司(占1.98%)进行了较充分的披露。表明大多数公司缺乏对有关公司战略资源方面信息的披露,在已披露的公司中,披露的信息简单、不详细,需要加强改进。见表7-28。

表7-28　公司战略资源信息披露情况

问题	项目	代码	选择数目	比例(%)
公司战略资源信息披露	没有披露任何信息(0)	0	898	77.28
	有披露,但披露程度低(≤0.5)	1	241	20.74
	披露较充分,且披露程度高(>0.5)	2	23	1.98
合　计	—	—	1162	100.00

资料来源:南开大学公司治理研究中心数据库。

公司战略目标的描述主要包括公司战略目标的一般描述(如发展方向、战略模式、战略发展规划、国际化战略)、集团和分部或产业布局、关于收入、成本、利润、市场占有率等。样本公司中,有200家公司没有披露任何信息,所占比例为17.21%;有527家公司虽然进行了披露,但是披露程度较低,所占比例为45.35%;有435家公司对这方面信息进行了充分披露,所占比例为37.44%。见表7-29。

表7-29 公司战略目标披露情况

问题	项目	代码	选择数目	比例(%)
公司战略目标	没有披露任何信息(0)	0	200	17.21
	有披露,但披露程度低(≤0.5)	1	527	45.35
	披露较充分,且披露程度高(>0.5)	2	435	37.44
合　计	—		1162	100.00

资料来源:南开大学公司治理研究中心数据库。

行业政策包括宏观经济政策或政府的优惠扶持政策等适用于全行业的各种经济政策,能够为公司未来的发展提供良好的外部环境。样本公司中,有356家公司没有披露有关行业政策的信息,所占比例为30.64%;有806家公司对行业政策信息进行了披露,所占比例为69.36%。见表7-30。

表7-30 行业政策披露情况

问题	项目	选择数目	比例(%)
行业政策	没有披露(0)	356	30.64
	有披露(1)	806	69.36
合　计	—	1162	100.00

资料来源:南开大学公司治理研究中心数据库。

综上所述,公司对于未来发展信息的披露主要集中于新年度的经营目标、增加公司竞争优势的无形资产、行业政策三个方面,而对于新年度经营计划、公司战略资源信息、公司战略目标披露却很少,需要在这些方面进行加强。

7.2.3.9 有关新产品(或新业务、新项目)说明

公司拟建新产品(或新业务、新项目)说明也是上市公司信息披露相关性方面的指标。对公司拟建新产品(或新业务、新项目)详细描述可以使上市公司信息披露更加完备,如果上市公司对这方面的信息不加以披露的话,信息需求者就不会了解该企业新产品或业务的发展方向,而人们对这方面的信息是特别需要的。样本中没有对拟建新产品(或新业务、新项目)进行描述的公司有1086家,所占比例为93.46%;对其进行说明的有76家,所占比例为6.54%,可见,信息披露方面亟需加强。见表7-31。

表7-31 公司拟建新产品(或新业务、新项目)的说明

问题	项目	选择数目	比例(%)
是否有拟建新产品或服务的说明	否(0)	1086	93.46
	是(1)	76	6.54
合 计	—	1162	100.00

资料来源:南开大学公司治理研究中心数据库。

公司对拟建新产品或服务的详细说明包括产品介绍如特征功能应用范围、目标市场、开发进度或投入市场时间等,这对于投资者更加深入了解公司的新产品或服务具有重要的作用。样本中没有对拟建新产品(或新业务、新项目)进行描述的公司有1086家,所占比重为93.46%;进行信息披露的样本仅为76家,所占比重为6.54%。其中有55家公司虽然有披露但是披露程度较低,所占比重为4.73%。仅有21家公司披露较为充分,所占比重为1.81%。由此可知,绝大部分的上市公司对于拟建新产品或服务的披露都没有重视,有待于进一步的加强。见表7-32。

表7-32 公司拟建新产品(或新业务、新项目)的详细说明

问题	项目	代码	选择数目	比例(%)
拟建新产品或服务的详细说明	没有披露任何信息(0)	0	1086	93.46
	有披露,但披露程度低(≤0.5)	1	55	4.73
	披露较充分,且披露程度高(>0.5)	2	21	1.81
合 计	—	—	1162	100.00

资料来源:南开大学公司治理研究中心数据库。

7.2.3.10 公司治理情况说明

公司治理对于公司的生存和发展具有重要的作用,其信息披露主要包括高管激励、大股东之间是否存在关联关系、公司高管是否在股东单位任职以及公司治理的不足之处四个方面。

高管激励的信息披露主要包括高管人员考核的依据及激励制度的说明,如报酬的决策依据、报酬的决策程序、由谁对高管进行年度考评和由谁对高管履行职责进行监督。从表7-33中可以看出,有269家公司没有披露任何高管激励方面的信息,所占比例为23.15%;有653家公司虽然披露了部分信息,但是披露程度较低,所占比例为56.20%;仅有240家公司对这方面的信息披露较为充分,所占比例为20.65%。

表 7-33　公司高管激励的信息披露情况

问题	项目	代码	选择数目	比例(%)
公司高管激励	没有披露任何信息(0)	0	269	23.15
	有披露,但披露程度低(≤0.5)	1	653	56.20
	披露较充分,且披露程度高(>0.5)	2	240	20.65
合　计	—	—	1162	100.00

资料来源:南开大学公司治理研究中心数据库。

公司大股东之间是否存在关联的情况说明包括前十名股东之间是否存在关联或属于一致行动人、前十名流通股股东存在关联的说明以及前十名股东和前十名流通股股东之间关联的说明三个部分。从表 7-34 中可以看出,有 329 家公司并没有对公司大股东之间是否存在关联给予任何说明,所占比例为 28.31%;有 811 家公司对于这方面的信息披露并不充分,程度较低,所占比例为 69.80%;仅有 22 家公司进行了充分的说明,所占比例为 1.89%。

表 7-34　公司大股东之间是否存在关联的情况说明

问题	项目	代码	选择数目	比例(%)
公司大股东之间是否存在关联	没有披露任何信息(0)	0	329	28.31
	有披露,但披露程度低(≤0.5)	1	811	69.80
	披露较充分,且披露程度高(>0.5)	2	22	1.89
合　计	—	—	1162	100.00

资料来源:南开大学公司治理研究中心数据库。

公司高管是否在股东单位任职的情况说明是指董事、监事、高级管理人员如果在股东单位任职,是否对他们的职务、任职期间以及在除股东单位外的其他单位的任职或兼职情况进行了详细披露。从表 7-35 中可以看出,没有披露公司高管是否在股东单位任职的有 78 家,所占比例为 6.71%;有 97 家公司进行了披露,但是披露程度较低,所占比例为 8.35%;高达 987 家公司进行了较为充分的披露,所占比例为 84.94%。

表 7-35　公司高管是否在股东单位任职的情况说明

问题	项目	代码	选择数目	比例(%)
公司高管是否在股东单位任职	没有披露任何信息(0)	0	78	6.71
	有披露,但披露程度低(≤0.5)	1	97	8.35
	披露较充分,且披露程度高(>0.5)	2	987	84.94
合　计	—	—	1162	100.00

资料来源:南开大学公司治理研究中心数据库。

公司治理不足的情况说明是属于上市公司信息披露相关性方面的指标,包括对公司治理不足之处的说明以及具体的改进计划或措施。我们根据对公司治理不足是否说明以及说明的程度对该指标打分,并进行累加,满分为1。一般来说,公司治理不足方面的信息披露得越充分,公众就越能够了解公司治理情况,从而得出更加理性的结论。从表7-36中可以看出,有1135家(占97.68%)公司都没有对公司治理不足的情况进行说明;有20家公司对公司治理不足和改进计划的说明极不充分,所占比例为1.72%;有5家公司对公司治理不足和改进计划有说明但不太详细,所占比例为0.43%;仅有2家公司对公司治理不足和改进计划都进行了详细的说明,所占比例为0.17%。因此,这方面的信息披露有待于加强。

表7-36　公司治理不足的情况说明

问题	项目	选择数目	比例(%)
公司治理情况说明是否充分	没有说明(0)	1135	97.68
	有说明但极不充分(≤0.5)	20	1.72
	有说明但不充分(>0.5)	5	0.43
	有说明并充分(1)	2	0.17
合　计	—	1162	100.00

资料来源:南开大学公司治理研究中心数据库。

综上所述,公司对于公司治理方面的信息披露主要集中于公司高管是否在股东单位任职,对于高管激励、大股东之间是否存在关联以及公司治理的不足之处披露较少,因此需要在这三个方面给予重点关注。

7.2.3.11　公司宗旨信息

公司宗旨是从最根本上定义了公司所从事的事业和存在的目的,其信息的披露主要包括经营目标、指导思想、工作方针、安全目标、经营理念等方面,只要公司披露上述任何一项就得1分,否则为0分。从表7-37中可以看出,有432家公司没有披露任何关于公司宗旨方面的信息,所占比例为37.18%;有730家公司对这方面信息进行了披露,所占比例为62.82%。说明大部分的公司都认识到了公司宗旨的重要性,但是仍有三分之一的公司在这方面需要加强。

表7-37　公司宗旨信息披露情况

问题	项目	选择数目	比例(%)
公司宗旨	没有披露(0)	432	37.18
	有披露(1)	730	62.82
合　计	—	1162	100.00

资料来源:南开大学公司治理研究中心数据库。

7.2.3.12 公司主要产品或服务信息说明

公司主要产品和服务是利润的最主要来源,体现了一个公司竞争力的大小,其信息披露主要包括产品/服务介绍如特征功能应用范围、目标市场等。从表7-38中可以看出,有高达886家公司未对主要产品或服务做任何说明,所占比例为76.25%;有258家公司虽然做了披露,但是说明并不充分,所占比例为22.20%;仅有18家公司对主要产品或服务进行了详细的说明,所占比例较低,仅为1.55%。因此这方面的信息披露仍需要加强。

表7-38 公司主要产品或服务信息说明

问题	项目	代码	选择数目	比例(%)
公司主要产品和服务	没有披露任何信息(0)	0	886	76.25
	有披露,但披露程度低(≤0.5)	1	258	22.20
	披露较充分,且披露程度高(>0.5)	2	18	1.55
合计	—	—	1162	100.00

资料来源:南开大学公司治理研究中心数据库。

7.2.3.13 公司报告期经营活动产生的现金流量与净利润存在重大差异的情况说明

若报告期公司经营活动产生的现金流量与报告期净利润存在重大差异的,很可能是由于盈余管理或者其他因素所造成,会对投资者的投资决策产生重大影响,因此公司应对这种重大差异给予说明。从表7-39中可以看出,高达1049家公司未对这种重大差异进行任何说明,所占比例为90.28%;仅有113家公司对这些差异进行了解释,所占比例为9.72%。因此,这方面的信息披露非常薄弱,尚需加强。

表7-39 公司报告期经营活动产生的现金流量与净利润存在重大差异的情况说明

问题	项目	代码	选择数目	比例(%)
公司报告期经营活动产生的现金流量与净利润存在重大差异	没有披露(0)	0	1049	90.28
	有披露(1)	1	113	9.72
合计	—	—	1162	100.00

资料来源:南开大学公司治理研究中心数据库。

7.3 中国上市公司信息披露100佳分析

7.3.1 上市公司信息披露100佳信息披露情况

通过描述性统计,对信息披露100佳样本公司的信息披露进行分析。从表7-40可以看出,100佳上市公司平均信息披露指数为78.58,较总样本平均水平(61.66)高16.92。100佳上市公司中信息披露指数最大值为86.57,最小值为75.53,相差11.04,远远小于总样本的极差(60.45)。100佳上市公司间信息披露指数标准差为2.46,比总样本标准差(10.92)小8.46,说明中国上市公司信息披露100佳公司间的差异性较小。

表7-40 信息披露100佳与总样本的信息披露状况对比

信息披露指数	平均值	标准差	最小值	最大值
总样本	61.66	10.92	26.12	86.57
100佳上市公司	78.58	2.46	75.53	86.57

资料来源:南开大学公司治理研究中心数据库。

从表7-41信息披露100佳与总样本的信息披露可靠性指数、及时性指数、相关性指数的平均值对比表可以看出,100佳上市公司的信息披露可靠性指数、及时性指数、相关性指数的平均值均高于总样本平均值。其中,100佳公司信息披露可靠性指数比总体指数高出最多,达到22.04;而信息披露及时性指数比总样本高出最少,仅为16.86。

表7-41 信息披露100佳与总样本信息披露子因素指数平均值的比较

信息披露指数	可靠性($CCGI_{ID1}^{NK}$)	及时性($CCGI_{ID2}^{NK}$)	相关性($CCGI_{ID3}^{NK}$)
总样本	63.18	64.04	60.92
100佳	85.22	80.90	78.70

资料来源:南开大学公司治理研究中心数据库。

7.3.2 信息披露指数100佳上市公司的行业分布

从表7-42我们可以知道,在上市公司信息披露100佳中,其信息披露指数均值都大于75.53。其中,制造业较多,有58家,采掘业和传播与文化产业最少,均只有1家。

从信息披露均值水平来看,房地产业最高,为80.23;综合类最低,为76.06。此外,各行业的内部差异都比较小,不高于5。

表7-42 上市公司信息披露100佳行业分布

行业性质	数目	均值	标准差
采掘业	1	77.81	—
传播与文化产业	1	77.36	—
电力、煤气及水的生产和供应业	4	79.18	1.43
房地产业	5	80.23	4.12
建筑业	4	79.20	1.77
交通运输、仓储业	7	78.55	2.06
农、林、牧、渔业	2	77.47	2.18
批发和零售贸易业	5	78.27	1.76
社会服务业	5	78.91	0.99
信息技术业	5	78.97	2.36
制造业	58	78.57	2.64
综合类	3	76.06	0.51
合计	100	78.58	2.46

资料来源:南开大学公司治理研究中心数据库。

7.3.3 信息披露指数100佳上市公司的地区分布

从表7-43中可知,在上市公司信息披露100佳中,广东省的上市公司最多,为16家。各省份进入100佳公司的信息披露指数平均值最高的是青海省,高达86.57,最低的是江西省,平均值为75.81,各省份的差异程度不高。

表7-43 信息披露指数100佳上司公司地区分布

省份	数目	均值	标准差
安徽省	3	79.77	3.54
北京市	5	79.85	2.41
福建省	1	78.98	—
甘肃省	1	79.28	—
广东省	16	78.53	2.82
广西壮族自治区	3	78.83	1.48
贵州省	1	83.69	—

续表

河北省	5	78.65	2.59
河南省	5	76.85	1.35
黑龙江省	1	76.98	—
湖北省	4	79.47	3.76
湖南省	5	78.08	2.35
吉林省	1	78.96	—
江苏省	8	79.16	1.68
江西省	1	75.81	—
辽宁省	3	79.86	3.77
青海省	1	86.57	—
山东省	6	78.05	2.94
陕西省	1	76.35	—
上海市	9	77.96	2.05
四川省	5	77.68	1.33
天津市	1	79.83	—
新疆维吾尔自治区	3	77.79	1.88
云南省	2	78.00	2.85
浙江省	8	77.78	1.19
重庆市	1	81.32	—
合　计	100	78.58	2.46

资料来源：南开大学公司治理研究中心数据库。

7.3.4 信息披露指数100佳上市公司的大股东性质

从表7－44可知，在上市公司100佳中，国有控股公司和民营控股公司分别为74家和26家，其他控股类型的公司没有一家入选。100佳上市公司中，信息披露指数均值较高的是国有控股公司，均值为78.63；较低的为民营控股公司，平均值为78.42。

表7－44　信息披露指数100佳上市公司的大股东性质

第一大股东性质	数目	均值	标准差
国有控股	74	78.63	2.50
民营控股	26	78.42	2.38
合　计	100	78.58	2.46

资料来源：南开大学公司治理研究中心数据库。

7.4 信息披露评价案例分析

7.4.1 信息披露最佳的五家公司分析

信息披露最佳的五家公司按照信息披露指数排名由高到低依次是盐湖钾肥(000792)、深振业A(000006)、安徽合力(600761)、黔轮胎A(000589)和新华医疗(600587)。从行业类型来看,盐湖钾肥和黔轮胎A属于制造业中的石油、化学、塑胶、塑料细分行业,深振业A属于房地产业,安徽合力和新华医疗属于制造业中的机械、设备、仪表细分行业。从实际控制人类型来看,五家公司都属于国有控股公司。

如图7-2所示,五家公司在信息披露的及时性和相关性方面表现的差异较大。在及时性方面,安徽合力信息披露最晚,新华医疗披露最及时;在相关性方面,盐湖钾肥和深振业A的相关性指数较高,而新华医疗的相关性水平在五家公司中表现最低。五家公司的可靠性指数和信息披露指数之间的差距相对较小。

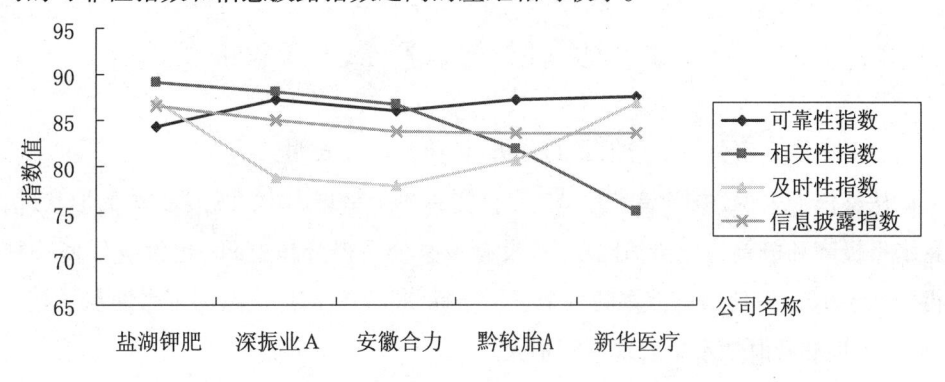

图7-2 信息披露最佳公司的信息披露情况图

7.4.2 信息披露最差的五家公司分析

信息披露最差的五家公司按照信息披露指数分别是S*ST兰光(000981)、ST博讯(600083)、ST商务(000863)、*ST美雅(000529)和ST长运(600369)。从行业类型来看,S*ST兰光和ST商务都属于信息技术业,ST博讯属于电子行业,*ST美雅属于纺织、服装、皮毛行业,ST长运属于交通运输、仓储业。

如图7-3所示,五家公司的信息披露指数整体水平差异不大(公司间的信息披露指数差异很小),但披露水平很低。在及时性方面,ST博讯信息披露最晚,ST长运披露最及时;在相关性方面,ST 商务的相关性指数最高,而 S*ST 兰光的相关性水平在五家公司中表现最差;在可靠性方面,ST 长运和 ST 博讯的可靠性指数相对高些,其他三家公司的可靠性较低。

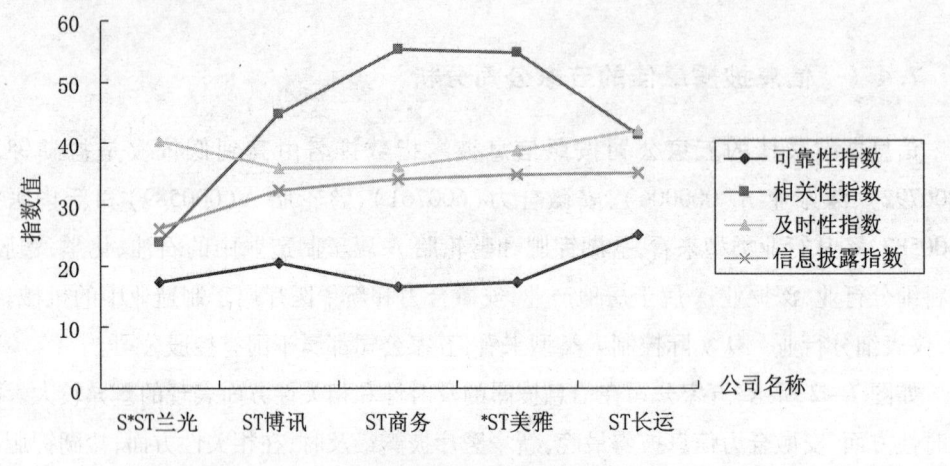

图7-3 信息披露最差公司的信息披露情况图

结论与建议

上述对中国上市公司信息披露的分析、评价及研究表明:

1. 从整体上来说,中国上市公司信息披露基本上呈现出中间宽两头小的形状,信息披露水平极高和极差的公司都比较少,没有一家公司得分超过90,也没有任何一家公司得分低于10。对比信息披露的三个子层指标,2007年信息披露的可靠性水平相对较好,而相关性和及时性水平表现差别不大。

2. 从行业划分来看,建筑业、电力、煤气及水的生产和供应业以及农、林、牧、渔业水平较高,综合类、信息技术业和采掘业水平较低;制造业中不同主营业务的上市公司间信息披露状况差异较大,其他制造业和石油、化学、塑料业披露水平较高,木材、家具业和造纸、印刷业披露水平较低。从地区分布来看,新疆维吾尔自治区、江西省和贵州省的信息披露均值水平位居前三,北京市、云南省和辽宁省信息披露均值水平都比较差。沿海以及经济发展水平相对高的省份不再具有优势。按第一大股东性质来划分,其他类型的公司信息披露水平表现最佳,集体控股的公司表现最差。

3. 从信息披露的具体项目来看,半数以上的公司对行业背景信息的披露水平都较低;大多数公司虽进行了公司竞争环境分析,但分析得不充分;大多数公司披露了经营风险,但是忽视了财务风险,并且对于风险的应对措施披露较少;上市公司对关联交易信息的披露,主要侧重于关联交易额以及关联交易定价政策信息的披露,而对关联交易协议内容、关联交易对公司独立性影响、与关联方债务债权往来等更为重要的信息披露得却很少;绝大部分公司的独立董事事前做出关联交易认可或者年末发表独立意见,仅有极少数公司的独立董事能够事前做出关联交易认可并且年末发表独立意见;公司对于未来发展信息的披露主要集中于新年度的经营目标、增加公司竞争优势的无形资产、行业政策三个方面,而对于新年度经营计划、公司战略资源信息、公司战略目标披露却很少;绝大部分公司对于公司拟建新产品(或新业务、新项目)的披露都存在不足;对于公司治理方面的信息披露主要集中于公司高管是否在股东单位任职,对于高管激励、大股东之间是否存在关联以及公司治理的不足之处披露较少;大部分的公司都认识到了公司宗旨的重要性,但是仍有三分之一的公司在这方面需要加强;仅有极少数公司对主要产品或服务和报告期公司经营活动产生的现金流量与报告期净利润存在重大差异进行了详细的说明。

4.100 佳上市公司的信息披露指数、可靠性指数、及时性指数、相关性指数的平均值均高于总样本平均值。从行业来看,信息披露指数均值都大于 76.06。其中,制造业公司较多,有 58 家;采掘业和传播与文化产业公司最少,均只有 1 家。从信息披露均值水平来看,房地产业最高,综合类最低;从地区分布来看,在上市公司信息披露 100 佳中,广东省的上市公司最多,为 16 家,均值水平最高的省份是青海省。从大股东性质来看,在上市公司 100 佳中,国有控股公司和民营控股公司分别为 74 家和 26 家,其他控股类型的公司没有一家入选。

附表 中国上市公司信息披露100佳

序号	公司代码	公司名称	信息披露指数	序号	公司代码	公司名称	信息披露指数
1	000792	盐湖钾肥	86.57	30	600787	中储股份	79.83
2	000006	深振业A	84.93	31	600704	中大股份	79.71
3	600761	安徽合力	83.82	32	000910	大亚科技	79.40
4	000589	黔轮胎A	83.69	33	600192	长城电工	79.28
5	600587	新华医疗	83.66	34	600206	有研硅股	79.11
6	000627	百科药业	83.54	35	600250	南纺股份	79.05
7	000511	银基发展	83.35	36	600251	冠农股份	79.02
8	600085	同仁堂	82.99	37	600592	龙溪股份	78.98
9	600428	中远航运	82.41	38	000545	吉林制药	78.96
10	000989	九芝堂	81.88	39	600439	瑞贝卡	78.91
11	600566	洪城股份	81.74	40	600159	大龙地产	78.81
12	600588	用友软件	81.49	41	000090	深天健	78.78
13	000401	冀东水泥	81.47	42	600339	天利高新	78.73
14	000158	常山股份	81.44	43	600310	桂东电力	78.67
15	600850	华东电脑	81.40	44	600798	宁波海运	78.61
16	000576	广东甘化	81.38	45	000428	华天酒店	78.57
17	000625	长安汽车	81.32	46	600650	锦江投资	78.56
18	600820	隧道股份	81.15	47	600797	浙大网新	78.50
19	600533	栖霞建设	80.90	48	600382	广东明珠	78.39
20	000823	超声电子	80.48	49	600768	宁波富邦	78.24
21	000978	桂林旅游	80.38	50	600309	烟台万华	78.21
22	600795	国电电力	80.38	51	600525	长园新材	78.19
23	000525	红太阳	80.35	52	600054	黄山旅游	78.16
24	600098	广州控股	80.31	53	600078	澄星股份	78.15
25	600527	江南高纤	80.04	54	600597	光明乳业	78.08
26	000960	锡业股份	80.02	55	600547	山东黄金	77.81
27	000065	北方国际	79.90	56	000809	中汇医药	77.79
28	000510	金路集团	79.90	57	0002001	新和成	77.45
29	600128	弘业股份	79.85	58	600368	五洲交通	77.43

续表

59	600253	天方药业	77.41	80	600688	S上石化	76.23
60	600674	川投能源	77.39	81	000002	万 科 A	76.16
61	000917	电广传媒	77.36	82	000513	丽珠集团	76.10
62	600550	天威保变	77.33	83	600607	上实联合	76.09
63	600575	芜湖港	77.32	84	600840	新湖创业	76.06
64	600448	华纺股份	77.18	85	000429	粤高速A	76.05
65	600208	中宝股份	77.03	86	000028	一致药业	75.99
66	600853	龙建股份	76.98	87	600096	云天化	75.98
67	000826	合加资源	76.91	88	002041	登海种业	75.93
68	600100	同方股份	76.83	89	600312	平高电气	75.86
69	000549	湘火炬A	76.83	90	000818	锦化氯碱	75.85
70	000912	泸 天 化	76.76	91	600048	保利地产	75.85
71	002022	科华生物	76.76	92	600143	金发科技	75.84
72	600500	中化国际	76.73	93	000789	江西水泥	75.81
73	000778	新兴铸管	76.71	94	600127	金健米业	75.77
74	600857	工大首创	76.67	95	000828	东莞控股	75.74
75	600490	中科合臣	76.63	96	600355	精伦电子	75.71
76	000835	四川圣达	76.56	97	600089	特变电工	75.62
77	002046	轴研科技	76.55	98	600200	江苏吴中	75.54
78	600343	航天动力	76.35	99	000655	华光陶瓷	75.54
79	600230	沧州大化	76.28	100	600469	风神股份	75.53

资料来源：南开大学公司治理研究中心数据库。

声明：本项研究是南开大学公司治理评价课题组开展的学术研究，无任何商业目的，不存在引导投资的目的或意图，投资者依据此评价结果进行投资或入市产生的风险自负。

第8章 利益相关者治理评价

20世纪80年代之前,企业的经营宗旨是股东利益最大化,公司治理研究的问题主要是围绕如何建立合理的激励约束机制,将代理人的道德风险问题降至最低限度,最终达到公司价值最大化。80年代以来,随着企业经营环境的变化,股东、债权人、雇员、消费者、供应商、政府、社区居民等利益相关者的权益受到企业经营者的关注,公司治理也转变为利益相关者的"共同治理"[①](Blair & Kruse,1999)模式。李维安[②](2005)指出,所谓公司治理是指,通过一套包括正式或非正式的、内部或外部的制度或机制来协调公司与所有利益相关者之间的利益关系,以保证公司决策的科学化,从而最终维护公司各方面的利益的一种制度安排。公司治理的主体不仅局限于股东,而是包括股东、债权人、雇员、顾客、供应商、政府、社区等在内的广大公司利益相关者。对利益相关者治理的评价有利于我们了解目前中国上市公司利益相关者参与治理的状况以及公司与利益相关者的协调状况。根据利益相关者在公司治理中的地位与作用,并且考虑到评价指标的科学性、可行性,我们设置了利益相关者评价指标体系,主要考察利益相关者参与公司治理程度和公司与利益相关者之间的协调程度。

8.1 中国上市公司利益相关者治理评价指标体系

目前,在公司治理中充分考虑利益相关者的权益,鼓励利益相关者适当参与公司治理已经成为广为接受的观点。1963年,斯坦福大学一个研究小组(SRI)提出了"Stakeholders(利益相关者)",指那些没有其支持,组织就无法生存的群体(Freeman & Reed,1983)[③]。但在当时管理学界并未引起足够的重视。20世纪80年代以后,随着企业经

---

① Blair, M., & Kruse, D., 1999, Worker capitalists? Giving employees an ownership stake, *Brookings Review*, 17: 23-26.
② 李维安,《公司治理学》,北京:高等教育出版社,2005。
③ Freeman, R. E., & Reed, D. L., 1983, Stockholders and stakeholders: A new perspective on corporate governance, *California Management Review*, 25(3): 93-94.

营环境的变化,股东、债权人、员工、消费者、供应商、政府、社区居民等利益相关者的权益受到企业经营者的关注,公司在经营管理中对利益相关者的关注日益提高,消费者维权运动、环境保护主义及其他社会活动取得了很大的影响,公司对员工、社区及公共事业关注力度大大提高,公司治理也由传统的股东至上的"单边治理"模式演化为利益相关者"共同治理"模式。1984 年,随着 Freeman 的《战略管理:一种利益相关者的方法》这一具有里程碑性质书籍的出版,"利益相关者"的概念在管理学术界和实务界中引起广泛的思考[1]。许多企业不但要关注股东利益,同时也要关注股东、债权人、员工、消费者、供应商、政府和社区居民等利益相关者的权益,公司治理也由股东治理模式转变为利益相关者的共同治理模式。Blair(1995)[2]认为,公司应是一个社会责任的组织,公司的存在是为社会创造财富。公司治理改革的要点在于:不应把更多的权利和控制权交给股东,"公司管理层应从股东的压力中分离出来,将更多的权利交给其他的利益相关者"。杨瑞龙、杨其静(2001)[3]提出"从单边治理到多边治理"的概念,认为共享所有权及利益相关者"共同治理"具有优越性,鼓励利益相关者参与治理。

英国的"Hampel Report"[4](1998)、经济合作与发展组织(Organization for Economic Cooperation and Development, OECD)[5]于 1999 年 6 月推出的《OECD 公司治理原则》(OECD *principles of Corporate Governance*)、美国商业圆桌会议(The Business Roundtable)公司治理声明等重要的公司治理原则都把利益相关者放在相当重要的位置;在德国、荷兰、瑞士等欧洲国家,典型的利益相关者如员工等,对公司治理的参与是相当普遍的。2006 年 3 月,欧盟委员会在布鲁塞尔发起"欧洲企业社会责任联盟"的倡议,由企业主导,对所有的欧洲企业开放,旨在促进和鼓励企业社会责任实践,并为企业的社会责任行为提供相关支持。2006 年 4 月 27 日,联合国全球契约(UN Global Compact)在纽约发布了"责任投资原则"(Principles for Responsible Investment)。来自 16 个国家,代表着世界领先的、拥有超过 2 万亿美元资产的投资机构的领导者在纽约证券交易所正式签署了该项原则。依据该原则,机构投资者承诺,在受托人职责范围内,将把环境、社会

---

[1] Mitchell, R. K., Agle, B. R., & Wood, D. J., 1997, Toward a Theory of Stakeholder Identification and Salience: Defining the Principle of Who and What Really Counts, *The Academy of Management Review*, 22(4):853 – 886.

[2] Blair, Margaret M., 1995, Ownership and Control: Rethinking Corporate Governance for the 21 Century, Washington: The Brookings Institution.

[3] 杨瑞龙、杨其静,《专用性、专有性与企业制度》,《经济研究》,2001 年第 3 期。

[4] Hampel Committee on Corporate Governance, 1998, Hampel report on corporate governance (published on 29 January 1998), the European Corporate Governance Institute S(ECGI) website.

[5] Organization for Economic Cooperation and Development: OECD, 1999, OECD Principles of Corporate Governance, June.

和公司治理(ESG)因素引入到投资分析和决策过程中,促进本原则在投资领域中的认同和应用,共同努力提高本原则的有效性,各自报告履行本原则所采取的行动和有关进展报告。2004年6月,ISO在瑞典召开会议研究制订ISO 26000,它是适用于包括政府在内的所有社会组织的"社会责任"指导性文件(标准),标准包括社会责任的7个方面内容,即组织治理、人权、劳工权益保护、环境保护、公平经营、消费者权益保护以及参与社区发展。

我国《公司法》第一章第五条规定:"公司从事经营活动,必须遵守法律、行政法规,遵守社会公德、商业道德,诚实守信,接受政府和社会公众的监督,承担社会责任"。因此,公司的经营者不但要把股东的利益放在首位,而且还要兼顾股东、债权人、员工、消费者、供应商、政府、社区居民等利益相关者的权益。也就是说,随着企业经营环境的变化,公司治理模式发生了转变,由传统的"控股股东治理"模式转变为利益相关者"共同治理"模式。在共同治理模式下,企业要充分关注股东、债权人、雇员、消费者、供应商、政府、社区居民等利益相关者的权益,并且通过设计相应的机制来协调公司与利益相关者之间的关系,引导利益相关者参与到公司治理的实践中,以最终保证公司决策的科学性。

南开大学中国公司治理原则研究课题组于2001年《〈中国公司治理原则(草案)〉及其解说》一文中指出,中国公司必须构筑以股东、经营者、职工、债权人、供应商、客户、社区等利益相关者为主体的共同治理机制,保证各利益相关者作为平等的权利主体享受平等待遇,并在构建中国公司治理评价体系中,将利益相关者治理纳入进来。利益相关者治理这一维度包括利益相关者参与公司治理的程度和公司与利益相关者的协调程度,它为我们研究公司治理问题提供了坚实的基础。虽然目前利益相关者问题在公司治理研究中居于重要地位,但国内外涉及并强调利益相关者的公司治理评价体系并不多。标准普尔公司治理评价指标体系(Standards and Poor's Company,1998)中涉及"金融相关者",但仅仅指股东,并未涉及其他利益相关者。里昂证券(亚洲)公司的评价体系主要关注公司透明度、对管理层的约束、董事会的独立性和问责性、对中小股东的保护等方面,涉及债务规模的合理控制以及公司的社会责任,一定程度上注意到了利益相关者问题。而戴米诺(Deminor)公司和国内海通证券的公司治理评价体系则没有具体涉及利益相关者问题。根据利益相关者在公司治理中的地位与作用,并且考虑到评价指标的科学性、可行性、完整性,我们设置包括利益相关者参与性指标和协调性指标两大部分的利益相关者评价指标体系。其中利益相关者参与性指标分为:(1)公司员工参与程度;(2)中小股东参与和权益保护程度;(3)公司投资者关系管理。利益相关者协调性指标包括:(1)公司社会责任履行;(2)公司和监督管理部门的关系;(3)公司诉讼与仲裁事项。下面具体介绍一下各指标的含义。

8.1.1 利益相关者参与程度

利益相关者参与性指标主要评价利益相关者参与公司治理的程度和能力,较高的利益相关者参与程度和能力意味着公司对利益相关者权益保护程度和决策科学化程度的提高。

(1)公司员工参与程度:员工是公司极其重要的利益相关者,在如今人力资本日益受到关注的情况下,为员工提供有效途径参与公司的重大决策和日常经营管理,有利于增强员工的归属感,提高员工忠诚度并激励员工不断实现更高的个人目标和企业目标。我们以职工持股比例指标来考察职工的持股情况,这是公司员工参与公司治理的货币资本和产权基础,员工持股计划也是对员工进行产权激励的重要举措。我们通过这个指标来考察公司员工参与公司治理的程度。

(2)中小股东参与和权益保护程度:少数控股股东在公司中占有绝对的支配地位时,中小股东作为弱势群体,往往由于种种原因,如参与公司治理的成本高等,无法参与公司决策的公司治理实践,并且自身权益常常受到侵害。为考察公司对中小股东参与和权益保护的程度,我们设立以下三个指标:①累积投票制度的采用;②网上投票的采用;③代理投票制度的采用,具体为是否采用征集投票权。

(3)公司投资者关系管理:投资者关系管理是指公司通过及时的信息披露,加强与投资者之间的沟通与交流,从而形成公司与投资者之间良好的关系,实现公司价值最大化。在我国,上市公司投资者关系管理体系还处于发展阶段。我们设置如下指标考察上市公司的投资者关系管理状况:①公司网站的建立与更新:考察公司投资者关系管理信息的披露与交流渠道的建立与通畅状况;②公司投资者关系管理制度及其执行:考察公司投资者关系管理制度建设以及是否由专人或专门的部门负责投资者关系管理。设有专门的投资者关系管理制度和投资者关系管理部门有利于促进投资者关系管理工作的持续有效开展。

8.1.2 利益相关者协调程度

利益相关者协调性指标考察公司与由各利益相关者构成的企业生存和成长环境的关系状况和协调程度,它主要包括以下三个分指标:

(1)公司社会责任履行状况:重视企业社会责任,关注自然环境的保护和正确处理与社区、社会的关系,是企业追求长远发展的必备条件。在此,主要通过如下两个指标考察公司社会责任的履行状况:①公司公益性捐赠支出,可以考察上市公司对社会及所处社区的贡献；②公司环境保护措施，反映上市公司对所处自然环境的关注与保护。

(2) 公司和监督管理部门的关系：企业从事合法经营，必须履行相应的法律责任，因此协调并正确处理公司和其监管部门的关系至关重要。我们通过对罚款支出和收入的量化处理，考察上市公司和其所处的监督管理环境及其中各主体要素的和谐程度。

(3) 公司诉讼与仲裁事项：通过考察公司诉讼、仲裁事项的数目及其性质，可以考察上市公司和股东、供应商、客户、消费者、债权人、员工、社区、政府等利益相关者的和谐程度。

表 8-1 中国上市公司利益相关者治理评价指标体系（$CCGI_{STH}^{NK}$）一览表

主因素层 ($CCGI_{STH}^{NK}$)	子因素层	说明
利益相关者参与程度 ($CCGI_{STH1}^{NK}$)	(1) 公司员工参与程度	考察职工的持股情况
	(2) 公司中小股东参与和权益保护程度	考察上市公司中小股东参与程度和权益保护程度
	(3) 公司投资者关系管理	考察公司网站的建立与更新状况和公司投资者关系管理制度建设情况
利益相关者协调程度 ($CCGI_{STH2}^{NK}$)	(1) 公司社会责任履行	考察上市公司社会责任的履行和披露情况、上市公司对所处自然环境的关注与保护
	(2) 和公司监督管理部门的关系	考察上市公司和其所处的监督管理环境的和谐程度，涉及上市公司和一部分利益相关者的关系状况
	(3) 公司诉讼与仲裁事项	考察上市公司和股东、供应商、客户、消费者、债权人、员工、社区、政府等利益相关者的和谐程度

资料来源：南开大学公司治理研究中心数据库。

南开大学公司治理研究中心关于中国上市公司利益相关者治理评价的指标体系已经经过了几年的应用，并在应用过程中不断地调整和优化，该指标体系已经比较成熟和稳定。但是利益相关者治理是一个动态的过程，它随着各利益相关者之间的博弈和权衡而不断变化，利益相关者治理评价指标体系不可能完全固定下来，而应该随着环境的变化及时调整部分评价指标，使得利益相关者治理评价指标体系能够更为科学、客观地反映我国上市公司利益相关者治理的状况，同时对我国上市公司利益相关者治理的改善和提高起到引导作用。为了保证中国上市公司治理评价的科学性、客观性、公正性和连续性，对利益相关者治理评价指标体系的调整和优化是本着审慎的原则进行的，对于需要调整的指标则通过专家讨论，并在广泛听取各方面意见的基础上，本着科学和实事求是的原则谨慎调整和优化。鉴于上述原则，对利益相关者治理评价的主因素层保持稳定，依然是利益相关者参与程度和利益相关者协调程度两个指标来评价，而子因素层则根据公司治理环境的变化进行了局部优化和调整,使得评价结果能够保持连续性,但调整和优化的程度较小。

8.2 中国上市公司利益相关者治理状况

以上市公司2006年度报告及有关公开信息为数据来源,经过严格的评价样本筛选,我们最终确定了1162家上市公司作为利益相关者治理评价的样本,对其利益相关者治理状况进行了评价,以期发现存在的问题,为寻找相应的解决办法提供思路。

8.2.1 利益相关者治理的整体描述性统计分析

我们通过分析利益相关者治理总指数以及两个分指数在2007年总样本中的分布情况,进而对中国上市公司的利益相关者治理水平有一个总体把握。

8.2.1.1 利益相关者治理指数总体分布

总体看来,所选1162家样本公司中,大部分公司的利益相关者参与程度、利益相关者协调程度以及利益相关者治理指数处于$CCGI_{STH}^{NK}$ V 和 $CCGI_{STH}^{NK}$ VI。详见表8-2、图8-1。

表8-2 利益相关者治理指标统计及利益相关者治理指数($CCGI_{STH}^{NK}$)

等级	利益相关者参与程度 ($CCGI_{STH1}^{NK}$)		利益相关者协调程度 ($CCGI_{STH2}^{NK}$)		利益相关者治理指数 ($CCGI_{STH}^{NK}$)	
	数目	比例(%)	数目	比例(%)	数目	比例(%)
$CCGI_{STH}^{NK}$ I	1	0.09	32	2.75	0	0.00
$CCGI_{STH}^{NK}$ II	12	1.03	165	14.20	6	0.52
$CCGI_{STH}^{NK}$ III	31	2.67	353	30.38	50	4.30
$CCGI_{STH}^{NK}$ IV	83	7.14	237	20.40	235	20.22
$CCGI_{STH}^{NK}$ V	247	21.26	172	14.80	440	37.87
$CCGI_{STH}^{NK}$ VI	788	67.81	203	17.47	431	37.09
合 计	1162	100.00	1162	100.00	1162	100.00

资料来源:南开大学公司治理研究中心数据库。

样本中,没有公司的利益相关者治理指数达到$CCGI_{STH}^{NK}$ I,6家公司的利益相关者治理指数达到$CCGI_{STH}^{NK}$ II,占总样本的0.52%;50家公司的利益相关者治理指数达到

$CCGI_{STH}^{NK}$ Ⅲ,占总样本的 4.30%;235 家公司的利益相关者治理指数达到 $CCGI_{STH}^{NK}$ Ⅳ,占总样本的 20.22%;440 家公司的利益相关者治理指数处于 $CCGI_{STH}^{NK}$ Ⅴ,占总样本的 37.87%;431 家公司的利益相关者治理指数处于 $CCGI_{STH}^{NK}$ Ⅵ,占总样本的 37.09%。大多数上市公司利益相关者治理指数集中于 $CCGI_{STH}^{NK}$ Ⅴ 和 $CCGI_{STH}^{NK}$ Ⅵ。从利益相关者治理的两个主要因素看,利益相关者参与程度和利益相关者协调程度达到 $CCGI_{STH}^{NK}$ Ⅰ 的分别为 0.09% 和 2.75%;达到 $CCGI_{STH}^{NK}$ Ⅱ 的分别为 1.03% 和 14.20%;达到 $CCGI_{STH}^{NK}$ Ⅲ 的分别为 2.67% 和 30.38%;达到 $CCGI_{STH}^{NK}$ Ⅳ 的分别为 7.14% 和 20.40%;达到 $CCGI_{STH}^{NK}$ Ⅴ 的分别为 21.26% 和 14.80%;处于 $CCGI_{STH}^{NK}$ Ⅵ 的分别为 67.81% 和 17.47%。

如图 8-1 所示,样本公司利益相关者治理指数的平均值为 53.08,标准差为 10.23,表明中国上市公司的利益相关者治理的平均质量还较低,具有完善利益相关者治理机制的上市公司还较少,中国上市公司的利益相关者治理质量还有待提高。

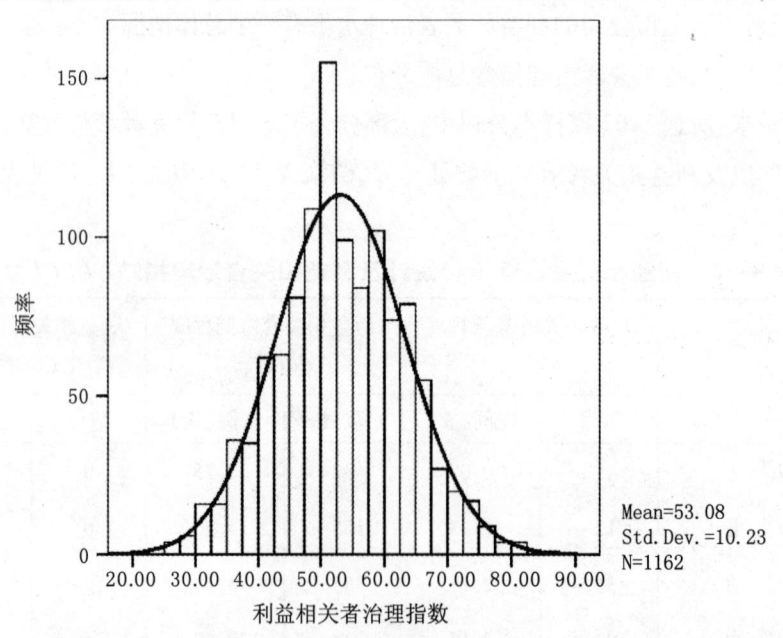

图 8-1 利益相关者治理指数($CCGI_{STH}^{NK}$)分布直方图

8.2.1.2 频数与比例(频率)分析

利益相关者参与程度($CCGI_{STH1}^{NK}$)和利益相关者协调程度($CCGI_{STH2}^{NK}$)的具体等级情况分析如下:

(1)利益相关者参与程度

利益相关者参与程度 $CCGI_{STH1}^{NK}$ 达到 $CCGI_{STH1}^{NK}$ Ⅰ 的有 1 家公司,占总样本的 0.09%;达到 $CCGI_{STH1}^{NK}$ Ⅱ 的有 12 家公司,占总样本的 1.03%;达到 $CCGI_{STH1}^{NK}$ Ⅲ 的有 31 家公司,

占总样本的2.67%;达到$CCGI_{STH1}^{NK}$ Ⅳ的有83家公司,占总样本的7.14%;达到$CCGI_{STH1}^{NK}$ Ⅴ的有247家公司,占总样本的21.26%;处于$CCGI_{STH1}^{NK}$ Ⅵ的有788家公司,占总样本的67.81%。

(2)利益相关者协调程度

利益相关者协调程度$CCGI_{STH2}^{NK}$达到$CCGI_{STH2}^{NK}$ Ⅰ的有32家公司,占总样本的2.75%;达到$CCGI_{STH2}^{NK}$ Ⅱ的有165家公司,占总样本的14.20%;达到$CCGI_{STH2}^{NK}$ Ⅲ的有353家公司,占总样本的30.38%;达到$CCGI_{STH2}^{NK}$ Ⅳ的有237家公司,占总样本的20.40%;达到$CCGI_{STH2}^{NK}$ Ⅴ的有172家公司,占总样本的14.80%;处于$CCGI_{STH2}^{NK}$ Ⅵ的有203家公司,占总样本的17.47%。

(3)利益相关者治理指数

虽然近年上市公司利益相关者治理机制有所改善,但样本公司利益相关者治理整体状况仍然欠佳,平均值处于$CCGI_{STH}^{NK}$ Ⅴ水平,利益相关者治理指数没有达到$CCGI_{STH}^{NK}$ Ⅰ的,最好的也只达到$CCGI_{STH}^{NK}$ Ⅱ的水平,处于该评价等级的上市公司为6家,占总样本的0.52%;利益相关者治理指数处于$CCGI_{STH}^{NK}$ Ⅴ的比例最高,共440家,占总样本的37.87%;431家公司利益相关者治理指数处于$CCGI_{STH}^{NK}$ Ⅵ的水平,占总样本的37.09%。利益相关者参与程度处于$CCGI_{STH}^{NK}$ Ⅵ的比例最高,共788家,达到67.81%;而利益相关者协调程度处于$CCGI_{STH}^{NK}$ Ⅲ的比例最高,共353家,达到30.38%,这说明我国上市公司在利益相关者治理的两个主因素方面并不是均衡发展的,而是表现出较大的差异。

8.2.1.3 极端值、均值和标准差分析

利益相关者治理指数均值为53.08,最大值为87.46,最小值21.46,标准差为10.23。从两个主因素来看,利益相关者协调程度好于利益相关者参与程度。利益相关者协调程度平均值为65.40,最小值为18.30,最大值为98.30,样本公司的标准差为15.65。利益相关者参与程度平均值为43.01,最小值为21.30,最大值为90.20,样本公司的标准差为12.63。见表8-3。

表8-3 利益相关者治理指数($CCGI_{STH}^{NK}$)描述性统计

指标	最小值	最大值	均值	标准差
利益相关者参与程度($CCGI_{STH1}^{NK}$)	21.30	90.20	43.01	12.63
利益相关者协调程度($CCGI_{STH2}^{NK}$)	18.30	98.30	65.40	15.65
利益相关者治理指数($CCGI_{STH}^{NK}$)	21.46	87.46	53.08	10.23

资料来源:南开大学公司治理研究中心数据库。

8.2.2 分类利益相关者治理描述性统计分析

利益相关者治理不仅仅受到公司治理本身所包含的一些因素的影响,它还会受到外部很多社会经济文化因素的影响,可以说利益相关者治理是若干内外部因素共同作用的结果。公司所处行业、公司所在区域以及公司股东性质等因素对利益相关者治理都有较为重要的影响,从而造成公司利益相关者治理产生基于这些属性的区别性差异。同时,对利益相关者治理的分类比较研究也更能准确清晰地说明我国上市公司利益相关者治理的状况。

8.2.2.1 利益相关者治理指数的行业分布

我们以深交所行业分类标准为依据,对 22 个行业间的利益相关者治理状况进行分析,以探究不同行业之间利益相关者治理的差异。

表 8-4 显示,利益相关者治理指数达到 $CCGI_{STH}^{NK}$ Ⅳ以上的样本公司中所占比例最高的行业依次是交通运输、仓储业、传播与文化产业、信息技术业、农、林、牧、渔业、房地产业和采掘业,其比例分别为 43.64%、33.33%、31.43%、29.63%、29.41%、和 26.32%。而利益相关者治理指数达到 $CCGI_{STH}^{NK}$ Ⅳ以上的样本公司中,所占比例最低的行业依次是金融、保险业、社会服务业、电力、煤气及水的生产和供应业、综合类及批发和零售贸易业,其比例分别为 12.50%、14.29%、15.69%、16.90% 和 24.36%。

从表 8-5 分行业的统计中我们可以看出,平均值居于前三位的分别是交通运输、仓储业、采掘业和房地产业,分别达到 57.74、54.42 和 53.69;平均值最低的三个行业分别是建筑业、综合类及批发和零售贸易业,分别为 49.77、50.19 和 50.56。标准差最大的前三个行业分别是农、林、牧、渔业、建筑业和信息技术业,分别达到 12.71、12.58 和 12.44。标准差最低的三个行业分别为电力、煤气及水的生产和供应业、批发和零售贸易业及制造业,分别为 8.27、9.37 和 9.82。

由于制造业样本数量很多,不同主营业务的公司间利益相关者治理状况差异较大,我们进一步按照主营业务分类,以观察主营业务不同的制造业公司利益相关者治理的差异,结果见表 8-6。在制造业细分行业中,木材、家具业、机械、设备、仪表业和金属、非金属业具有较高的利益相关者治理水平,其均值分别为 55.32、54.60 和 54.28;纺织、服装、皮毛业、电子业和食品、饮料业的利益相关者治理质量相对较低,其均值分别为 51.41、51.58 和 51.80。在利益相关者治理质量的差异程度方面,木材、家具业、其他制造业和医药、生物制品业的标准差较大,分别为 18.83、12.16 和 10.93,而机械、设备、仪表业、金属、非金属业和电子业的标准差较小,分别为 9.14、9.41 和 9.57。

8.2 中国上市公司利益相关者治理状况

表8-4 利益相关者治理指数等级的行业分布

行业	行业样本构成 数目	行业样本构成 比例(%)	$CCGI^{NK}_{STH}$ I 数目	$CCGI^{NK}_{STH}$ I 比例(%)	$CCGI^{NK}_{STH}$ II 数目	$CCGI^{NK}_{STH}$ II 比例(%)	$CCGI^{NK}_{STH}$ III 数目	$CCGI^{NK}_{STH}$ III 比例(%)	$CCGI^{NK}_{STH}$ IV 数目	$CCGI^{NK}_{STH}$ IV 比例(%)	$CCGI^{NK}_{STH}$ V 数目	$CCGI^{NK}_{STH}$ V 比例(%)	$CCGI^{NK}_{STH}$ VI 数目	$CCGI^{NK}_{STH}$ VI 比例(%)
采掘业	19	1.64	0	0.00	0	0.00	2	10.53	3	15.79	7	36.84	7	36.84
传播与文化产业	9	0.77	0	0.00	0	0.00	0	0.00	3	33.33	3	33.33	3	33.33
电力、煤气及水的生产和供应业	51	4.39	0	0.00	1	1.96	1	1.96	6	11.76	28	54.90	15	29.41
房地产业	51	4.39	0	0.00	0	0.00	3	5.88	12	23.53	17	33.33	19	37.25
建筑业	23	1.98	0	0.00	0	0.00	1	4.35	5	21.74	7	30.43	10	43.48
交通运输、仓储业	55	4.73	0	0.00	0	0.00	7	12.73	17	30.91	19	34.55	12	21.82
金融、保险业	8	0.69	0	0.00	0	0.00	0	0.00	1	12.50	4	50.00	3	37.50
农、林、牧、渔业	27	2.32	0	0.00	1	3.70	1	3.70	6	22.22	10	37.04	9	33.33
批发和零售贸易业	78	6.71	0	0.00	0	0.00	0	0.00	19	24.36	22	28.21	37	47.44
社会服务业	35	3.01	0	0.00	0	0.00	1	2.86	4	11.43	19	54.29	11	31.43
信息技术业	70	6.02	0	0.00	0	0.00	3	4.29	19	27.14	16	22.86	32	45.71
制造业	665	57.23	0	0.00	4	0.60	29	4.36	130	19.55	266	40.00	236	35.49
综合类	71	6.12	0	0.00	0	0.00	2	2.82	10	14.08	22	30.99	37	52.11
合计	1162	100.00	0	0.00	6	0.52	50	4.30	235	20.22	440	37.87	431	37.09

资料来源：南开大学公司治理研究中心数据库。

表 8-5　行业利益相关者治理指数（$CCGI_{STH}^{NK}$）极端值、均值和标准差统计

行业	样本	最小值	最大值	均值	标准差
采掘业	19	35.94	71.44	54.42	10.15
传播与文化产业	9	29.38	64.82	51.70	12.44
电力、煤气及水的生产和供应业	51	35.78	83.37	53.04	8.27
房地产业	51	32.04	74.66	53.69	10.12
建筑业	23	24.28	70.48	49.77	12.58
交通运输、仓储业	55	30.29	75.33	57.74	9.92
金融、保险业	8	32.19	64.79	50.71	10.41
农、林、牧、渔业	27	26.84	81.37	53.69	12.71
批发和零售贸易业	78	31.76	66.52	50.56	9.37
社会服务业	35	26.08	74.74	51.19	10.01
信息技术业	70	26.08	79.72	52.00	12.44
制造业	665	21.46	87.46	53.57	9.82
综合类	71	22.70	76.76	50.19	10.79
合计	1162	21.46	87.46	53.08	10.23

资料来源：南开大学公司治理研究中心数据库。

表 8-6　对制造业细分的利益相关者治理指数统计

行业	样本	最小值	最大值	均值	标准差	峰度	偏度	极差
电子业	40	33.39	74.74	51.58	9.57	0.47	0.28	41.35
纺织、服装、皮毛业	47	21.46	77.08	51.41	10.05	1.38	-0.22	55.62
机械、设备、仪表业	181	30.19	87.46	54.60	9.14	0.84	0.47	57.27
金属、非金属业	111	33.43	80.49	54.28	9.41	0.12	0.40	47.06
木材、家具业	2	42.01	68.63	55.32	18.83	—	—	26.63
其他制造业	12	31.76	73.64	53.51	12.16	0.22	-0.58	41.88
石油、化学、塑胶、塑料业	125	27.40	74.74	53.53	9.96	-0.24	-0.30	47.34
食品、饮料业	53	29.98	72.87	51.80	9.84	-0.60	0.20	42.89
医药、生物制品业	72	35.41	76.92	53.81	10.93	-0.87	0.20	41.51
造纸、印刷业	22	32.02	77.08	53.36	10.83	0.35	0.02	45.06
合计	665	21.46	87.46	53.57	9.82	0.10	0.12	66.00

资料来源：南开大学公司治理研究中心数据库。

8.2.2.2 利益相关者治理指数的地区分布

利益相关者治理环境是影响公司利益相关者治理的一个重要因素,不同的利益相关者治理环境往往对利益相关者治理产生重要的影响。在我国,不同地区往往由于区域差异而导致一定程度的社会经济文化的不同,这种社会经济文化是利益相关者治理环境的重要构成因素,因此,我们可以推断我国某些地区的上市公司会因为利益相关者治理环境不同而造成利益相关者治理在一定程度上存在差异。

表 8-7 显示,从各个地区公司利益相关者治理指数处于 $CCGI_{STH}^{NK}$ Ⅳ(指数值60)以上的公司比例可以看出,各省份之间利益相关者治理状况较好的比例有一定差异,比例最高的为青海省,比例为 42.86%;其次为内蒙古自治区,比例为 40.00%;安徽省处于 $CCGI_{STH}^{NK}$ Ⅳ以上的公司比例位居第三,比例为 38.89%;比例最小的为宁夏回族自治区,处于 $CCGI_{STH}^{NK}$ Ⅳ以上的公司比例为 9.09%。从绝对值看,处于 $CCGI_{STH}^{NK}$ Ⅳ以上公司样本数最多的省份是广东省,达到 39 家;其次是上海市和江苏省,分别有 28 家和 25 家样本公司处于 $CCGI_{STH}^{NK}$ Ⅳ以上;山东省也有 21 家上市公司处于 $CCGI_{STH}^{NK}$ Ⅳ以上;西藏自治区和宁夏回族自治区处于 $CCGI_{STH}^{NK}$ Ⅳ以上的只有 1 家公司。

从表 8-8 可以看出,各地利益相关者治理状况之间虽然存在一定的差异,但并不十分显著,各地区利益相关者治理指数平均值之间的差距有所缩小。

从样本公司的地区分布情况看,样本上市公司最多的省份是广东省,为 137 家,占总样本的 11.79%;其次是上海市,为 117 家,占总样本的 10.07%;再次是北京市和江苏省,分别为 77 家和 75 家,占总样本的 6.63% 和 6.45%;样本数最少的省份是西藏自治区、青海省和宁夏回族自治区,分别只有 7 家、7 家、11 家样本上市公司,占总样本的比例分别是 0.60%、0.60%、0.95%。

从利益相关者治理指数平均值看,在所有的省份中,利益相关者治理指数平均值最高的是安徽省,达到 57.33;其次是贵州省,平均值为 55.52;再次是山东省,平均值为 55.49;平均值最低的三个省份是西藏自治区、四川省和广西壮族自治区,平均值分别为 48.08、49.21 和 49.37。从极差程度看,极差最大的是四川省,极差达 60.62;其次是广东省,极差达 58.71;再次是山西省,极差达 51.60;极差最小的是宁夏回族自治区、甘肃省和吉林省,极差分别是 19.63、23.59 和 28.36。利益相关者治理指数标准差最小的三个省份是宁夏回族自治区、甘肃省、吉林省,标准差分别是 5.82、6.60、7.64;标准差最大的三个省份是青海省、内蒙古自治区和湖南省,标准差分别是 13.18、12.55 和 11.87。

第 8 章 利益相关者治理评价

表 8-7　利益相关者治理指数等级的地区分布

省份	样本省份构成		$CCGI_{STH}^{NK}$ Ⅰ		$CCGI_{STH}^{NK}$ Ⅱ		$CCGI_{STH}^{NK}$ Ⅲ		$CCGI_{STH}^{NK}$ Ⅳ		$CCGI_{STH}^{NK}$ Ⅴ		$CCGI_{STH}^{NK}$ Ⅵ	
	数目	比例(%)	数目	比例(%)	数目	比例(%)	数目	比例(%)	数目	比例(%)	数目	比例(%)	数目	比例(%)
安徽省	36	3.10	0	0.00	0	0.00	7	19.44	7	19.44	14	38.89	8	22.22
北京市	77	6.63	0	0.00	0	0.00	3	3.90	15	19.48	38	49.35	21	27.27
福建省	34	2.93	0	0.00	0	0.00	2	5.88	8	23.53	12	35.29	12	35.29
甘肃省	16	1.38	0	0.00	0	0.00	0	0.00	5	31.25	7	43.75	4	25.00
广东省	137	11.79	0	0.00	1	0.73	9	6.57	29	21.17	49	35.77	49	35.77
广西壮族自治区	21	1.81	0	0.00	0	0.00	1	4.76	1	4.76	9	42.86	10	47.62
贵州省	12	1.03	0	0.00	0	0.00	1	8.33	2	16.67	5	41.67	4	33.33
海南省	18	1.55	0	0.00	1	3.33	1	5.56	3	16.67	6	33.33	8	44.44
河北省	30	2.58	0	0.00	0	0.00	1	3.33	7	23.33	11	36.67	11	36.67
河南省	30	2.58	0	0.00	0	0.00	0	0.00	7	23.33	14	46.67	8	26.67
黑龙江省	25	2.15	0	0.00	0	0.00	0	0.00	6	24.00	10	40.00	9	36.00
湖北省	50	4.30	0	0.00	0	0.00	3	6.00	4	8.00	26	52.00	17	34.00
湖南省	35	3.01	0	0.00	0	0.00	3	8.57	4	11.43	14	40.00	14	40.00
吉林省	30	2.58	0	0.00	0	0.00	0	0.00	6	20.00	12	40.00	12	40.00
江苏省	75	6.45	0	0.00	0	0.00	5	6.67	20	26.67	32	42.67	18	24.00
江西省	18	1.55	0	0.00	0	0.00	0	0.00	4	22.22	7	38.89	7	38.89

续表

地区												
辽宁省	47	4.04	0	0.00	0	0.00	2	4.26	10	21.28	12	25.53	23	48.94
内蒙古自治区	20	1.72	0	0.00	0	0.00	1	5.00	7	35.00	2	10.00	10	50.00
宁夏回族自治区	11	0.95	0	0.00	0	0.00	0	0.00	1	9.09	4	36.36	6	54.55
青海省	7	0.60	0	0.00	0	0.00	0	0.00	3	42.86	2	28.57	2	28.57
山东省	63	5.42	0	0.00	1	1.59	3	4.76	17	26.98	21	33.33	21	33.33
山西省	22	1.89	0	0.00	1	4.55	0	0.00	4	18.18	8	36.36	9	40.91
陕西省	20	1.72	0	0.00	0	0.00	1	5.00	4	20.00	6	30.00	9	45.00
上海市	117	10.07	0	0.00	0	0.00	2	1.71	26	22.22	42	35.90	47	40.17
四川省	59	5.08	0	0.00	1	1.69	0	0.00	8	13.56	18	30.51	32	54.24
天津市	21	1.81	0	0.00	0	0.00	1	4.76	3	14.29	7	33.33	10	47.62
西藏自治区	7	0.60	0	0.00	0	0.00	1	14.29	0	0.00	1	14.29	5	71.43
新疆维吾尔自治区	18	1.55	0	0.00	0	0.00	0	0.00	4	22.22	7	38.89	7	38.89
云南省	19	1.64	0	0.00	0	0.00	1	5.26	2	10.53	9	47.37	7	36.84
浙江省	62	5.34	0	0.00	1	1.61	1	1.61	13	20.97	27	43.55	20	32.26
重庆市	25	2.15	0	0.00	0	0.00	1	4.00	5	20.00	8	32.00	11	44.00
合 计	1162	100.00	0	0.00	6	0.52	50	4.30	235	20.22	440	37.87	431	37.09

资料来源：南开大学公司治理研究中心数据库。

表 8-8　上市公司的地区分布统计表

省份	样本	最小值	最大值	均值	标准差	极差
安徽省	36	29.98	78.04	57.33	11.77	48.06
北京市	77	35.00	75.23	53.85	9.24	40.23
福建省	34	32.24	74.26	54.92	10.15	42.02
甘肃省	16	40.41	64.00	53.69	6.60	23.59
广东省	137	21.46	80.17	53.53	11.57	58.71
广西壮族自治区	21	35.92	76.76	49.37	10.17	40.84
贵州省	12	41.47	74.50	55.52	9.69	33.03
海南省	18	35.55	73.12	51.35	10.51	37.57
河北省	30	32.22	74.74	53.45	9.57	42.52
河南省	30	37.35	80.49	54.55	9.46	43.13
黑龙江省	25	35.50	68.63	52.78	9.46	33.13
湖北省	50	27.40	74.74	52.67	9.02	47.34
湖南省	35	29.38	78.72	51.37	11.87	49.35
吉林省	30	38.74	67.10	52.05	7.64	28.36
江苏省	75	31.42	76.92	54.87	10.07	45.50
江西省	18	29.43	66.67	51.48	8.74	37.24
辽宁省	47	24.28	75.33	51.63	11.22	51.05
内蒙古自治区	20	28.48	74.69	53.61	12.55	46.22
宁夏回族自治区	11	44.37	64.00	51.91	5.82	19.63
青海省	7	32.04	66.34	53.74	13.18	34.30
山东省	63	36.71	81.37	55.49	9.88	44.66
山西省	22	31.76	83.37	52.79	11.66	51.60
陕西省	20	33.87	74.39	52.79	9.62	40.52
上海市	117	30.29	74.67	52.06	9.63	44.38
四川省	59	26.84	87.46	49.21	10.87	60.62
天津市	21	31.56	74.35	52.00	9.92	42.79
西藏自治区	7	36.14	71.26	48.08	11.62	35.12
新疆维吾尔自治区	18	32.19	66.47	52.52	9.69	34.28
云南省	19	32.02	73.90	52.27	10.91	41.88
浙江省	62	31.76	80.86	54.52	8.65	49.09
重庆市	25	30.19	71.04	51.64	11.29	40.85
合　计	1162	21.46	87.46	53.08	10.23	66.00

资料来源:南开大学公司治理研究中心数据库。

8.2.2.3 按第一大股东性质进行的统计分析

当控股股东性质不同时,利益相关者治理状况存在着一定的差异性。下面我们就从公司控股股东的性质(国有控股、集体控股、社会团体控股、民营控股、职工持股会控股、外资控股、其他类型)对利益相关者治理进行分类研究。

表8-9不同控股股东公司利益相关者治理指数描述性统计显示,处于$CCGI_{STH}^{NK}$ Ⅳ以上的公司数占该类控股股东公司的百分比最高的是集体控股公司,达到了50.00%;其次是其他类型公司,为33.33%;国有控股公司所占比例位居第三,为26.81%;社会团体控股股东控股公司所占比例为25.00%;民营股东控股公司所占比例为20.77%;而外资控股类公司和职工持股会控股类公司处于$CCGI_{STH}^{NK}$ Ⅳ以上的公司所占比例均为14.29%。

表8-9 按第一大股东性质分类的利益相关者治理指数等级分布

利益相关者治理指数等级	第一大股东性质	国有控股	民营控股	集体控股	社会团体控股	外资控股	职工持股会控股	其他类型	合计
$CCGI_{STH}^{NK}$ Ⅰ	数目	0	0	0	0	0	0	0	0
	比例(%)	0.00	0.00	0.00	0.00	0.00	0.00	0.00	0.00
$CCGI_{STH}^{NK}$ Ⅱ	数目	4	2	0	0	0	0	0	6
	比例(%)	0.51	0.59	0.00	0.00	0.00	0.00	0.00	0.52
$CCGI_{STH}^{NK}$ Ⅲ	数目	35	14	1	0	0	0	0	50
	比例(%)	4.45	4.15	10.00	0.00	0.00	0.00	0.00	4.30
$CCGI_{STH}^{NK}$ Ⅳ	数目	172	54	4	1	1	2	1	235
	比例(%)	21.86	16.02	40.00	25.00	14.29	14.29	33.33	20.22
$CCGI_{STH}^{NK}$ Ⅴ	数目	307	121	2	2	3	4	1	440
	比例(%)	39.01	35.91	20.00	50.00	42.86	28.57	33.33	37.87
$CCGI_{STH}^{NK}$ Ⅵ	数目	269	146	3	1	3	8	1	431
	比例(%)	34.18	43.32	30.00	25.00	42.86	57.14	33.33	37.09
合计	数目	787	337	10	4	7	14	3	1162
	比例(%)	67.73	29	0.86	0.34	0.6	1.2	0.27	100.00

资料来源:南开大学公司治理研究中心数据库。

从表8-10可以看出,利益相关者治理指数平均值在不同性质控股股东类公司间有一定差异,由高到低依次是集体控股、其他类型、国有控股、社会团体控股、外资控股、民营控股和职工持股会控股;利益相关者治理指数极大值较高的公司出现在国有控股、民营控股和集体控股类公司中,最大值分别为87.46、80.86和73.12;最小值出现在民营控股、国有控股和社会团体控股类公司中,分别为21.46、22.70和32.19;标准差最高的是社会团体控股类公司,达到了13.93,标准差最小的是外资控股的公司,为8.30。

表8-10 第一大股东性质不同的利益相关者治理指数描述性统计

控制人类型	样本	最小值	最大值	均值	标准差
国有控股	787	22.70	87.46	53.70	9.99
民营控股	337	21.46	80.86	51.68	10.64
外资控股	7	41.62	62.15	51.97	8.30
集体控股	10	33.70	73.12	56.39	13.05
社会团体控股	4	32.19	64.73	52.09	13.93
职工持股会控股	14	32.89	66.52	49.87	8.54
其他类型	3	46.64	66.90	55.33	10.43
合计	1162	21.46	87.46	53.08	10.23

资料来源:南开大学公司治理研究中心数据库。

8.2.3 利益相关者治理具体项目分析

上面分析的是利益相关者治理指数的整体情况。下面对利益相关者治理的相关指标进行具体分析,以获得更详细的信息。

8.2.3.1 利益相关者参与程度

(1)公司员工参与程度

我们分别从职工持股比例来考察公司员工参与公司治理的程度。职工持股比例考察职工的持股情况,这是公司员工参与公司治理的货币资本和产权基础,员工持股计划也是对员工进行产权激励的重要举措。如表8-11所示,样本上市公司中的绝大多数(98.45%)不存在员工持股计划,职工持股比例在0—1%、1%—5%、5%—10%、10%—1之间的上市公司分别占总体的0.52%、0.17%、0.34%和0.52%。可见,员工持股计划还有相当大的推广空间,我国上市公司可以增加员工持股,以此改善股权结构,为公司员工参与公司治理提供产权基础,对员工进行产权激励。

表8-11 样本上市公司职工持股比例

项目	数目	比例(%)
无员工持股计划	1144	98.45
<1%	6	0.52

续表

≥1%	2	0.17
≥5%	4	0.34
≥10%	6	0.52
合 计	1162	100.00

资料来源:南开大学公司治理研究中心数据库。

(2)公司中小股东参与和权益保护程度

中小股东作为公司重要的利益相关者,对公司生存与发展的意义不可小视。在整个股东群体中,中小股东属于弱势群体,他们的意见往往没有直接的机会进行表达,其正当权益也不时地受到损害。公司应积极让中小股东表达自己的意见,参与公司治理和相关决策。为此,设立以下三个指标加以考察,①累积投票制度的采用;②网上投票的采用;③代理投票制度的采用,具体为是否采用征集投票权。以此反映上市公司中小股东参与程度和权益保护程度。2006年3月,中国证监会发布了《上市公司股东大会规则》,对网络投票的要求和表决做了相关规定。

表8-12示,目前中小股东参与和权益保护并没有得到很好的重视,样本上市公司中仅有8.18%(95家)采用累积投票制度,21.51%(250家)和18.50%(215家)的上市公司分别采用网上投票和代理投票制度(具体为征集投票权)。属于弱势群体的中小股东得不到足够的直接机会表达其意见。因此,我国上市公司亟待建立健全中小股东参与和权益保护制度与机制,让中小投资者有效地参与到公司治理中来,以保护他们的权益。

表8-12 样本上市公司中小股东参与和权益保护程度

项目		数目	比例(%)
累积投票制度的采用	尚未采用	1067	91.82
	采用	95	8.18
	合 计	1162	100.00
网上投票的采用	尚未采用	912	78.49
	采用	250	21.51
	合 计	1162	100.00
代理投票制度的采用	尚未采用	947	81.50
	采用	215	18.50
	合 计	1162	100.00

资料来源:南开大学公司治理研究中心数据库。

(3) 公司投资者关系管理

投资者关系管理是指通过信息披露与交流,促进上市公司与投资者之间的良性关系,倡导理性投资,并在投资公众中建立公司的诚信度,实现公司价值最大化,它是衡量利益相关者参与程度的重要指标。2005年7月,中国证监会制定了《上市公司与投资者关系工作指引》,用以规范上市公司投资者关系管理。我们主要借助公司网站的建立与更新和公司是否设立投资者关系管理制度,考察上市公司的投资者关系管理状况。公司网站的建立与更新可以反映公司投资者关系管理信息的披露与交流渠道的建立与通畅状况;而考察公司投资者关系管理制度及其执行的出发点在于设有专门的投资者关系管理制度和投资者关系管理部门有利于促进投资者关系管理工作的持续有效开展。

表8-13显示,已有66.70%的样本上市公司建立公司网站并及时更新,19.19%的样本上市公司未建立公司网站或不能登录使用;而建立公司网站,却不及时更新的上市公司占14.11%。

表8-13 样本上市公司网站的建立与更新

项目	数目	比例(%)
未建立公司网站或不能使用	223	19.19
建立公司网站,未及时更新	164	14.11
建立公司网站,并及时更新	775	66.70
合 计	1162	100.00

资料来源:南开大学公司治理研究中心数据库。

关于上市公司投资者关系管理制度的设立情况,表8-14显示,目前已有53.01%的样本上市公司设立投资者关系管理制度,其中,24.61%的样本上市公司设立投资者关系管理制度,并由专门部门负责,仍有46.99%的样本上市公司还未设立投资者关系管理制度。

表8-14 样本上市公司投资者关系管理制度

项目	数目	比例(%)
未设立	546	46.99
设立	616	53.01
其中:无专门部门负责	330	28.40
有专门部门负责	286	24.61
合 计	1162	100.00

资料来源:南开大学公司治理研究中心数据库。

8.2.3.2 利益相关者协调程度($CCGI_{STH2}^{NK}$)

(1)公司社会责任履行状况

对公司社会责任履行状况的考察是通过公益性捐赠支出和公司环境保护措施两个指标。公益性捐赠支出可以考察上市公司对社会及所处社区的贡献;公司环境保护措施则反映上市公司对所处自然环境的关注与保护。

公益性捐赠在中国上市公司中并不普遍,表8-15显示,样本上市公司不存在公益性捐赠支出的占47.59%,在存在公益性捐赠支出的样本上市公司中,公益性捐赠支出小于50万元的占38.90%,仅有42家(3.61%)上市公司公益性捐赠支出超过200万元。以此看来,上市公司对社会及所处社区的贡献较小,所做的公益性捐赠较少,而且不同上市公司之间差异较大。

表8-15 样本上市公司公益性捐赠支出

项目	数目	比例(%)
无	553	47.59
<50万元	452	38.90
≥50万元(且<100万元)	73	6.28
≥100万元(且<200万元)	42	3.61
≥200万元	42	3.61
合 计	1162	100.00

资料来源:南开大学公司治理研究中心数据库。

公司所处的环境影响公司的长远发展。环境保护机制反映了上市公司对其所处自然环境的关注与保护,它是衡量公司与环境之间协调关系的重要指标。如表8-16所示,样本上市公司的大部分(62.65%)没有建立环境保护机制;35.71%的上市公司初步具有基本的环境保护措施或相应环保支出;而仅有1.64%的上市公司已建立环境保护机制,并设立专门的环境保护部门。可见,我国上市公司对所处自然环境的关注与保护有待加强。

表8-16 样本上市公司环境保护措施

项目	数目	比例(%)
没有建立环境保护机制	728	62.65
具有基本的环境保护措施或相应环保支出	415	35.71
建立环境保护机制,设立专门的环境保护部门	19	1.64
合 计	1162	100.00

资料来源:南开大学公司治理研究中心数据库。

(2) 公司和监督管理部门的关系

我们主要借助罚款支出和收入考察上市公司和其所处的监督管理环境及其各主体要素的和谐程度,这涉及上市公司和一部分利益相关者的关系状况。

如表 8-17 所示,有 21.69% 的样本上市公司不存在罚款支出和收入,和其所处的监督管理环境较为和谐;有 14.11% 的样本上市公司的罚款支出和收入超过 100 万元,其中有 12 家样本上市公司的罚款支出和收入超过 1000 万元,和其所处的监督管理环境的和谐程度较低,需要加强和相关利益相关者的关系管理。

表 8-17 样本上市公司罚款支出和收入

项目	数目	比例(%)
无	252	21.69
<50 万元	631	54.30
≥50 万元(且<100 万元)	115	9.90
≥100 万元(且<200 万元)	79	6.80
≥200 万元(且<1000 万元)	73	6.28
≥1000 万元	12	1.03
合 计	1162	100.00

资料来源:南开大学公司治理研究中心数据库。

(3) 公司诉讼与仲裁事项

我们主要通过考察公司有无诉讼、仲裁事项反映上市公司和股东、供应商、客户、消费者、债权人、员工、社区、政府等利益相关者的和谐程度。

表 8-18 显示,72.55% 的样本上市公司不存在诉讼、仲裁事项,和股东、供应商、客户、消费者、债权人、员工、社区、政府等利益相关者的和谐程度较高;有 3.61% 的样本上市公司存在一般诉讼、仲裁事项;20.31% 的样本上市公司存在重大诉讼、仲裁事项;不过,也有 3.53% 的样本上市公司既存在一般诉讼、仲裁事项,也存在重大诉讼、仲裁事项,有时甚至是多项,表明这一部分上市公司和利益相关者的和谐程度较低。

表 8-18 样本上市公司诉讼、仲裁事项

项目	数目	比例(%)
无诉讼、仲裁事项	843	72.55
一般诉讼、仲裁事项	42	3.61
重大诉讼、仲裁事项	236	20.31
一般和重大诉讼、仲裁事项	41	3.53
合 计	1162	100.00

资料来源:南开大学公司治理研究中心数据库。

8.3 中国上市公司利益相关者治理100佳分析

8.3.1 上市公司利益相关者治理100佳治理状况

为更好地了解我国上市公司利益相关者治理的现状以及公司之间利益相关者治理的差距,我们依据各公司利益相关者治理指数的得分情况评选出其中最好的100家上市公司——利益相关者治理100佳,并比较利益相关者治理100佳上市公司与上市公司总样本在利益相关者治理方面的区别。

从表8-19可以看出,100佳上市公司利益相关者治理指数平均值为71.69,较总样本平均水平(53.08)高18.61。100佳上市公司中利益相关者治理指数最大值为87.46,最小值为66.57,总样本上市公司利益相关者治理指数的最小值为21.46,二者相差45.11。100佳上市公司利益相关者治理指数的标准差为4.37,总样本利益相关者治理指数的标准差为10.23,二者相差5.86,说明中国上市公司利益相关者治理100佳公司间的利益相关者治理状况的差异性较小。

表8-19 利益相关者治理100佳与总样本的利益相关者治理状况对比

利益相关者治理指数	平均值	标准差	最小值	最大值
总样本	53.08	10.23	21.46	87.46
100佳上市公司	71.69	4.37	66.57	87.46

资料来源:南开大学公司治理研究中心数据库。

从表8-20可以看出,利益相关者治理100佳上市公司所有子因素层指数平均值均高于总样本平均值。其中,利益相关者治理100佳公司的参与程度平均值比总样本参与程度平均值高22.25;利益相关者治理100佳公司的协调程度平均值比总样本协调程度平均值高14.16。由此可以看出,利益相关者治理100佳的上市公司不仅仅在利益相关者治理指数上优于总样本,而且其利益相关者治理各子因素也优于总样本的表现。

表8-20 利益相关者治理100佳与总样本利益相关者治理子因素指数平均值的比较

利益相关者治理子因素指数	最小值		最大值		平均值		标准差	
	总样本	100佳	总样本	100佳	总样本	100佳	总样本	100佳
利益相关者参与程度($CCGI_{STH}^{NK}$)	21.30	45.70	90.20	90.20	43.01	65.26	12.63	9.89

续表

利益相关者协调程度（$CCGI_{STH2}^{NK}$）	18.30	50.10	98.30	98.30	65.40	79.56	15.65	9.10

资料来源:南开大学公司治理研究中心数据库。

8.3.2 利益相关者治理指数100佳上市公司的行业分布

表8-21是利益相关者治理100佳的行业分布及一些描述性统计。从各行业进入利益相关者治理100佳公司的数量来看,进入利益相关者治理100佳最多的行业是机械、设备、仪表业,共有13家,占该行业样本公司总数的7.18%;其次,交通运输、仓储业和医药、生物制品业各有12家,占各自行业样本公司的比例分别为21.82%和16.67%;金属、非金属业和石油、化学、塑胶、塑料业各有10家,占各自行业样本公司的比例分别为9.01%和8.00%。从各行业上市公司进入利益相关者治理100佳的比例看,木材、家具业位居首位,该行业进入利益相关者治理100佳的比例为50.00%,共有1家上市公司进入利益相关者治理100佳的行列;交通运输、仓储业位居第二,共有12家上市公司进入利益相关者治理100佳的行列,占该行业所有上市公司的21.82%;农、林、牧、渔业共有5家上市公司进入利益相关者治理100佳,比例为18.52%,进入利益相关者治理100佳公司的比例位居第三。此外,传播与文化产业、金融、保险业及批发和零售贸易业均未有公司进入利益相关者治理100佳行列。

在进入利益相关者治理100佳的各行业的上市公司中,电力、煤气及水的生产供应业利益相关者治理指数的均值最高,为77.87;电子业次之,为74.50;机械、设备、仪表业指数均值为74.13;木材、家具业指数均值最低,为68.63。总的来看,各行业进入利益相关者治理100佳的上市公司间的差异不大,标准差最大的为电力、煤气及水的生产供应业,为7.77;标准差最小的为电子业,仅为0.34,这说明在各行业内利益相关者治理较好的上市公司之间利益相关者治理差异不大。

表8-21 上市公司利益相关者治理100佳行业分布

行业	总样本数	100佳样本数	比例(%)	均值	标准差
采掘业	19	3	15.79	70.22	1.18
传播与文化产业	9	—	—		
电力、煤气及水的生产供应业	51	2	3.92	77.87	7.77
电子业	40	2	5.00	74.50	0.34
房地产业	51	6	11.76	70.93	2.93

续表

纺织、服装、皮毛业	47	2	4.26	74.11	4.20
机械、设备、仪表业	181	13	7.18	74.13	5.97
建筑业	23	1	4.35	70.48	—
交通运输、仓储业	55	12	21.82	70.56	2.98
金融、保险业	8	—	—	—	—
金属、非金属业	111	10	9.01	72.39	5.01
木材、家具业	2	1	50.00	68.63	—
农、林、牧、渔业	27	5	18.52	71.32	6.06
批发和零售贸易业	78	—	—	—	—
其他制造业	12	1	8.33	73.64	—
社会服务业	35	2	5.71	71.02	5.26
石油、化学、塑胶、塑料业	125	10	8.00	70.49	3.30
食品、饮料业	53	4	7.55	69.98	2.51
信息技术业	70	7	10.00	72.19	5.71
医药、生物制品业	72	12	16.67	70.34	3.76
造纸、印刷业	22	3	13.64	71.02	5.44
综合类	71	4	5.63	71.64	3.49

资料来源:南开大学公司治理研究中心数据库。

8.3.3 利益相关者治理指数100佳上市公司的地区分布

表8-22是利益相关者治理100佳的地区分布及一些描述性统计。从各省市进入利益相关者治理100佳公司的数量来看,进入利益相关者治理100佳上市公司最多的省份是广东省,共有16家,占广东省样本公司总数的11.68%;其次是安徽省,有9家上市公司进入利益相关者治理100佳之列,占安徽省样本公司总数的25.00%;江苏省和山东省各有8家上市公司进入利益相关者治理100佳的行列,分别占各自省份样本公司总数的比例为10.67%和12.70%。从各省市上市公司进入利益相关者治理100佳的比例看,安徽省位居首位,该省有9家上市公司进入利益相关者治理100佳的行列,占该省样本公司的25.00%;内蒙古自治区位居第二,有4家上市公司进入利益相关者治理100佳的行列,占该省所有上市公司的20.00%;云南省有3家上市公司进入利益相关者治理100佳,比例为15.79%,进入利益相关者治理100佳公司的比例位居

第三。此外,甘肃省、宁夏回族自治区、青海省和新疆维吾尔自治区均未有公司进入利益相关者治理100佳行列。

在进入利益相关者治理100佳的各省市的上市公司中,四川省利益相关者治理指数的均值最高,为78.38,该省共有2家上市公司进入利益相关者治理的行列,所占比例为3.39%;山西省利益相关者治理指数均值次之,为75.90,该省共有2家上市公司进入利益相关者治理100佳之列,比例为9.09%;湖南省进入利益相关者治理100佳的上市公司利益相关者治理指数均值为74.96,该省共有3家上市公司进入利益相关者治理之列,所占比例为8.57%;江西省进入利益相关者治理100佳上市公司的利益相关者治理指数均值最低,为66.67。总的来看,各省区进入利益相关者治理100佳的上市公司间的差异不大,标准差最大的为四川省,为12.85;标准差最小的为黑龙江省,仅为1.18。

表8-22 利益相关者治理指数100佳上市公司地区分布

省份	总样本数	100佳样本数	比例(%)	均值	标准差
安徽省	36	9	25.00	73.08	4.04
北京市	77	5	6.49	71.01	3.10
福建省	34	4	11.76	69.94	3.52
甘肃省	16	—	—	—	—
广东省	137	16	11.68	71.89	3.96
广西壮族自治区	21	2	9.52	72.03	6.69
贵州省	12	1	8.33	74.50	—
海南省	18	1	5.56	73.12	—
河北省	30	3	10.00	70.64	3.58
河南省	30	2	6.67	73.62	9.71
黑龙江省	25	3	12.00	67.93	1.18
湖北省	50	3	6.00	73.16	1.86
湖南省	35	3	8.57	74.96	4.21
吉林省	30	1	3.33	67.10	—
江苏省	75	8	10.67	71.21	2.84
江西省	18	1	5.56	66.67	—
辽宁省	47	5	10.64	69.75	3.57
内蒙古自治区	20	4	20.00	70.14	3.17
宁夏回族自治区	11	—	—	—	—

续表

青海省	7	—	—	—	—
山东省	63	8	12.70	71.77	5.76
山西省	22	2	9.09	75.90	10.56
陕西省	20	2	10.00	70.48	5.53
上海市	117	3	2.56	70.96	3.68
四川省	59	2	3.39	78.38	12.85
天津市	21	1	4.76	74.35	
西藏自治区	7	1	14.29	71.26	—
新疆维吾尔自治区	18	—	—	—	—
云南省	19	3	15.79	70.47	2.99
浙江省	62	5	8.06	72.23	6.21
重庆市	25	2	8.00	69.77	1.80
合计	1162	100	8.61	71.69	4.37

资料来源：南开大学公司治理研究中心数据库。

8.3.4 利益相关者治理指数100佳上市公司的大股东性质

表8－23是利益相关者治理100佳的第一大股东类型分布情况及一些描述性统计。从进入利益相关者治理100佳公司的第一大股东类型来看，进入利益相关者治理100佳最多上市公司的类型是国有控股股东，共有73家，占国有控股上市公司总数的9.28%；其次是民营控股股东类型的上市公司，共有24家，占该行业的7.12%；集体控股的上市公司共有2家进入利益相关者治理100佳的行列，占集体控股上市公司的20.00%；其他类型控股的上市公司共有1家进入利益相关者治理100家之列，占其他类型控股上市公司的33.33%。而社会团体控股、外资控股和职工持股会控股的上市公司则均未进入利益相关者治理100佳行列。

在进入利益相关者治理100佳的各控股股东类型的上市公司中，民营控股的上市公司利益相关者治理指数的均值最高，为72.61；进入利益相关者治理100佳的国有控股的上市公司数量最多，为73家，其利益相关者治理指数的均值为71.49；集体控股的上市公司利益相关者治理指数的均值为70.37；其他类型控股上市公司利益相关者治理指数的均值为66.90。进入利益相关者治理100佳的各种控股股东类型内部的上市公司利益相关者治理指数间的差异不大，标准差最大的国有控股上市公司，仅为

4.44,这说明在同一控股股东类型的利益相关者治理较好的上市公司之间利益相关者治理差异不大。

表8-23 利益相关者治理指数100佳上市公司的大股东性质

控制人类型	总样本数	100佳样本数	比例(%)	均值	标准差
国有控股	787	73	9.28	71.49	4.44
集体控股	10	2	20.00	70.37	3.89
民营控股	337	24	7.12	72.61	4.20
社会团体控股	4	—	—	—	—
外资控股	7	—	—	—	—
职工持股会控股	14	—	—	—	—
其他类型	3	1	33.33	66.90	—

资料来源:南开大学公司治理研究中心数据库。

8.4 利益相关者治理评价案例分析

8.4.1 利益相关者治理最佳的五家公司分析

利益相关者治理最佳的五家公司按照利益相关者治理评价指数排名由高到低依次是东方电机(600875)、漳泽电力(000767)、九发股份(600180)、宁波韵升(600366)、黄河旋风(600172)。从行业类型上看,东方电机、宁波韵升和黄河旋风属于制造业;漳泽电力属于电力、煤气及水的生产和供应业;九发股份属于农、林、牧、渔业。从实际控制人类型来看,东方电机、漳泽电力和九发股份属于国有控股上市公司,宁波韵升和黄河旋风属于民营控股上市公司。

8.4.1.1 利益相关者治理整体情况分析

如图8-2所示,五家公司的利益相关者治理指数均在80分以上。在利益相关者参与程度方面,九发股份得分最高,为88.30,而黄河旋风得分最低,为70.50;在利益相关者协调程度方面,黄河旋风得分最高,为92.70,东方电机和宁波韵升均在90分以上,九发股份得分最低,为72.90。

8.4.1.2 利益相关者治理的具体项目分析

如图8-3所示,在报告期内,东方电机、漳泽电力、九发股份、宁波韵升和黄河旋风均采用累积投票制度,中小股东权益得到了保护;东方电机、漳泽电力、九发股份三家公

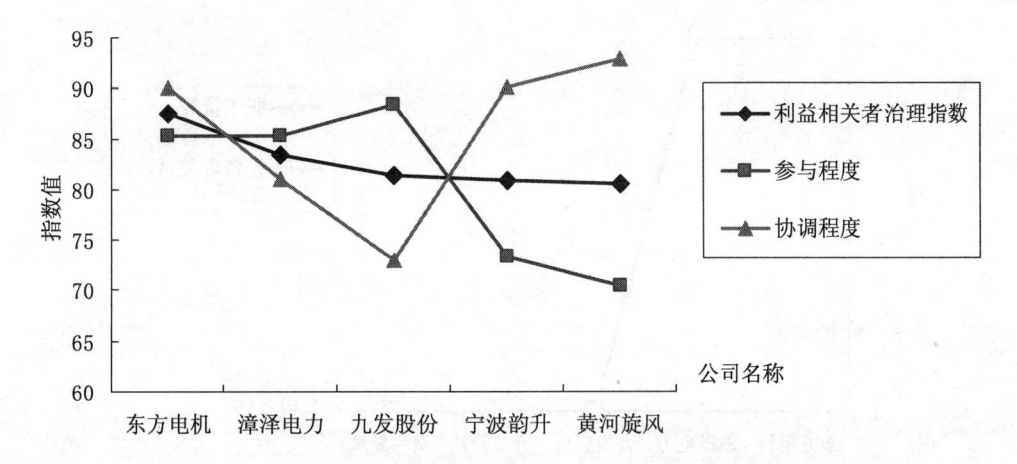

图 8-2　利益相关者治理最佳公司的利益相关者治理情况图

司采用了网上投票,提高了中小股东参与公司治理的程度;漳泽电力和九发股份两家公司采用了代理投票制度,提高了中小股东参与程度和权益保护程度。

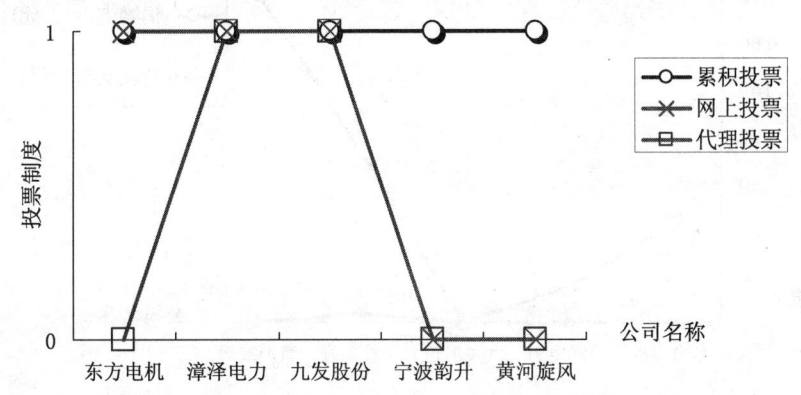

图 8-3　利益相关者治理最佳公司的投票制度图

从图 8-4 可以看出,在报告期内,东方电机、漳泽电力、九发股份、宁波韵升和黄河旋风五家公司内部均无职工股,员工参与公司治理缺乏相应的产权基础;东方电机和漳泽电力两家公司建立了投资者关系管理制度,并指定董事会秘书负责信息披露工作,促进上市公司与投资者之间的信息沟通与交流。

从图 8-5 可以看出,在报告期内,东方电机、漳泽电力、宁波韵升和黄河旋风四家公司均有捐赠支出,其中宁波韵升和黄河旋风捐赠支出均在 100 万元以上,积极履行社会责任;东方电机、漳泽电力、九发股份和黄河旋风四家公司均无罚款支出,和其所处的监督管理环境的和谐程度较高。

从图 8-6 可以看出,在报告期内,东方电机、漳泽电力、九发股份、宁波韵升和黄河旋风五家公司均无诉讼、仲裁事项(0—无;1——般;2—重大;3——般和重大),和股

230 第8章 利益相关者治理评价

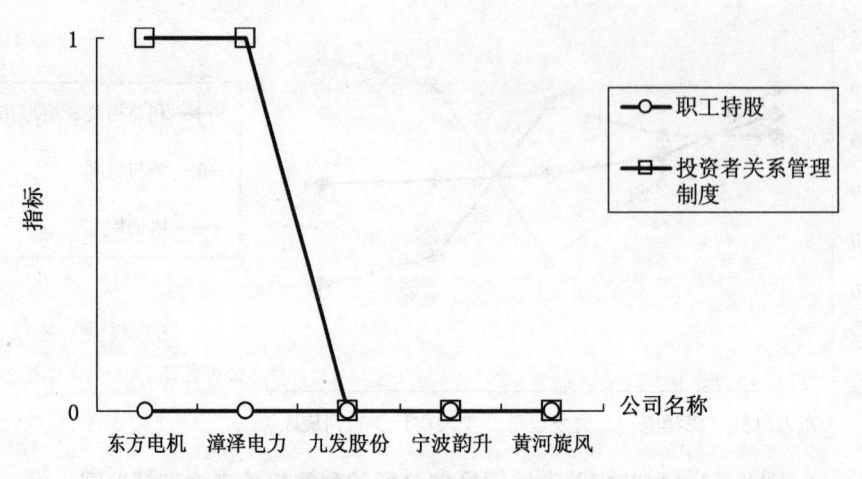

图8-4 利益相关者治理最佳公司的职工持股与投资者关系管理情况图

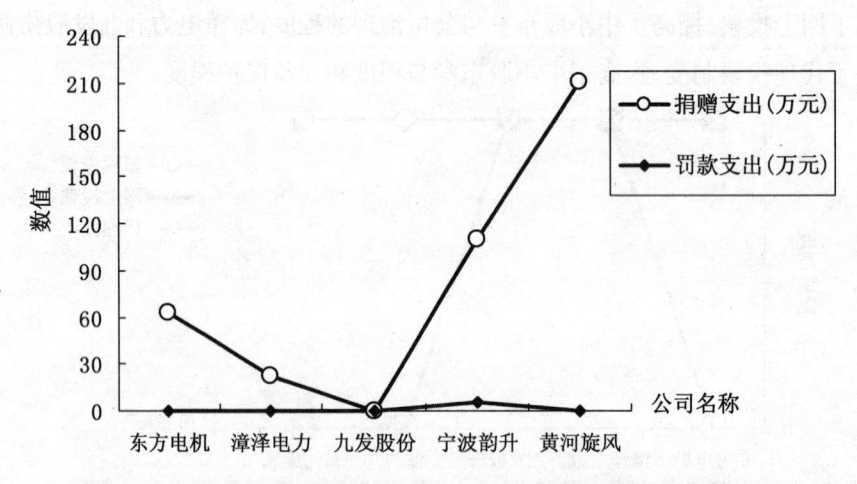

图8-5 利益相关者治理最佳公司的捐赠和罚款支出情况图

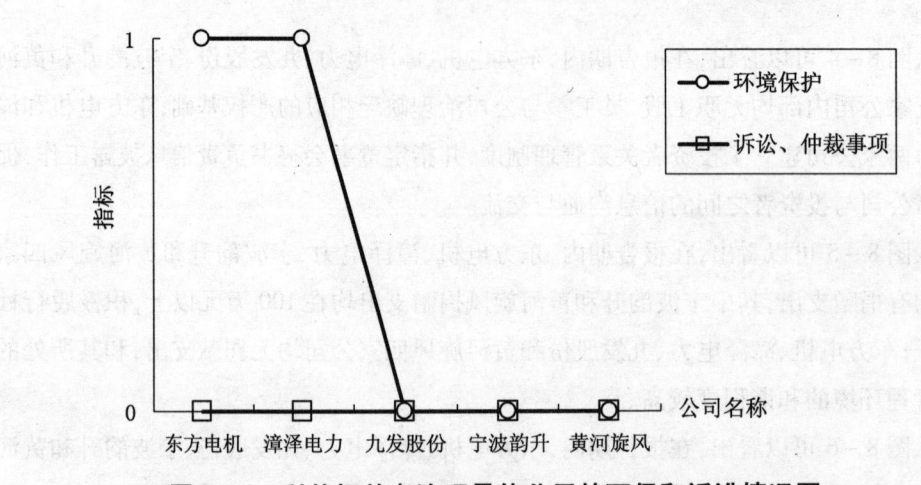

图8-6 利益相关者治理最佳公司的环保和诉讼情况图

东、供应商、客户、消费者、债权人、员工、社区、政府等利益相关者的和谐程度高;东方电机和漳泽电力具有基本的环境保护措施或相应环保支出(0—无;1—有)。

8.4.2 利益相关者治理最差的五家公司分析

利益相关者治理最差的五家公司按照利益相关者治理评价指数排名由高到低依次是ST科健(000035)、东方宾馆(000524)、ST金帝(600758)、深物业A(000011)、*ST美雅(000529)。从行业类型来看,ST科健属于信息技术业;东方宾馆属于社会服务业;ST金帝属于建筑业;深物业A属于综合类;*ST美雅属于制造业。从实际控制人类型来看,东方宾馆、ST金帝和深物业A属于国有控股上市公司;ST科健和*ST美雅属于民营控股上市公司。

8.4.2.1 利益相关者治理整体情况分析

如图8-7所示,ST科健、东方宾馆、ST金帝、深物业A和*ST美雅五家公司的利益相关者治理指数均低于30。*ST美雅的利益相关者治理指数得分最低,为21.46,ST科健和东方宾馆利益相关者相关者指数得分最高,均为26.08;在利益相关者参与程度方面,*ST美雅得分最低,其次是深物业A,ST科健、东方宾馆和ST金帝得分较高;在利益相关者协调程度方面,深物业A得分最低,ST科健和东方宾馆得分最高。

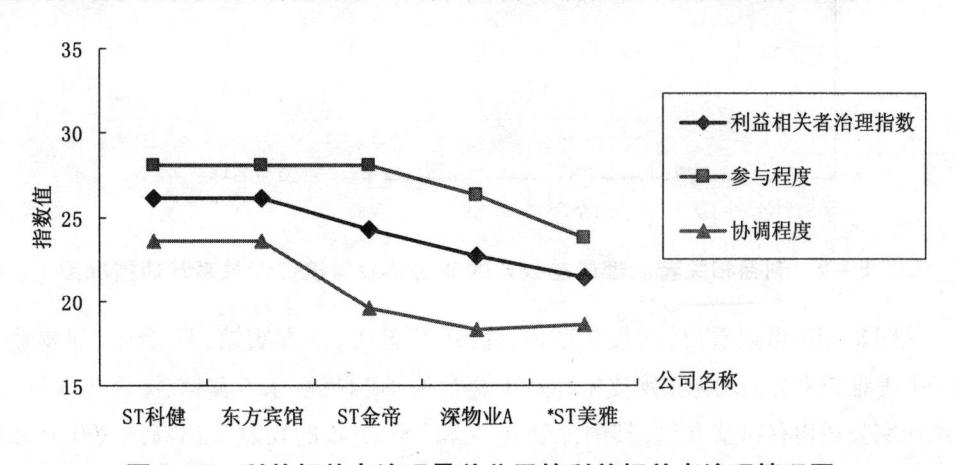

图8-7 利益相关者治理最差公司的利益相关者治理情况图

8.4.2.2 利益相关者治理的具体项目分析

如图8-8所示,在报告期内,ST科健、东方宾馆、ST金帝、深物业A和*ST美雅均未采用累积投票制度、网上投票和代理投票制度,中小股东参与程度和权益保护程度得不到保障。

从图8-9可以看出,在报告期内,ST科健、东方宾馆、ST金帝、深物业A和*ST美

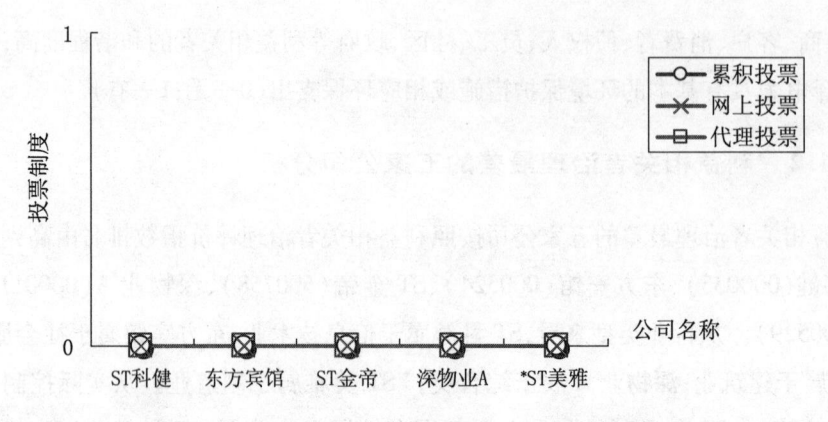

图 8-8 利益相关者治理最差公司的投票制度图

雅五家公司内部均无职工股,员工参与公司治理缺乏相应的产权基础;同时,这五家公司尚未建立投资者关系管理制度,影响上市公司与投资者之间的信息沟通与交流。

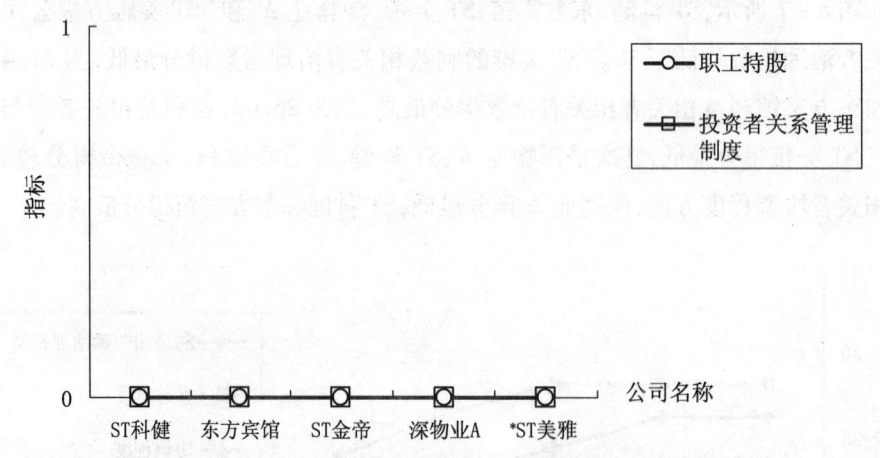

8-9 利益相关者治理最差公司的职工持股与投资者关系管理情况图

从图 8-10 可以看出,在报告期内,除 ST 科健外,东方宾馆、ST 金帝、深物业 A 和 *ST 美雅四家公司均无捐赠支出;除 ST 金帝外,ST 科健、东方宾馆、深物业 A 和 *ST 美雅四家公司均有罚款支出,其中深物业 A 和 *ST 美雅的罚款支出高达 200 万元以上,和其所处的监督管理环境的和谐程度低。

从图 8-11 可以看出,在报告期内,ST 科健、东方宾馆、ST 金帝、深物业 A 和 *ST 美雅五家公司均存在重大诉讼、仲裁事项(0—无;1——一般;2—重大;3——一般和重大),其中深物业 A 和 *ST 美雅均同时存在一般诉讼、仲裁事项和重大诉讼、仲裁事项,和股东、供应商、客户、消费者、债权人、员工、社区、政府等利益相关者的和谐程度低;除东方宾馆外,ST 科健、ST 金帝、深物业 A 和 *ST 美雅四家公司均没有基本的环境保护措施或相应环保支出(0—无;1—有)。

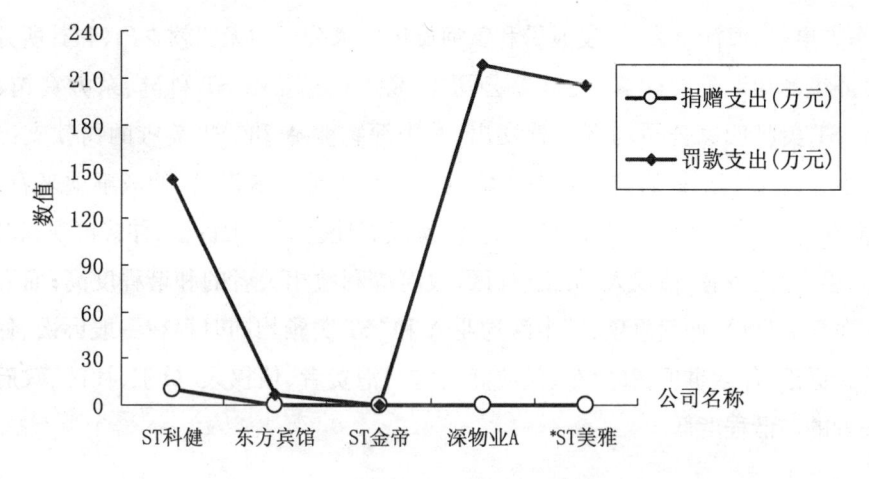

图 8-10 利益相关者治理最差公司的捐赠和罚款支出情况图

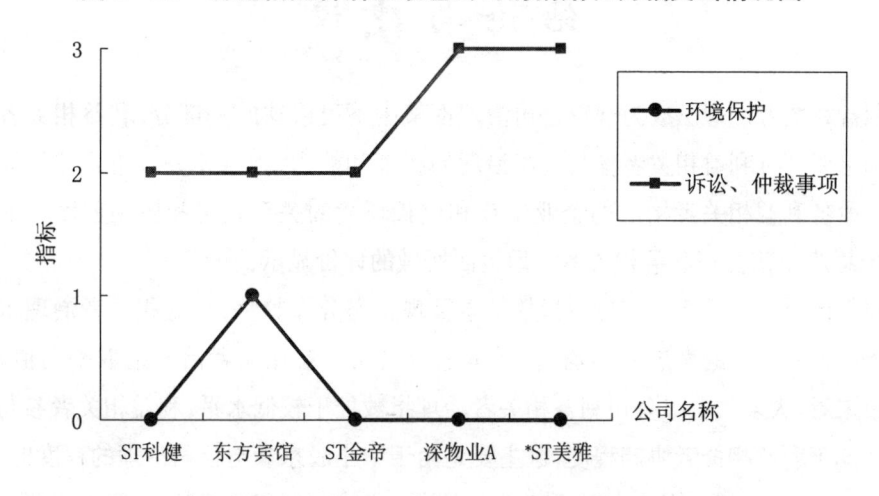

图 8-11 利益相关者治理最差公司的环保和诉讼情况图

8.4.3 最佳与最差五家公司对比

对比利益相关者治理最佳与最差的五家公司,在利益相关者参与程度和协调程度方面均存在差异。从利益相关者参与程度来看,最差五家公司均未采用累积投票制度、网上投票和代理投票制度,中小股东参与程度和权益保护程度得不到保障;最佳五家公司均采用累积投票制度,中小股东权益得到了保护;其中三家公司采用了网上投票,两家公司采用了代理投票制度,提高了中小股东参与程度和权益保护程度。

从利益相关者协调程度来看,在五佳公司中,东方电机、漳泽电力、宁波韵升和黄河旋风四家公司均有捐赠支出,积极履行社会责任;在五差公司中,除ST科健外,东方宾馆、ST金帝、深物业A和*ST美雅四家公司均无捐赠支出;就罚款支出来说,在五佳公司中,东方电机、漳泽电力、九发股份和黄河旋风四家公司均无罚款支出,和其所处的监督管理环境的和谐程度较高;在五差公司中,除 ST 金帝外,ST 科健、东方宾馆、深物业 A 和*ST 美雅四家公司均有罚款支出,其中深物业 A 和*ST 美雅的罚款支出高达 200 万元以上,和其所处的监督管理环境的和谐程度低。从诉讼、仲裁事项来看,东方电机、漳泽电力、九发股份、宁波韵升和黄河旋风五佳公司均无诉讼、仲裁事项,和股东、供应商、客户、消费者、债权人、员工、社区、政府等利益相关者的和谐程度高;而五差公司均存在重大诉讼、仲裁事项,其中深物业 A 和*ST 美雅均同时存在一般诉讼、仲裁事项和重大诉讼、仲裁事项,和股东、供应商、客户、消费者、债权人、员工、社区、政府等利益相关者的和谐程度低。

结 论 与 建 议

利益相关者治理已成为现行公司治理框架中不可或缺的一部分,利益相关者参与性指标主要评价利益相关者参与公司治理的程度和能力,利益相关者协调性指标考察公司与由各利益相关者构成的企业生存和成长环境的关系状况和协调程度。本章对 1162 家样本上市公司利益相关者治理机制所做的评价显示:

1. 上市公司利益相关者治理指数基本呈现正态分布趋势,利益相关者治理水平在不同上市公司之间的发展并不均衡,样本上市公司利益相关者治理指数平均值较低。从分布来看,大多数上市公司利益相关者治理指数处于较低水平,利益相关者参与程度的表现低于利益相关者协调程度,这主要是由于中小股东参与公司治理的程度低,权益无法得到切实的保障,因此有必要积极引入并大力推广累积投票制度、网上投票制度和代理投票制度,让属于弱势群体的中小股东的意见以较低的治理成本得到直接表达的机会。

2. 利益相关者治理水平受到行业因素的影响,因行业不同而呈现出差异;从控股股东性质来看,国有控股的上市公司利益相关者治理状况要好于民营控股的上市公司。利益相关者治理状况在各省区之间存在一定差异。安徽省、贵州省和山东省利益相关者治理指数平均值较高;西藏自治区、四川省和广西壮族自治区利益相关者治理指数较低。

3. 中国上市公司利益相关者治理指数去年有所提高,其中利益相关者参与程度和协调程度均有所提升。这主要是由于上市公司通过投资者关系管理等方式加强利益相关者参与程度;通过环保和公司捐赠积极履行社会责任,提高与利益相关者的协调程度,保持与利益相关者的和谐与共同发展。

4. 在利益相关者治理100佳上市公司中,利益相关者治理机制和治理水平受到行业因素的影响,木材、家具业、交通运输、仓储业和农、林、牧、渔业进入100佳公司的比例较高;从控股股东性质来看,国有控股、集体控股和其他类型公司进入100佳的比例较高;从地区来看,安徽省、内蒙古自治区和云南省入选利益相关者治理100佳的上市公司比例较大。

总之,虽然目前我国利益相关者治理处于较低的水平,但中国上市公司在走向合规的过程中,利益相关者治理问题逐步得到关注与提高。上市公司应通过切实承担社会责任,关注利益相关者的权益,达到与环境协调发展的目的,从而提高利益相关者治理水平。

附表　中国上市公司利益相关者治理100佳

序号	公司代码	公司名称	利益相关者治理指数	序号	公司代码	公司名称	利益相关者治理指数
1	600875	东方电机	87.46	30	600203	ST福日	74.26
2	000767	漳泽电力	83.37	31	000667	名流置业	73.90
3	600180	九发股份	81.37	32	600293	三峡新材	73.64
4	600366	宁波韵升	80.86	33	600761	安徽合力	73.14
5	600172	黄河旋风	80.49	34	600854	春兰股份	73.12
6	000039	中集集团	80.17	35	600896	中海海盛	73.12
7	000977	浪潮信息	79.72	36	000729	燕京啤酒	72.87
8	000063	中兴通讯	79.26	37	600467	好当家	72.40
9	000157	中联重科	78.72	38	600323	南海发展	72.37
10	000980	金马股份	78.04	39	600143	金发科技	71.86
11	000850	华茂股份	77.08	40	600513	联环药业	71.52
12	600567	山鹰纸业	77.08	41	600971	恒源煤电	71.44
13	600557	康缘药业	76.92	42	600897	厦门空港	71.35
14	600051	宁波联合	76.76	43	000616	亿城股份	71.29
15	600538	北海国发	76.76	44	600326	西藏天路	71.26
16	000932	华菱管线	75.74	45	000018	深中冠A	71.14
17	600317	营口港	75.33	46	000520	长航凤凰	71.11
18	600012	皖通高速	75.23	47	000788	西南合成	71.04
19	600485	中创信测	75.23	48	000690	宝丽华	70.93
20	000685	公用科技	74.74	49	600019	宝钢股份	70.92
21	000826	合加资源	74.74	50	000700	模塑科技	70.92
22	002008	大族激光	74.74	51	600087	南京水运	70.92
23	600135	乐凯胶片	74.74	52	600548	深高速	70.92
24	600111	稀土高科	74.69	53	600502	安徽水利	70.48
25	002028	思源电气	74.67	54	000666	经纬纺机	70.48
26	000002	万科A	74.66	55	600127	金健米业	70.41
27	000589	黔轮胎A	74.50	56	600547	山东黄金	70.16
28	600379	S宝光	74.39	57	600393	东华实业	69.95
29	600535	天士力	74.35	58	600191	华资实业	69.89

续表

59	600770	综艺股份	69.58	80	600091	明天科技	67.83
60	000488	晨鸣纸业	69.41	81	600894	广钢股份	67.74
61	600109	成都建投	69.29	82	000739	普洛康裕	67.61
62	600497	驰宏锌锗	69.07	83	600746	江苏索普	67.61
63	000860	顺鑫农业	69.07	84	600536	中国软件	67.40
64	600377	宁沪高速	69.07	85	000753	漳州发展	67.30
65	000778	新兴铸管	69.03	86	600236	桂冠电力	67.30
66	600857	工大首创	68.80	87	600665	天地源	67.30
67	00099	中信海直	68.63	88	000059	辽通化工	67.25
68	000587	ST 光明	68.63	89	000713	丰乐种业	67.11
69	600829	三精制药	68.58	90	000800	一汽轿车	67.10
70	000514	渝开发	68.50	91	000555	ST 太光	66.92
71	600725	云维股份	68.45	92	000963	华东医药	66.90
72	000825	太钢不锈	68.43	93	600190	锦州港	66.86
73	600685	广船国际	68.17	94	600436	片仔癀	66.86
74	000153	丰原药业	68.14	95	000822	山东海化	66.81
75	600201	金宇集团	68.14	96	600186	S 莲花味	66.76
76	600357	承德钒钛	68.14	97	600561	江西长运	66.67
77	600077	国能集团	68.03	98	002041	登海种业	66.66
78	600332	广州药业	67.97	99	600302	标准股份	66.57
79	600267	海正药业	67.85	100	600356	恒丰纸业	66.57

资料来源:南开大学公司治理研究中心数据库。

声明:本项研究是南开大学公司治理评价课题组开展的学术研究,无任何商业目的,不存在引导投资的目的或意图,投资者依据此评价结果进行投资或入市产生的风险自负。